本书的出版得到了以下科研基金的资助

国家自然科学基金项目：
企业债务异质性对"融资分红"行为的影响
——基于财务决策关联性的视角
编号：71702070
主持人：胡建雄

会计领域前沿问题研究系列丛书

超额现金持有对企业过度投资行为的影响研究

胡建雄 / 著

立信会计 出版社
LIXIN ACCOUNTING PUBLISHING HOUSE

图书在版编目(CIP)数据

超额现金持有对企业过度投资行为的影响研究 / 胡建雄著. —上海：立信会计出版社，2019.12(2020.1 重印)
（会计领域前沿问题研究系列丛书）
ISBN 978 - 7 - 5429 - 6330 - 7

Ⅰ. ①超… Ⅱ. ①胡… Ⅲ. ①企业管理—现金管理—影响—投资行为—研究 Ⅳ. ①F275.1②F275.6

中国版本图书馆 CIP 数据核字(2019)第 278381 号

策划编辑　　孙　勇
责任编辑　　孙　勇
封面设计　　南房间

超额现金持有对企业过度投资行为的影响研究

出版发行	立信会计出版社		
地　　址	上海市中山西路 2230 号	邮政编码	200235
电　　话	(021)64411389	传　　真	(021)64411325
网　　址	www. lixinaph. com	电子邮箱	lixinaph2019@126. com
网上书店	http://lixin. jd. com		http://lxkjcbs. tmall. com
经　　销	各地新华书店		
印　　刷	江苏凤凰数码印务有限公司		
开　　本	710 毫米×1000 毫米　　1/16		
印　　张	13.5	插　页	1
字　　数	223 千字		
版　　次	2019 年 12 月第 1 版		
印　　次	2020 年 1 月第 2 次		
书　　号	ISBN 978 - 7 - 5429 - 6330 - 7/F		
定　　价	45.00 元		

如有印订差错，请与本社联系调换

序　言

过度投资是指企业实际投资水平超出预期内正常的投资水平,偏离了企业最优投资水平的投资状态。关于这种行为,现有研究多数从代理理论的视角出发,认为代理问题会引起管理者滥用企业自由现金流而从事过度投资的机会主义行为,严重损害了股东利益和公司利益。所以,过度投资行为对企业的发展是不利的。因此,传统研究对企业过度投资行为持否定态度,并认为治理企业过度投资行为的债务因素不具有内在差异性。在这种同质性视角下,学者们主张通过发挥债务的单一相机治理作用来减少过度投资行为的出现。但这种同质性的思维不利于挖掘债务相机治理作用的本质,同时也忽略了对管理者主观能动性的探讨。

不同于以往的研究,本书从财务柔性这一概念的角度重新审视与分析企业过度投资行为的成因,基于债务异质性视角来探讨债务相机治理机制发挥的有效性,并深入分析了管理决断权在企业投融资决策传导机制中所起的重要作用。

有关财务柔性的观点认为,保持一定的财务柔性水平对于企业的生存及可持续发展是必要的。然而,在管理实践中,企业的多种投融资决策之间具有高度的相关性。过高的财务柔性水平虽然满足了企业融资决策的需要,但也降低了企业投资决策的有效性。超额现金持有是企业获得财务柔性的重要来源,也可能会为管理者实施过度投资行为提供便利。那么,是否超额现金持有越多,管理者利用其进行的企业过度投资行为也一定越多? 这需要进一步考察。

在当前动荡的资本市场中,考虑债务异质性的影响,即治理企业过度投资行为的债务因素发生变化时,超额现金持有导致的企业过度投资行为会呈现什么样的变化,是在债务异质性视角下对债务相机治理作用作出的新思考。债务异质性可分为债务期限异质性和债务来源异质性两种形式。

债务期限结构可以很好地反映债务期限异质性的大小。然而,有关债务来源异质性的研究文献较为缺乏。本书根据现有的研究成果,参照赫芬达尔指数的构建思想,通过构建债务来源异质性程度(DSHD)这一指标来考察债务来源异质性发挥的相机治理作用。

鉴于管理者在实施企业投融资决策上所发挥的主导作用,本书进一步引入了管理决断权这一关键的调节变量来反映管理者因素对企业投融资决策传导机制的影响。管理决断权对企业投融资决策传导机制的影响具有两种形式:一方面,管理决断权可以直接影响由超额现金持有而导致的企业过度投资效应;另一方面,管理决断权发生改变时,异质性债务发挥的债务相机治理作用也会发生改变,管理决断权从而能间接影响由超额现金持有而导致的企业过度投资效应。

本书对非效率投资、财务柔性、债务异质性和管理决断权等相关学术研究成果进行梳理总结之后,通过理论分析推导出相关假设,并利用中国上市公司的数据进行了实证检验,得到了关于企业投融资决策之间关系的如下结论。

第一,从超额现金持有与企业过度投资行为之间的总体关系上来看,两者具有显著的正相关关系。也就是说,超额现金持有为企业提供了大量的财务柔性来源,但也为企业管理者从事过度投资行为提供了便利。企业在拥有成本较低、数量众多且容易被使用的财务资源的条件下,会产生更多的非预期内的非正常投资行为。

第二,基于债务异质性视角,在治理企业过度投资行为的债务因素发生变化时,超额现金持有与企业过度投资之间的关系也发生了变化。本书的研究结论表明,总体负债水平对超额现金持有与企业过度投资之间的关系没有显著的调节作用;债务期限异质性对超额现金持有与企业过度投资之间的正相关关系存在正向调节作用;而债务来源异质性对超额现金持有与企业过度投资之间的正相关关系存在负向调节作用。需要特别指出的是,在当前市场环境下,传统企业财务理论中债务相机治理作用的有效发挥是具有条件的,即必须是来源存在异质性的债务才有可能真正发挥债务相机治理作用。

第三,管理决断权不仅对企业投融资决策的传导机制具有直接的影响效应，还有可能通过对企业投融资决策的债务异质性因素的影响机制发挥再调节作用而间接影响企业的投融资决策传导机制。本书的研究结论表明，就管理决断权的直接影响效应而言，管理决断权对超额现金持有与企业过度投资之间的正相关关系存在正向调节作用。具体而言，在其他因素不变的条件下，管理决断权较大时，超额现金持有与企业过度投资之间的正相关关系会增强；在其他因素不变的条件下，管理决断权较小时，超额现金持有与企业过度投资之间不存在显著的相关性。就管理决断权的间接影响效应而言，当管理决断权不同时，债务来源异质性对超额现金持有与企业过度投资之间正相关关系的负向调节作用也不同。具体而言，在其他因素不变的条件下，管理决断权较大时，债务来源异质性的负向调节作用更显著，即相比债务来源异质性大时，债务来源异质性较小时，超额现金持有与企业过度投资间的正相关关系更强。在其他因素不变的条件下，管理决断权较小时，债务来源异质性的负向调节作用不显著，即债务来源异质性的大小对超额现金持有与过度投资间的关系没有显著影响。也就是说，管理决断权不仅对企业投融资决策的传导机制发挥了直接的调节作用，同时还对债务来源异质性的调节影响机制发挥了再调节作用。

总之，本书的研究结论表明，在债务异质性视角下，超额现金持有与企业过度投资行为之间的关系具有较高的复杂性。因此，需要从企业为维持财务柔性而持有超额现金的角度出发，将传统代理理论在债务异质性的情境下进一步拓展，探讨如何有效发挥企业债务相机治理作用。同时，鉴于管理决断权的重要性，高层管理者在企业投融资决策的传导机制中发挥了关键性的作用，也影响了企业债务相机治理作用发挥的有效性。

胡建雄

2019 年 11 月 20 日

PREFACE

Over investment, referring to practical investment which goes far from expected normal investment level, results in deviating from the optimal investment state. Current studies illustrate these behaviors mostly from the perspective of agency theory, and point out that problem can be caused from managers abusing corporation free cash to engage in proxy opportunistic behavior, such as over investment, which seriously damages the interests of the company and the interests of shareholders. Over investment behavior is detrimental to the development of corporations. Therefore, past studies hold negative attitudes to over investment behavior, disagree with that debt factors governing corporation over investment have inherent differences. From this homogeneous perspective, scholars advocate that debt can play a single governance role to reduce over investment behavior. But this homogeneous way of thinking does harm to discussing the nature of debt contingent governance mechanism, and ignores the initiative of the managers as well.

Unlike previous studies, this book re-explores over investment via financial flexibility, discusses the effectiveness of contingent governance mechanism of debt in terms of debt heterogeneity, and how managerial discretion works in financing decision making.

It is said that keeping moderate levels of financial flexibility is necessary to the sustainable development of corporations. In practice, however, high correlations exist among several financing decisions. Over financial flexibility, on the one hand, can meet the demand of corporations' financing decisions; On the other hand, may harm the effectiveness. As a critical way to acquire financial flexibility, though, excess cash holding may encourage over investment of managers. Whether the more excess cash holding held by managers, the more over investment would happen is still unexplored.

In the current unrest capital market, considering the effect of debt heterogeneity, namely, debt factors that govern corporation over investment behavior change, that will happen to corporation over investment behavior caused by the excess cash holding, which is the new thinking of the contingent governance mechanism of debt from the perspective of debt heterogeneity. Debt heterogeneity can be divided into debt maturity heterogeneity and debt source heterogeneity in two forms. Debt maturity structure can reflect the size of debt maturity heterogeneity very well; However, relevant research literature about debt source heterogeneity lacks. According to the existing academic achievements, inspired by Herfindahl index, this paper examines contingent governance mechanism of debt played by debt source heterogeneity through constructing the index of debt source heterogeneity degree(DSHD).

We introduce managerial discretion as a key moderator to explain how managers affect financing decision-making transmission mechanism since that managers play a leading role in financing decisions. Precisely speaking, those effects mainly act in two ways. For one thing, managerial discretion could directly lead to over investment caused by excess cash holding. For another, changes over managerial discretion could alter contingent governance mechanism of debt via debt heterogeneity, which may indirectly influence over investment caused by excess cash holding.

After describing inefficient investment, financial flexibility, debt heterogeneity, managerial discretion, we develop related hypotheses, and find following results about corporation financing decisions which are supported by China listing corporations' data.

Firstly, the relationship between excess cash holding and over investment is generally significant and positive. In another words, excess cash holding offers corporations great cash financial flexibility resources, though it could benefit managers with over investment. Under the conditions of financial resources which have low cost, hugely amount, and can be easily accessible, unexpected and improper investment behaviors could happen more.

Secondly, considering the effect of debt heterogeneity, namely, debt factors that govern corporation over investment behavior change, the relationship between excess cash holding and corporation over investment behavior also changes. We find that general debt level has no significant moderating effect among excess cash holding and corporation over investment, debt maturity heterogeneity positively moderates the positive relations between excess cash holding and corporation over investment. However, the positive relationship between excess cash holding and corporation over investment is negatively moderated by debt source heterogeneity. In particular, the effectiveness of contingent governance mechanism of debt in most prior studies could hardly and actually be used unless debt heterogeneity coming from different sources.

Thirdly, Managerial discretion not only directly influences cooperation financing decisions, but also indirectly affects financing decision-making transmission mechanism through moderating effects caused by debt heterogeneity factors within corporation financing decisions. The results show that managerial discretion positively moderates the positive relationships between excess cash holding and corporation over investment. Precisely speaking, the effects of excess cash holding on corporation will be positively stronger when managerial discretion is high. The effects of excess cash holding on corporation will be insignificantly related when managerial discretion is low. The strength of the mediated relationship between excess cash holding and corporation over investment will depend on debt heterogeneity and managerial discretion. The effects of excess cash holding on corporation will be positively stronger when debt heterogeneity is low and managerial discretion is high. The effects of excess cash holding on corporation will be insignificantly related when managerial discretion is low no matter debt heterogeneity is low or high. Managerial discretion not only directly influences cooperation financing decision-making transmission mechanism, but also indirectly moderates the moderating effect of debt heterogeneity.

In a word, the conclusion of this study shows that, from the perspective of debt heterogeneity, the relationship between excess cash holding and corporation over investment behavior is quite complicated. Therefore, we should start from the point of view that corporation holds excess cash in order to maintain financial flexibility, make the traditional agency theory be further expanded in the context of debt heterogeneity to explore how to effectively use the corporation debt contingent governance mechanism. At the same time, in view of the importance of managerial discretion, it indicates that top managers have played a key role in transmission mechanism of corporation investment and financing decisions, and it also affects the effectiveness of corporation debt contingent governance mechanism.

目　　录

第一章 绪论

第一节 问题的提出

一、研究背景

2008 年国际金融危机爆发后,全球经济遭受重创,备受世界瞩目的中国经济的高速增长率也有所回落,到了 2008 年 11 月和 12 月,全国进出口总值甚至出现了负增长,分别同比下降 9% 和 11.1%。其中,11 月出口和进口总值分别下降 2.2% 和 17.9%,12 月出口和进口总值下降的幅度分别增至 2.8% 和 21.3%。面对经济可能遭遇的硬着陆风险,中国政府及时出台了关于扩大内需、保持经济平稳较快增长等若干举措。到 2010 年年底,为抵御国际金融危机的冲击,中国政府实施了 4 万亿投资计划项目。4 万亿投资计划项目的成功实施取得了巨大成效,不仅为遏制世界经济衰退作出了重要贡献,也为随后的世界经济复苏提供了重要支撑。

资料:4 万亿投资计划项目的重点投向和资金测算如下:第一,铁路、公路、机场和水利等重大基础设施建设和城市电网改造,约 15 000 亿元;第二,灾后恢复重建,约 10 000 亿元;第三,廉租住房和棚户区改造等保障性住房,约 4 000 亿元;第四,自主创新和结构调整,约 3 700 亿元;第五,农村水、电、路、气、房等民生工程和基础设施,约 3 700 亿元;第六,节能减排和生态工程,约 2 100 亿元;第七,医疗卫生、教育和文化等社会事业发展,约 1 500 亿元。

——摘自中华人民共和国国家发展和改革委员会官方网站

与此同时,4 万亿投资计划项目引致的中国企业过度投资行为也在不断显现。过度投资和投资不足是企业非效率投资行为的两种形式。过度投资是指企业在投资决策中不以企业价值最大化为目标,接受对公司价值而言并非最优的投资机会,特别是净现值小于 0(NPV<0)的项目,从而降低企业资金配置效率的行为。近年来,随着中国企业过度投资行为问题越发突出,有关企业过度投资问题的研究正逐渐成为众多财务学者关注的重点。当前中国环境下存在较为严重的委托代理问题,造成了过度投资行为比较普遍(张功富和宋献中,2009)。过度投资行为具有较大的危害性,大大降低了企业资金配置的效率,造成了企业在某些方面的产能过剩,最终会给企业的发展造成重大损失,不利于其长远发展。去产能已成为中国当前供给侧改革的重要内容。2019 年 5 月 9 日,国家发展和改革委员会、工业和信息化部、国家能源局发布了《关于做好 2019 年重点领域化解过剩产能工作的通知》(发改运行〔2019〕785 号),要求坚定不移地推动供给侧改革,将重点领域化解过剩产能的工作推向深入。可以看出,企业微观层面的过度投资引致的产能过剩问题不仅会使企业的经营遭遇危机,还会造成宏观上的投资过热,加剧实体经济投资活动的异常。

资料:钢铁、水泥、电解铝、平板玻璃、船舶和光伏是产能过剩问题表现较为突出的行业。六大行业产能过剩的特点既有共性,也有不同。

第一,钢铁行业。将国家统计局、工信部(工业和信息化部)、发改委(国家发展和改革委员会)以及中钢协(中国钢铁工业协会)等单位对中国钢铁产能进行摸底排查的数据资料相结合,发现中国钢铁行业 2012 年和 2013 年的产能利用率为 72%和 75%左右。2005 年至今,中国钢铁行业产能增长幅度超过了 130%,但行业利润率却呈现不断下滑的趋势。此外,钢铁行业产能过剩具有结构性差异和周期性特征。在结构性差异方面,汽车用高品质冷轧板等少数高端产品依赖于进口,造船等工业用钢部分过剩,消费行业生产和管道等基础设施建设的钢铁产能却不足。在周期性特征方面,宏观经济周期和全年季节变化情况均会影响钢铁市场。

第二,水泥行业。根据中国建筑材料联合会公布的资料,截至 2012 年年底,中国水泥生产能力实现 30.7 亿吨,水泥产量为 22.1 亿吨,产能利用率仅为 73.7%。与国际上一般认为的产能利用率低至 75%便存在过剩的通用标准比较,当前中国水泥行业产能过剩问题较为严重。

第三,电解铝行业。根据工信部(工业和信息化部)原材料工业司的统计资料,2012年中国电解铝产量实现1 988万吨,同比增长13.2%,但产能增长速度更快,实现2 765万吨,所以产能利用率仅为71.9%。令人忧心的是,中国电解铝行业的产能依然在迅速增加。据工信部(工业和信息化部)的统计资料,电解铝在建产能约有1 000万吨。由于国内外需求日益饱和,以及新疆维吾尔自治区等西部省份产能的逐渐释放,电解铝行业的产能过剩问题将日益突出,亟待有效化解。

第四,平板玻璃行业。根据平板玻璃行业协会公布的资料,2012年年底平板玻璃产能利用率为73.1%,当前正在建设的浮法生产线有32条,若全部建成,总产能将达11.3亿重量箱,从而会导致产能利用率进一步下降。因此,平板玻璃行业也存在较为严重的产能过剩问题。

第五,船舶行业。无论在全球还是中国,船舶行业的实际产能都远远高于市场需求。然而,中国船舶行业的产能过剩问题在全球是最严重的。当前,中国造船产能利用率为75%,若按全口径的产能测算,利用率则低至50%~55%。在船市低迷的外部环境中,船企开工率普遍较低。课题组在调研中发现,当前各地区船企都存在1/3的骨干企业能正常生产经营、1/3的企业任务不足、1/3的企业生产难以为继的现象。即便是运营状况相对较好的大型国企,主设备利用率也不及50%。

第六,光伏行业。2008—2011年,中国光伏行业产能加速发展,已有和在建的组件产能总量约为30 GW,约占2011年全球光伏组件总产能的60%,所以光伏行业产能出现了严重过剩。2012年,光伏企业较为集中的浙江省,96%的单晶硅硅片生产企业停产。然而在2013年第二季度光伏行业出现低位回暖,浙江省光伏企业开工率回升。从整体看,随着新能源汽车的研发和推广,未来的光伏市场依然有较大的发展空间,所以光伏行业的产能过剩属于阶段性过剩。

——摘自《当前中国产能过剩问题分析——政策、理论、案例》

(国务院发展研究中心课题组)

企业投资和融资活动是企业经营运作的两种重要形式,妥善处理好两者间的关系,对于壮大企业实力、提高企业效益,具有重要意义。当前,随着中国投资占GDP比重的不断攀升,为高额投资项目进行的融资活动也日趋频繁。根据 Modigliani 和 Miller(1958)提出的 MM 定理,在资本市场完全竞争的前提假设下,市场不存在任何摩擦因素,企业投资活动和融资活动是相互独立的,投资活动与不同融资方式无关。而实际上,MM 定理的众多前提假设在现实中很难得到满足。企业的众多财务决策具有相互依存及跨期的特征,彼此间存在着较高的相关性(Gatchev 等,2010)。

企业过度投资行为往往与企业持有的自由现金流有关(Jensen 和 Meckling,1976)。传统代理理论对此问题作了诸多的探讨,并从管理者自利的角度分析了自由现金流与企业过度投资行为之间的关系,认为自由现金流造成企业过度投资的现象与代理成本有关(Jensen 和 Meckling,1976; Richardson,2006)。根据代理理论的分析,过多的自由现金流容易被管理者自由支配,它有可能会被管理者用于过度投资行为以谋取私利。根据 Jensen(1986)的自由现金流代理成本理论,管理者容易滥用自由现金流而导致过度投资行为,从而可能损害企业价值。

为了有效地解决因管理者滥用自由现金流而造成的委托代理问题,企业需要建立起一整套行之有效的契约条款,用于激励、规范和约束管理者的行为,使管理者能以企业价值最大化为目标而卖力工作,尽可能地满足股东等委托人的利益需求,减少自身的代理成本。可以看出,若想顺利执行此类契约并收获效果,必须具备两个条件:第一,企业给予管理者的激励和报酬所产生的效用不得低于管理者从事其他事务活动中付出相同辛劳所获取的最大效用,即该激励和报酬需要弥补管理者的机会成本,否则该激励和报酬不会对管理者产生吸引力,管理者也自然不会同意加入或执行该契约,企业委托代理问题依然难以解决;第二,考虑到信息不对称时代理人努力工作的程度无法被实时观测,与工作努力程度相关内容无法写入契约条款中,但为了保证契约的顺利达成和执行,企业必须要兼顾代理人的切身利益,即尽可能通过契约的执行,在实现股东等委托人利益最大化的同时也实现管理者利益的最大化。

二、财务柔性理论的研究

根据代理理论的分析,为了有效地减少企业过度投资行为的发生,有必要尽可能地减少企业的现金持有量。而在企业管理实践中,管理者需要储备一定的现金,这是出于维持财务柔性的考虑。大量的事实和经验表明,在高度不确定的市场环境中,获取并维持一定的财务柔性对企业的生存及可持续发展而言具有重要意义。

　　资料:乐视网信息技术(北京)股份有限公司(下文简称"乐视网")曾是A股市场"互联网+"行业发展历程中的一个神话,其2011—2016年各年份营业收入同比增长率为151%、95%、102%、189%、191%和91%。乐视网致力于打造垂直整合的"平台+内容+终端+应用"的生态模式。乐视网的业务范围涵盖了互联网视频、影视制作和发行、大屏应用、智能终端、电子商务和生态农业等,具备国内最全的正版影视版权库,涵盖了10万多集电视连续剧和5 000多部电影,规模远超竞争对手。乐视网月均用户量超过3.5亿,日均用户量超过5 000万。乐视网在线产品日均浏览量超过2.5亿次,其中移动端日均播放量超过1亿,大屏日均播放次数也超过1 000万。近10年来,乐视网在多个领域打造了全球或中国第一:全球首家推出自有品牌电视的互联网公司;中国首家具有大型影视公司的互联网公司;中国用户规模第一的专业长视频网站;中国第一家提出内容自制战略的公司。可以看出,乐视网已成为中国最具影响力和活力的科技和文化相融合的创新型企业。业务量的迅猛增长也推动着乐视网(300104)股价的一路飙升,乐视网2015年5月12日的股价一度冲至史上最高点179.03元,当日总市值达1 505亿元。

　　但与此同时,从2015年起,乐视网频频成为媒体曝光的焦点:乐视影业收购计划延期、员工排队离职、乐视体育中断直播信号等负面新闻层出不穷。随着2016年乐视网债务危机的爆发,乐视网股价2016年12月下跌到45.30元,市值蒸发近1 500亿元。特别是2017年7月,公司创始人贾跃亭突然辞去乐视网一切职务并出走美国,至今滞留未归,并于出走前2年减持套现约25亿元人民币。种种迹象充分说明,乐视网神话已然破灭,其生态系统出现了严重问题,已陷入发展困局。乐视网企业经营发生巨亏,乐视网2017年上半年度的业绩预告为预亏约6.4亿元,董事、监事和其他高级管理人员相继请辞,其股价于2019年9月已跌至1.69元左右,使广大股东承受了巨额损失。

　　综观乐视网的发展历程,其迅速衰败的教训非常深刻。不可否认的是,乐视网涉足的业务范围太广,从专注于互联网视频技术的专业化经营转向了"平台＋内容＋终端＋应用"的多元化经营,从立足于互联网行业的相关多元化转向了包括手机、电脑、汽车、体育和房地产等诸多行业在内的非相关多元化。导致的结果是,企业资金链越来越紧张,无法为诸多业务及时投入配套资金和追加后续投资,最终面临惨淡收场的悲惨结局。从本质看,正是乐视网企业忽略了其财务柔性的管理,对现金、应付款等重要资产和负债配置失当,未充分意识到未来经营可能遭遇的不确定性风险,最终造成了一系列投资的失败并引发严重的财务危机。

——摘自乐视网历年年度报告、巨潮资讯网及本书作者所带团队参加 MPAcc 案例大赛撰写的获奖文稿

尽管公司财务领域的学者对财务柔性(financial flexibility,或被翻译为"财务灵活性""财务弹性"等)这一概念内涵的理解有所差异,但基本都认可财务柔性是指企业调动现有财务资源或者获取新的财务资源,来应对未来不确定性(即把握机遇与抵御风险)的一种战略能力(Gamba 和 Triantis,2008;Byoun,2011)。当企业盈利水平下降或出现新的投资机遇时,财务柔性较强的企业能够迅速满足融资需求,避免遭受财务损失和抢先获取新的收益(DeAngelo 和 DeAngelo,2007)。所以,财务柔性已经被公司管理层、特别是 CFO 们视为企业财务决策的首要决定因素(Graham 和 Harvey,2001)。财务柔性在公司财务战略决策中所扮演的角色越来越重要,为解释低杠杆甚至零杠杆的现象提供了新的理论基础(胡建雄和茅宁,2014)。

财务柔性这一概念起源于对企业资本结构问题的研究。在相当长一段时间内,传统的公司财务理论研究并没有对财务柔性予以过多关注,其原因在于:根据 Modigliani 和 Miller(1958)提出的 MM 定理的分析,资本市场是完全的、完备的、出清的,不具有任何摩擦,所以任何企业均可以毫无成本地调整其实际资本结构水平,从而能及时筹集到相应资金来满足未预期的资本需求,即实现了完全的财务柔性。因此,在传统的公司财务学教材里,财务柔性并不是公司财务决策领域需要着重考虑的问题(Denis 和 Sibilkov,2010)。

但是 2007 年年底美国次贷危机引发的全球金融危机爆发后,越来越

多的学者已经认识到研究企业财务柔性这一问题的重要性。同时,学者们在财务柔性的来源和度量、财务柔性的价值及其影响因素、财务柔性对公司财务决策特别是对投资决策的作用机理等方面取得了一系列丰硕的研究成果(Denis 和 Sibilkov,2010;Bonaimé 等,2013)。在高度不确定的市场环境里,企业维持一定水平的财务柔性,不但有助于自身抵御风险,避免陷入财务困境,而且更重要的是,能够有效地抓住未来投资机遇,实现自身的可持续发展。Arslan 等(2014)对金融危机背景下企业财务柔性问题展开了研究,证实了财务柔性水平较高的企业不但能够较好地应对外部不利冲击,而且能充分利用危机时较低的资本价格水平来把握未来有价值的投资机遇。

同时,学者们也充分认识到,财务柔性问题是传统公司财务理论与企业实际财务行为之间缺失的关键一环(DeAngelo 和 DeAngelo,2007;Bonaimé 等,2013)。所以,财务柔性正逐渐成为公司财务领域研究的一个热点和前沿问题。而超额现金持有为企业提供了财务柔性的重要来源,是企业获得并维持财务柔性的重要手段(Gatchev 等,2010)。超额现金持有是指企业实际现金持有水平超过正常现金持有水平的程度(Opler 等,1999)。将财务柔性因素引入代理理论的分析框架之后,能很好地解释企业投融资决策之间的关联。在实际现金持有达到正常现金持有水平之前,企业现金持有水平较低,所提供的财务柔性能较为有效地运用于企业投资活动。此时管理者从事过度投资的机会主义行为缺乏必要的资金支持,因而代理问题不严重。而在实际现金持有超过正常现金持有水平之后,企业现金持有水平较高,实现了超额现金持有。一方面,超额现金持有为企业提供了较强的财务柔性,满足了投资项目的融资需求。但另一方面,管理者滥用超额现金从事过度投资行为的动机也更强烈,从而会使代理问题越来越严重。

三、债务异质性和管理决断权的引入

超额现金持有所提供的财务柔性属于融资决策的范畴,而企业过度投资问题属于投资决策的范畴。企业投融资决策之间具有高度的关联性(童盼和陆正飞,2005;Gatchev 等,2010)。在解决由自由现金流导致的企业过度投资行为的这一问题上,Jensen(1986)提出了债务的相机治理机制。具

体而言,当企业负债水平上升时,较多的债务融资,增强了债权人对企业投融资活动的监督力度,促使企业管理者减少过度投资行为,而将企业持有的现金真正用于投资价值较高的项目。早期理论大多从同质性角度展开分析,并不认为治理企业过度投资行为的债务因素具有内在差异性。然而在当前,异质性因素对公司决策的影响已成为企业财务领域研究中的一个前沿方向(潘敏和朱迪星,2012;Graham 等,2013)。

债务异质性体现了企业间不同的资本结构状况。在债务相机治理作用方面,传统理论认为企业的债务是同质的,通常用单一的资产负债率来刻画企业整体的资产负债水平。而债务异质性其实是企业管理实践中存在的普遍事实(Rauh 和 Sufi,2010),它表现为企业债务具有不同的期限结构和来源结构(胡建雄和茅宁,2014)。从期限结构来看,企业债务可分为短期债务、中期债务和长期债务;从来源结构来看,企业债务可分为金融机构借款、商业信用、债券和其他债务。不同类型的债务对企业过度投资行为的影响具有差异性(童盼和陆正飞,2005),这与传统企业财务研究中认为的债务所发挥的相机治理作用具有同质性相比具有较大的不同。国外学者证实了金融机构借款对企业过度投资行为的"硬约束"效应,即金融机构借款比商业信用能更好地约束企业管理者从事过度投资行为。而在中国情境下,大部分国内学者基于代理成本视角,发现金融机构借款对企业过度投资行为存在"软约束"效应,即商业信用才能更好地约束企业过度投资行为,金融机构借款次之,企业债券的发行甚至会助长企业管理者的过度投资行为。但是,也有部分学者提出了异议。朱磊和潘爱玲(2009)认为,各种来源的企业债务都不能约束企业管理者的过度投资行为,即西方理论中的债务相机治理机制并未在中国发生作用。童盼和陆正飞(2005)认为,负债对企业非效率投资行为会具有不同作用,很难判断这种传导机制究竟可以用何种理论合理解释,相关实证检验也较为缺乏。可以看出,在中国上市公司研究中,关于不同来源债务对企业过度投资行为影响的研究尚未达成共识(朱磊和潘爱玲,2009)。可能的原因在于,单一的债务来源很难发挥其对企业过度投资行为的相机治理作用,而 Williamson(1988)等学者早期认为的债务具有同质性的传统假设也开始受到质疑。

在债务异质性的范畴中,债务来源异质性体现的是企业各类负债来源的相对比重,其值越高,说明企业各种来源的负债越平均、债务来源的渠道越多,即债务来源的多元化程度也越高(胡建雄和茅宁,2015)。现有文献关于债务来源异质性的论述较为缺乏。债务来源异质性是一个刚兴起的概念。本书首先需要证明中国企业中债务来源异质性的存在性,然后才可以论证债务来源异质性对企业投融资决策传导机制的影响效应。否则,后文关于债务来源异质性的研究则缺乏必要的基础和前提。从国内外仅有的相关研究成果来看,国外学者 Boot(2000)、Rauh 和 Sufi(2010)的研究均指出,债务异质性其实是企业管理实践中存在的普遍事实。国内学者如李心合等(2014)的研究也指出,西方资本结构理论具有较大的局限性,由于西方国家特有的信用制度以及西方财务学特定的研究对象,建立在债务同质性基础上的西方资本结构理论学说对中国企业特定的财务现象难以作出合理解释。所以有必要将全体借债活动根据不同来源渠道分为商品市场的经营活动和金融市场的融资活动两种类型,来深入探讨经营性负债和金融性负债的异质性。

在证明中国企业中债务来源异质性的存在性时,可以将全体研究样本根据金融机构借款、商业信用、债券和其他债务四大类别进行聚类分析。通过分析债务类型聚类分析结果图和债务类型聚类分析结果表的内容,来证明中国企业中债务来源异质性是否真正存在,从而为接下来的实证分析提供基础和前提。

同时,作为企业决策的主观因素,管理者的不同自然会导致决策效果的差异性。高层管理者对企业绩效和公司发展是否具有直接的显著影响,是现代财务研究者关注的重要问题。人口生态学理论和新制度经济学派认为,高层管理者对他们所任职的公司发挥的影响力比较有限,因为公司受制于外部环境,依靠高度惯性进行运作,高层管理者的日常经营管理行为被规范和惯例所束缚。然而在企业实际财务行为中,管理者发挥的作用却越来越关键。委托代理问题的发生、财务柔性的储备、过度投资行为的实施等重要投融资事项都与管理者行为有着密不可分的关联,因而对管理者行为因素的分析越来越受到财务研究者的重视。Hambrick 和 Mason(1984)提出的高阶梯队理论认为,企业高层管理者(企业高管)能够影响组织行为并能在较大程度上左右企业产出。高阶梯队理论强调企业高管的重要性,认为企业高管的行为决策受到了其视野的束缚,其思维模式、价值观和对决策情境的最终感知共同形成了决策的基础。企业高管会对实际面临的情境作出高度个性化的解释,并以此为基础开展行动,此时的企业高管决策中已包含了大量企业高管自身特有的经验、价值观等个性特征。大量的现实证据和实证研究结果也都表明,在公司特征、公司治理及市场环境都非常相似的企业,公司具体财务行为的选择会呈现较大的差异。这说明,公司具体财务行为的实施是管理者战略选择的结果,它不仅受到各种客观因素的影响,还取决于管理者识别机会、承受风险以及运用资源的能力,这些能力受到管理者有限理性和认知模式的制约。但是,传统企业财务管理理论过多地强调了不同客观因素对企业财务行为影响的差别效应,却未对管理者行为因素给予充分关注。

鉴于此,考虑到管理者本身的主观能动性,本书将反映管理者战略选择能力的关键要素——管理决断权(managerial discretion)引入投融资决策问题的分析框架。管理决断权指的是管理者在制定和实施企业战略过程中具备的自主选择权(Hambrick 和 Finkelstein,1987),所以也被称为经理自主权、管理自主权等。Hambrick 和 Finkelstein(1987)认为,管理决断权是管理者影响企业绩效的最显著因素。提出管理决断权这一概念,是为了调和前述不同派别观点之间的矛盾,使超额现金持有对企业过度投资行为影响的研究可以充分借鉴战略管理以及行为公司财务等相关领域的研究成果,体现管理者战略选择的作用及影响,从而为企业投融资决策相关问题的研究注入新的活力并提供坚实的理论支撑。

四、现有研究的不足

综上所述,现有研究存在以下四方面的不足。

第一,在理论基础上,多数研究从传统代理理论出发,直接探讨管理者利用企业自由现金流而从事过度投资的机会主义行为。传统代理理论的分析,回答了企业过度投资行为的成因,却未对企业持有自由现金流的动机进行深入解释。既然自由现金流会被企业管理者滥用于从事过度投资的机会主义行为,那么尽可能减少自由现金流便可很好地避免企业委托代理问题,然而在企业管理实践中并非如此。必要的自由现金流对于企业正常经营,特别是预防资金链断裂非常有必要,所以不是说为了防止委托代理问题的出现,自由现金流量越少越好。究其原因,持有自由现金流,可能是企业以承受代理成本为代价,而实现其他财务决策目标的考虑。研究的这种忽视,是传统代理理论研究范围受到限制的缘故,未与其他财务理论,特别是与财务柔性理论很好地结合起来进行分析。从这点来看,以自由现金流为起点来探讨企业过度投资问题的做法存在一定问题。因为自由现金流这一概念本身无法告知我们,究竟有多少自由现金流是合理的、必要的,有多少自由现金流是不合理的、是容易造成委托代理问题的。所以,在确定企业最适自由现金流水平上存在重要的问题和障碍。而财务柔性这一概念能很好地解决这一问题,必要的现金持有是为了维持企业正常经营,但超额现金持有的概念反映了实际现金持有超过正常值的部分,会形成企业的委托代理问题。因此,超额现金持有这种新的度量方式为有效检验企业的过度投资问题找到了突破口。

第二,在研究视角上,较多研究从债务同质性这点出发,探讨企业投融资决策的关联性问题,对债务异质性条件下企业债务相机治理作用发挥的有效性探讨不足。当前对于企业投资效率问题的研究,涉及股东的研究文献较为充裕,现有的较为前沿的文献探讨了股东异质性和股东博弈对企业投资效率的影响。但非常遗憾的是,对于债务异质性,特别是债权人博弈对企业投资效率影响问题的研究则鲜有涉及。实际上,在公司治理的框架内,除了股东之外,债权人的角色也至关重要。债权人对企业经营管理活动、对包括大股东和管理层在内的企业高层管理团队所实施的企业行动发挥了重要的监督作用,也自然会对企业投资决策产生重大影响。但是,不同债权人的诉求和目标不同,相互之间可能协作,也可能争斗,而债务异质性这一概念能从深层次刻画债权人之间的复杂关联。就债务异质性这一概念本身而言,现有的多数研究以企业总体负债水平作为资本结构的表征变量,探寻其对超额现金持有与企业过度投资行为之间关系的影响机理,而且没有得到一致的结论(童盼和陆正飞,2005)。在有限的相关研究中,也仅从单一负债类型出发(黄珺和黄妮,2012;潘立生和方芳等,2012),而未考虑不同负债的综合影响(胡建雄和茅宁,2015)。所以,本书从债务异质性的角度,对企业投融资决策问题进行了深层次的探讨。

第三,在拓展深度上,多数学者从传统代理理论出发,未将管理者因素引入代理理论的分析框架而对代理理论进行深入拓展。基于异质性视角的分析,认为针对超额现金持有而导致的企业过度投资问题,债务相机治理机制的有效发挥会受到管理决断权的重要影响。任何有效的决策结果，都应该是有效的主体（人）和有效的客体（决策）相结合的产物。而对于人和决策之间如何协调，两者间的内在关联究竟如何，以往研究较少涉及。传统的经济学和金融学理论认为管理者具有"同质性"，对管理者个人的能力和作用未予以过多关注。但实际上，管理者的异质性特征非常明显，具备不同特征和能力的管理者所领导的企业的绩效水平和经营状况可能千差万别。尤其在行为金融学盛行的今天，需要格外关注管理者异质性因素。当前较为前沿的研究已经充分关注到了管理者的异质性，特别是管理者不同的人口统计学特征对企业财务决策的影响，所以管理者的异质性对包括企业投资决策在内的一系列财务决策的差别性影响当前已被学者关注到。但是，如前所述，债务异质性这一概念在学术界被提及的频次较少，这一概念本身具有较强的创新性，以其为基础的不同管理者对债务异质性的偏好这一问题，已有研究则更加鲜有涉及。本书着重探讨主体（管理者）对客体（债务异质性）所发挥的差异性调节作用。

第四，在研究方法上，多数文献直接采用简单的回归模型，考察一个变量对另一个变量的直接影响，研究手段较为单一，不够严谨。对于关键解释变量的选取方面，如前所述，学术界对自由现金流本身的度量存在严重的问题，启示我们需要从财务柔性理论出发选择超额现金持有这一更加恰当的指标，进一步地，选择残差值的超额现金持有这一指标的做法克服了自由现金流度量方式的弊端。此外，在债务异质性研究的领域，也缺乏利用聚类分析的方法来对整个企业层面债务来源异质性现象是否存在作出的系统论证。从学术原理看，必须先系统论证中国上市公司的债务异质性现象具有普遍存在性，才能将债务异质性这一指标纳入本书的计量模型。而在债务异质性这一指标的度量上，本书借鉴衡量产业集中度水平的赫芬达尔指数的构建方法，创造性地提出了债务异质性这一指标的度量方法，在指标创建上弥补了当前研究的不足。在模型论证的计量方法上，当前文献对调节的再调节手段研究不够，从而缺乏对管理者情境因素改变后债务相机治理作用变化的研究。实际上，管理决断权不仅影响企业投融资决策过程，还对投融资决策过程中债务异质性发挥的作用本身具有一定的调节作用，但是这方面的研究内容和研究方法已有研究均鲜有涉及，本书采用对调节的再调节方法能很好地解决这一问题。

第二节 研究目标和意义

一、研究目标

超额现金持有为企业提供了财务柔性储备,而财务柔性为企业提供了及时融资的能力,使企业可以在未来不确定的环境下及时满足投资活动的融资需求。从财务柔性角度来看,为了保证投资活动的顺利进行,财务柔性的储备多多益善,因而超额现金持有水平也应该越高。然而,根据代理理论的分析,当满足了正常投资活动的需要之后,过多的财务柔性是否会导致企业产生过度投资行为,进而损害企业价值? 在治理过度投资行为的方法上,债务异质性视角下的债务相机治理机制又有何不同? 管理者主观因素对企业投融资决策的影响又是怎样? 投融资决策整体框架下的很多方面问题都有待深入开展研究,不是一篇或几篇研究就可以回答的,本书也不能一一作出详细解答,只能站在前人已有研究的基础上,针对现有研究的若干不足,进行相应探索和分析。

本书的研究目标有以下三点。

第一,引入财务柔性这一概念后,基于代理理论探讨超额现金持有与企业过度投资问题之间的关联。

传统代理理论对管理者滥用企业自由现金流而作出过度投资行为的研究较多,而此研究结论正是本书探讨企业投融资决策关联的基础和前提。现有投融资理论框架也基本都是基于代理理论的分析,认为管理者滥用企业自由现金流会造成企业过度投资行为。而管理者滥用的企业自由现金流,与财务柔性理论中企业管理者为了储备财务柔性而持有的超额现金这一概念具有较强的关联性,但是自由现金流与超额现金持有的概念也具有明显不同之处,需要认真辨别。企业的融资行为实际上就是财务柔性的获取和储备过程,而投资行为实际上就是财务柔性的运用过程。也就是说,企业维持一定的财务柔性,实际上增强的是企业融资能力,这样有助于在未来及时抓住投资机遇并展开相应投资活动,避免陷入融资困难的境地。然而,过多的财务柔性对企业而言也并非是好事,因为其会诱使企业管理者作出机会主义行为,从而扰乱企业正常的投资活动,损害企业价值。

所以,企业现金持有具有一个最适水平,而对该最适水平阈值的确定则显得至关重要。

本书以财务柔性这一概念为研究起点,探讨了超额现金持有对企业过度投资行为的影响,实际上研究了企业如何更好地将融资获得的资金运用于投资活动的问题。根据 Modigliani 和 Miller(1958)提出的 MM 定理的分析,在资本市场完全竞争的假设前提下,企业的投融资活动是完全独立的。也就是说,企业融资所得的资金可以及时有效地运用于投资项目,而企业面临较好的投资机遇时也能及时有效地筹集到必要的资金。投融资活动之间不存在任何缺口。而现实的资本市场中存在众多摩擦因素,MM 定理成立的条件不复存在。当遇到较好的投资机遇时,由于面临融资困境,企业未必可以及时筹集到投资活动所需的资金,从而会错失部分投资机遇,有损企业价值;反之,根据企业当前的融资状况作出最有效率的企业投资行为,才更具有逻辑上的合理性。所以,本书从财务柔性这一概念出发,探讨在中国情境下,融资活动究竟会如何影响企业的投资行为。

引入财务柔性这一概念后,超额现金持有与传统代理理论中的自由现金流又有什么区别? 超额现金持有与企业过度投资行为之间的关系是怎样的? 为了企业能更好地安排投融资活动,促进这两项重要的财务活动平稳顺利地开展,同时也为进一步拓展传统代理理论的内涵,本书希望诠释超额现金持有和企业过度投资行为之间的深层关联。

第二,从债务异质性视角出发,探讨在债务异质性的背景下,以往研究中债务相机治理机制的发挥效应有何不同。

当前市场环境下,即使是单一企业,不同企业债务的种类也千差万别。基于债务异质性视角的分析,债务对企业过度投资问题的相机治理作用并非仅仅体现在资产负债比率上,还体现于不同债务的搭配和配比上。本书对企业债务异质性的界定分为期限和来源两个方面。从期限上看,债务期限的缩短可以对企业过度投资行为发挥更强的约束作用(黄乾富和沈红波,2009)。债务期限的缩短使企业近期还本付息的压力增大。为了降低再融资风险,企业倾向于持有更多现金。当前较多的研究过于关注负债规模、期限结构和企业投资行为之间的关系,而对债务来源结构、特别是短期负债的来源结构对企业非效率投资行为的影响关注较少(方芳,2012)。实际上,企业债务来源方式存在多样性,如金融机构借款、商业信用、债券和其他类型,不同负债来源对于企业投资规模的影响具有差异性(童盼和陆正飞,2005)。债务来源异质性是指企业不同融资方式(如金融机构借款、商业信用、债券和其他类型)各自占总负债的相对比重的差异(胡建雄和茅宁,2015)。债务来源异质性的概念体现了企业不同来源负债的相对比重,其值越高,说明不同来源的债务也越平均,即企业的债务来源多元化程度较高。债务来源越多元,企业不同债权人对管理者的监督作用也就越强,要求管理者在公开市场上向利益相关者披露的消息越多,导致企业的日常经营管理活动越透明,市场也会更准确地对企业价值作出评估。同时,债务来源多元化的企业因其拥有完善的公司治理机制而具有广阔的融资渠道,享有较高的声誉、较强的市场认可度以及较好的市场发展前景。为了维护来之不易的这种声誉,管理者更会慎重地选择其投资行为,避免过度投资等有损企业价值的行为的发生。因此,债务来源异质性程度高的企业,不但过度投资等行为会被约束,而且债务的相机治理作用也能更好地发挥。

本书以财务柔性的概念为分析起点,对债务相机治理作用进行了深入探讨,并引入了债务异质性这一概念。债务异质性又可进一步分为债务期限异质性和债务来源异质性,本书分别探讨两种债务异质性对超额现金持有导致的企业过度投资的主效应的不同调节效应。然而,目前债务异质性领域的研究文献不多,探讨债务来源异质性问题的文献则更加少,也缺乏对债务异质性指标进行定量测量的工具,所以研究企业究竟应保持怎样的债务水平、选择怎样的融资方式搭配、保持怎样的异质性程度以及如何构建指标来反映各种债务的配比,才能最大限度地降低由超额现金持有导致的企业过度投资行为,从而实现企业可持续地健康发展,是本书需要实现的另一个研究目标。

第三,考察管理者角色的作用。

为了考察管理者在企业投融资决策过程中所发挥的关键性作用,本书将反映管理者战略选择能力的关键要素——"管理决断权"引入企业投融资决策的研究范畴。从战略管理理论的视角来看,管理决断权是指管理者和利益集团之间就其行为合理性进行动态博弈的复合过程中所形成的自主决策行为空间(Hambrick 和 Finkelstein,1987)。这种自主决策权体现在管理者制定和执行企业战略的全过程中,是影响管理者战略选择过程及其结果的关键核心变量。这一要素的引入,使投融资领域的研究可以充分借鉴行为公司财务及战略管理等领域的重要研究成果,充分展现管理者战略选择的作用及影响,从而为投融资领域的研究注入新的活力,为全面深入探讨投融资领域的众多未解的关键问题提供了新思路及坚实的理论支撑。对企业财务实践活动而言,弄清管理者在其中究竟能发挥多大的作用以及如何发挥最大的作用,有助于企业更好地安排投融资活动。

现有关于财务柔性问题的研究主要强调了财务柔性是企业可持续成长过程中不可或缺的重要财务因素,然而却忽略了这种财务因素的获得和使用其实是管理者战略选择的结果,与"人"的因素密切相关。因此,传统的企业财务研究必须考虑到管理者这一重要角色在投融资决策过程中所起的作用。此外,企业管理者会发挥较强的主观能动性,其不仅对于企业投融资决策具有直接的影响效应,对于债务异质性条件下的债务相机治理机制也可能产生影响。所以,本书探讨当管理决断权不同时,债务异质性对企业投融资决策之间关系发挥的相机治理作用又有何差异,进而深入分析有效发挥债务相机治理机制的重要条件,促进企业投融资活动的顺利开展。而管理决断权影响债务异质性所发挥的债务相机治理作用,实质上体现了企业管理者和债权人之间的博弈过程:如果管理者在博弈过程中处于优势地位,那么管理决断权会有效地抑制债务相机治理机制的发挥;如果管理者在博弈过程中处于劣势地位,那么管理决断权很可能无法对债务相机治理机制所发挥的作用产生影响。然而,管理者和债权人究竟谁占主导?占主导的原因以及占主导后所引致的结果是什么?这些问题在现有研究中都没有涉及。总之,管理者是实实在在的高素质、高能力群体,承载了企业各种利益相关者的众多期待。管理决断权的发挥和运用能充分影响企业的投融资决策传导机制,但管理决断权是如何影响企业债务异质性,从而间接影响企业投融资活动的?基于这些问题的答案我们如何能更好地发挥管理者的"主观能动性",来维持企业投融资活动平稳顺利开展?这些是本书需要研究的。

二、研究意义

探寻企业投融资决策的传导机制,在债务异质性条件下分析债务相机治理机制作用的有效性,以及债务相机治理机制可能受到的管理者角色影响,对于拓展现有研究结论的深度,增强对企业管理实践的指导,具有重要意义。

（一）理论意义

第一,本书将财务柔性因素融入代理理论的分析中,对投融资决策的内在关联展开了系统性研究,从而拓展了传统代理理论的内涵。传统代理理论更多的是强调企业管理者的委托代理行为,即背离股东利益最大化的目标,追求自身利益最大化。而有关传统委托代理问题的研究较多是从滥用企业自由现金流的角度进行分析,证实了持有自由现金流的负面作用,却并未结合其他财务理论,特别是财务柔性理论进行分析。根据代理理论的分析结论,既然企业自由现金流容易被管理者滥用而从事过度投资的机会主义行为,那么应该尽可能减少企业的自由现金流量。然而在企业管理实践中,必要的现金持有对于企业维持正常经营,特别是预防资金链的断裂具有重要意义。那么,究竟多少现金需要被留存,现金持有的临界阈值如何确定,代理理论自身未给予明确的答案。结合财务柔性因素来看,过多的超额现金持有尽管为企业提供了财务柔性的重要来源,却也容易被企业管理者滥用于从事过度投资的机会主义行为,而现金持有模型提取的残差值(即超额现金持有)能很好地解决代理理论无法回答的临界阈值的问题。本书的结论表明,代理理论与财务柔性理论之间并无矛盾,引入财务柔性因素不但有助于深入挖掘企业投融资决策间的内在关联,而且丰富了代理理论的研究内容并拓展了其内涵,这一系统性的研究和探讨使代理理论更加充实和完善。

第二,突破了传统债务理论研究中"同质性"的前提假设。基于自由现金流会导致企业过度投资行为的研究结论,传统代理理论认为债务水平上升时,企业委托代理问题会相应减轻,这就是债务的相机治理作用。本书基于债务异质性视角,认为治理企业过度投资行为的债务因素具有内在差异性。而传统代理理论较多的是从债务同质性角度出发,并不认为影响企业投融资决策的债务因素有什么内在差异。就债务相机治理作用而言,传统研究用简单的资产负债率水平来反映企业的资产负债状况,而资产负债率这一指标中的分子(企业总负债)不能很好地反映企业的实际负债状况,亟须在研究内容和研究方法上进行深层次开拓。实际上,债务具有不同的维度,根据期限和来源等不同属性可以分成不同类别,如短期债务、中期债务、长期债务、应付账款、商业信用等,每一种类型的债务对企业投融资决策的影响可能都具有差异性。在此基础上,即便考虑到单一负债的特性,传统研究的内容仍然有所局限。企业持有不同负债实际上体现了不同债权人之间的博弈,他们既可能有合作,也可能会有对抗。债权人之间的相互关联和作用会对包括投资决策在内的企业各项财务决策产生深远影响,而这印证了本书构建债务异质性这一指标的必要性。所以,本书提出的异质性视角为分析企业投融资决策提供了新的思路,拓宽了传统同质性理论研究的范围,为从同质性研究向异质性研究的转变作出了理论上的探索贡献。

第三,深化了行为金融学研究框架下管理者因素对债务相机治理机制发挥作用的影响研究。在行为金融学的研究框架下,管理者的同质性、完全理性等传统假设遭到了质疑,管理者的异质性和有限理性等特征已成为新的研究共识。在企业管理实践中,管理者具有不同的特质,不同的管理决断权对企业投融资决策的影响具有较大差异性,所造成的企业决策结果也具有较大不同。财务研究者应充分认识到管理者这一角色在企业投融资决策活动中发挥的重要作用。管理者的主观能动性不仅会直接影响企业的投融资决策过程,还会对影响投融资决策过程的债务异质性产生影响,当前的行为金融学理论对前者已有探讨,但对后者的研究却鲜有涉及。在不同管理决断权作用下,探讨企业债务异质性对企业投融资决策发挥作用的差别性影响,是在行为金融学领域对债务相机治理理论的适用性开展的情境化深入研究,有助于在行为金融学的研究框架下选择最佳的情境条件以充分有效地发挥债务相机治理作用,实现投资效率的最优化。也就是说,探讨管理者因素影响下债务相机治理机制发挥的有效性,能很好地将客观理论与管理者主观因素相结合,实现客观规律性与主观能动性的统一,有助于传统理论内涵的深化和拓展。

(二)实践意义

第一,选择适度的现金持有水平。现金持有是一把"双刃剑",企业管理层需要审慎选取最佳的现金持有水平。虽然较高超额现金持有水平会为企业提供更多的财务柔性储备,使企业具备更强的融资能力,能够在不确定的环境下帮助企业筹集投资活动所需要的资金,帮助企业渡过财务难关。然而,过强的财务柔性也会使管理者由于机会主义倾向而从事过度投资行为,这种非效率投资行为反而有损企业价值。因此,在企业管理实践中,企业需要维持一种合理适度的超额现金持有水平,为企业提供一定的财务柔性,使企业在规避融资困境和规避管理者机会主义行为之间取得一种平衡,最大限度地促使投资活动健康、持续、稳步地开展。中国企业的差别性特征极为明显,最佳的现金持有水平并非是一种简单划一的"一刀切"式的固定值,而是因企业不同而有所差异。具体而言,确定最佳现金持有水平时应该同时考虑企业资产规模、现金流回报率、净营运资本水平、成长性、资本性支出、总体负债水平和股利支付倾向等诸多因素,考虑财务柔性中现金财务柔性所适用的范围,在此基础上仍超额持有的现金才可能会因委托代理问题而造成企业的过度投资行为。超额现金持有模型的构建解决了如何帮助企业抉择最佳现金持有量的临界阈值的问题,这是企业管理实践中通过对自由现金流决断无法实现的。

第二,重视异质性债务的搭配。本书基于债务异质性视角,认为治理企业过度投资行为的债务因素具有内在差异性。债务异质性又分为债务期限异质性和债务来源异质性两种形式,而债务来源异质性能真正有效地发挥企业债务的相机治理作用。因此,在对企业管理层所实施的过度投资行为的治理方面,不能简单地认为保持一定的资产负债率水平就能起到相机治理作用,从而维护投资者的权益。事实上,单一的债权人类型大大增强了"一家独大"债权人的话语权,便于债权人和管理层"合谋"而共同侵蚀投资者的利益,或者便于债权人在通过显性或隐性契约满足既定利益情况下而对管理层的机会主义行为放任不管,所以反而加剧了管理层的机会主义行为。此时,企业需要一定的债务来源异质性程度,拓宽融资渠道,积极引入各种异质性的债务,合理安排好各种来源的负债种类及其搭配。虽然债务来源异质性程度的增强未必能有效提升企业经营业绩,但不同债权人的利益诉求和行为目标不尽相同,很难与企业管理层的机会主义行为达成"共谋"或"集体沉默",从而在一定程度上能对企业投资决策发挥更好的监督效应。因此,充分发挥不同债权人主体之间的博弈作用,才能真正有效地发挥债务所起的相机治理作用。

第三,正确看待管理决断权的作用。管理决断权对企业投融资决策发挥了关键性的作用,需要意识到管理决断权的增大加剧了企业委托代理问题的严重性。同时,即便是债务来源异质性能够发挥较好的债务相机治理效应,但管理决断权越来越大时,这种相机治理效应也会"大打折扣"。也就是说,为了最有效地防范管理者过度投资的机会主义行为,仅仅靠维持较高水平的债务来源异质性程度是不够的,还必须通过明确具体的监控规则、恰当安排管理者的行权空间来明确企业管理者的管理决断权,促使管理者作决策时能够从企业价值最大化角度出发,提升企业绩效。这也启示我们,在中国当前的企业管理实践中,管理者这一角色在公司高管治理中至关重要。但是公司治理机制尚未成熟,企业管理层的德行培育意识和自律性也不够强烈,导致企业管理层的机会主义行为仍较为严重,对企业管理层需要更加严格地加以监管。否则,企业管理层不但会直接滥用超额持有的现金从事过度投资行为,而且还会进一步破坏债务相机治理机制所发挥的作用,造成对企业投资决策过程的监管机制彻底失灵。今后在充分发挥管理者这一角色对企业发展的促进作用的同时,还需要对其行使的管理决断权进行严格监管,从而更好地维护广大中小投资者的切身权益。

第三节　研究框架、技术路线和结构安排

一、研究框架

在对国内外相关文献进行回顾的基础上,本书构建了研究的框架模型,如图 1-1 所示。本书主体内容分成三个部分。

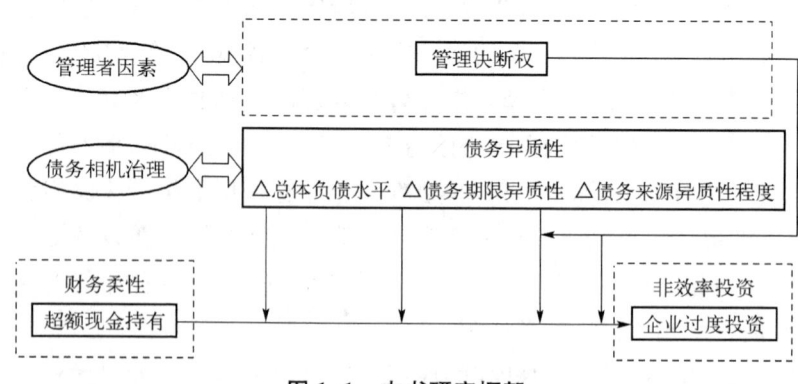

图 1-1　本书研究框架

一是超额现金持有对企业过度投资行为影响的主效应。超额现金持

有为企业财务柔性提供了重要来源,作为解释变量,属于企业的融资决策范畴;过度投资程度作为企业非效率投资行为的一种表现形式而作为被解释变量,属于企业的投资决策范畴。在探讨主效应时,需要借助引入财务柔性因素后的代理理论进行综合分析。

二是债务异质性条件下的债务相机治理作用。债务异质性分为债务期限异质性和债务来源异质性两种形式,分别用债务期限结构和债务来源异质性程度这两个变量进行表示。为了与传统债务同质性视角下的债务相机治理作用进行区别和对比,本书还引入了总体负债水平作为单一资产负债率的量度。这部分内容主要探讨了当债务异质性条件发生改变时,超额现金持有导致的企业过度投资行为又会呈现怎样的差异性。

三是管理决断权的作用。管理者作为企业决策过程中重要的"人"的因素,对企业投融资决策的影响是双重的:一方面,管理决断权可以直接影响由超额现金持有导致的企业过度投资行为,对于企业投融资决策具有直接的调节作用,即在不同的管理决断权条件下,超额现金持有对企业过度投资行为的直接作用是不同的;另一方面,还需考虑到管理者主观因素对债务相机治理作用发挥的再调节作用,因为管理决断权可能对影响企业投融资决策的债务异质性因素发挥调节作用的机制本身也具有调节作用,即在不同的管理决断权条件下,考察债务异质性对超额现金持有与企业过度投资行为之间关系的调节作用有何差异。

二、技术路线

本书在研究过程中采用定量研究和定性研究相结合、理论分析和实证分析相结合的技术路线。具体而言,通过五个步骤展开全书的撰写。

第一步,检索阅读中外文献。通过检索并阅读投融资领域的大量中外文献,在现有的研究背景下明确研究目标,提出研究问题,并整理出整个研究框架。

第二步,理论假设。通过展开定性研究,分辨理论概念,找出概念间的内在逻辑及关系,据此提出合理的研究假设。

第三步,通过变量筛选和模型构建,使抽象的理论概念具备实际操作性,即明确相关变量的具体测量方法和手段,着手进行实证检验。

第四步,根据实证检验所需的变量,利用 Wind 数据库和国泰安数据库,查阅相关上市公司的公告,收集可以验证本书研究假设的样本数据,并对相关样本的数据进行处理,在本书构建的模型之下展开实证检验。

第五步,实证检验之后,借助定性研究的方法来解释定量分析的结果,并对所得的结果展开详细讨论。其中,对已经验证的研究假设进行深入分析,并上升到理论高度,探讨结论成立的原因及对企业管理实践的相关启示;对于未能验证的研究假设,仔细查找出相关的原因,并分析背后可能存在的其他相关因素。

具体的研究技术路线如图 1-2 所示。

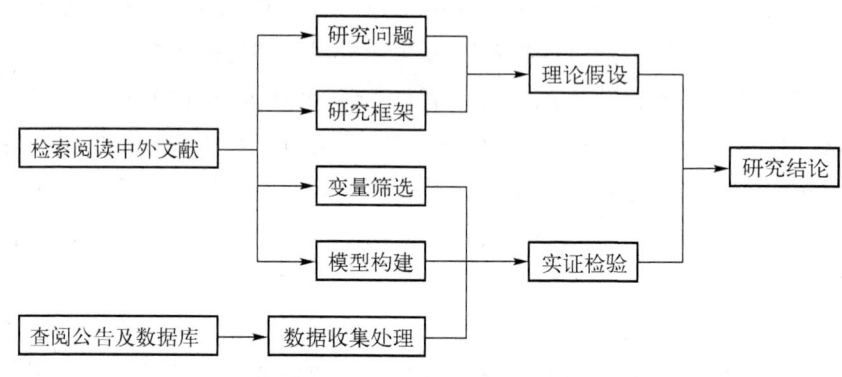

图 1-2 研究技术路线图

三、结构安排

本书的结构安排如下。

第一章,绪论。本章提出了本书的研究问题,在投融资决策的分析框架下引入财务柔性理论和代理理论的分析,来探讨债务异质性因素发挥的作用以及债务异质性因素可能受到的管理者因素的影响,并总结了现有研究的不足之处。确定研究目标之后,从理论意义和实践意义两个方面阐释了本书的研究意义,并对本书的研究框架、技术路线以及结构安排作了详细的介绍。最后,总结本书的研究结论,提出了本书可能具有的创新之处。

第二章,相关文献回顾和述评。本章对全书研究的理论基础进行了总结及分析。首先,对企业非效率投资问题的相关研究成果进行了总结,比较了过度投资和投资不足两种非效率投资行为产生的不同机制。其次,对有关财务柔性的重要来源——超额现金持有、剩余负债能力和未使用的信贷额度等的相关研究,作了详细、系统的文献整理;对财务柔性价值、有关财务柔性与企业投资决策的相互影响的研究结果进行了归纳。再次,对债务异质性问题的相关研究成果进行了详细的述评;而债务异质性源于企业资本结构问题,因而本章也对企业资本结构相关概念进行了回顾,并梳理了与债务相机治理作用有关的论述;考虑到管理者主观因素的影响,对管理决断权这一概念进行了详细阐释。最后,对以上若干问题的现有研究结果进行了总结和评述,挖掘出这些问题间的内在关联。

第三章,理论分析及假设提出。根据本书提出的研究问题和第二章的文献回顾和研究述评,本章基于理论分析,提出了若干假设。这些假设可以分为三部分:首先,直接探索超额现金持有与企业过度投资行为之间的关系;其次,考虑到在债务异质性条件下,债务相机治理机制发挥作用的机制与传统研究的结论不同,将债务异质性分为债务期限异质性和债务来源异质性两种形式,探讨当债务异质性条件发生改变时,超额现金持有与企业过度投资行为之间的关系有何不同;最后,考虑到管理者因素,一方面检验管理决断权对企业投融资决策的直接影响,另一方面探讨在不同的管理决断权条件下,债务异质性对超额现金持有与企业过度投资行为之间关系的主效应的调节作用有何不同。

第四章,研究设计。由于本书所需的几个关键变量都没有现成的相关指标可用,因而本章首先需要明确这些变量的测度问题。作为解释变量的超额现金持有,以及作为被解释变量的过度投资程度,其数值都需要分别通过相应回归模型的残差进行提取。同时,也说明了衡量债务异质性(总体负债水平、债务期限异质性和债务来源异质性)和管理决断权的具体指标。继而,介绍了样本选取以及数据收集的方法,并构建了相关的回归模型来验证第三章的假设。最后,对这些变量进行了描述性检验统计分析,并且用了聚类分析的手段证实了中国企业中债务来源异质性的存在性,这是本书研究工作的基础和前提。

第五章,实证分析。在第四章研究设计完成的基础上,本章对所选的样本数据进行实证检验和分析,试图论证本书所提假设的正确性。针对第三章提出的假设,本章依次用层次回归、整组回归及分组回归的方法检测交互项系数的显著性以及比较相应调节作用的大小,汇报了回归分析的结果并展开了讨论。在证实主效应的正确性时,本书实施了稳健性检验。最后,归纳实证检验所得的结论以及本书所提假设的验证情况。

第六章,研究结论、启示及展望。本章总结了本书主要的研究结论,即超额现金持有与企业过度投资行为之间的关系在不同债务异质性条件下会发生变化。债务异质性实际上体现了债务相机治理作用发挥有效性的条件。同时,作为影响企业投融资决策的管理者因素,管理决断权对企业投融资决策的影响既包括了对超额现金持有引起企业过度投资效应的直接调节作用,还包括对债务异质性发挥债务相机治理作用的再调节作用。根据得出的研究结论,本书给出了该结论对企业财务理论研究以及企业管理实践的启示。最后,指出了本书研究的局限性,并据此对未来研究方向进行了展望。

第四节　研究结论及本书创新之处

一、研究结论

本书的研究得出了以下三个重要的研究结论。

第一,从超额现金持有与企业过度投资行为之间的总体关系上来看,两者具有显著的正相关关系。

超额现金持有和企业过度投资之间呈正相关关系,这一研究结论与现有多数文献的研究结论保持了一致,即大量的超额现金持有为企业管理者从事过度投资行为提供了便利。一方面,超额现金持有为企业提供了较多的现金财务柔性储备,使公司未来面临较好的投资机遇时,能具有较强及较灵活的融资能力,从资金来源上保证了企业对投资机遇的把握。但另一方面,若企业的财务柔性超过一定范围仍继续增加时,过强的财务柔性不仅不会促进企业投资活动合理正常化,反而会加剧非效率投资行为,造成过度投资,此时超额现金持有同时为管理者不断投资于非持续性、非预期内的项目提供了便利。

第二,基于债务异质性视角,即在治理企业过度投资行为的债务因素发生变化时,超额现金持有与企业过度投资之间的关系也发生了变化。

本书的研究结论表明,总体负债水平对超额现金持有与企业过度投资之间的关系没有显著的调节作用;债务期限异质性对超额现金持有与企业过度投资之间的正相关关系存在正向调节作用;而债务来源异质性对超额现金持有与企业过度投资之间的正相关关系存在负向调节作用。需要特别指出的是,在当前市场环境下,传统企业财务理论中债务相机治理作用的有效发挥是有条件的,即必须是来源存在异质性的债务才有可能真正发挥债务相机治理作用。

第三,考虑到管理决断权不仅对企业投融资决策传导机制具有直接的影响效应,还有可能通过对企业投融资决策的债务异质性因素的影响机制发挥再调节作用而间接影响企业的投融资决策传导机制。

本书的研究结论表明,就管理决断权的直接影响效应而言,管理决断权对超额现金持有与企业过度投资间的正相关关系存在正向调节作用。具体而言,在其他因素不变的条件下,管理决断权较大时,超额现金持有与企业过度投资间的正相关关系会增强;在其他因素不变的条件下,管理决断权较小时,超额现金持有与企业过度投资间不存在显著的相关性。就管理决断权的间接影响效应而言,当管理决断权不同时,债务来源异质性对超额现金持有与企业过度投资之间正相关关系的负向调节作用也不同。具体而言,在其他因素不变的条件下,管理决断权较大时,债务来源异质性的负向调节作用更显著,即债务来源异质性相比较大时,债务来源异质性较小时超额现金持有与企业过度投资间的正相关关系更强。在其他因素不变的条件下,管理决断权较小时,债务来源异质性的负向调节作用不显著,即债务来源异质性的大小对超额现金持有与过度投资间的关系没有显著影响。也就是说,管理决断权不仅对于企业投融资决策的传导机制发挥了直接的调节作用,同时还对债务来源异质性的调节影响机制发挥了再调节作用。

二、本书创新之处

本书创新之处体现在以下三个方面。

第一,将代理理论与财务柔性理论相结合。本书突破了传统代理理论的研究范围,从财务柔性这一概念出发,回答了企业管理者从事过度投资行为的成因。探讨作为企业财务柔性重要来源的超额现金持有对企业过度投资问题的影响。超额现金持有为企业财务柔性提供了重要来源,为解释变量,属于企业的融资决策范畴;过度投资程度作为非效率投资行为的一种表现形式,为被解释变量,属于企业的投资决策范畴。超额现金持有的概念比传统代理理论中自由现金流的概念内涵更加丰富,也是本书论证的主线。传统代理理论只着眼于管理者会滥用企业的自由现金流从事过度投资行为,那么根据代理理论的分析逻辑,为了减少委托代理行为,将企业的自由现金流水平控制得越低越好。但是,必要的自由现金流对企业正常经营和健康发展是非常关键的,尤其是企业经营活动产生的现金流量相当于企业的血液,即这部分资金不靠银行贷款、不靠股东注资,也不靠变卖非流动资产:如果经营性现金流入明显大于现金流出,说明企业的"造血功能"较强,对股东和银行的依赖程度较低;反之,如果经营性现金流量入不敷出(现金流出大于现金流入)且金额较大,说明企业的"造血功能"较脆弱,对股东和银行的依赖程度较高。那么,最适自由现金流水平的确定至关重要,然而代理理论却没有能很好地回答这一问题。但是,引入财务柔性理论和财务柔性这一概念后,便可以较好地解决该问题。因为超额现金持有是指企业实际现金持有水平超过正常现金持有水平的部分,也就是在满足了企业正常经营活动和其他必要的资金使用需要后的剩余部分。超额现金持有为企业管理者从事过度投资的机会主义行为提供了便利,能够很好地反映委托代理行为的本质和内涵。所以,对超额现金持有和企业过度投资之间关系的深入探讨有助于将代理理论和财务柔性理论更好地融合,全面系统地考察企业投融资决策之间的内在关联,从而挖掘出投融资决策间关系传导的实质。

第二,基于债务异质性视角进行分析。传统企业财务理论中的债务相机治理作用是基于债务同质性视角,认为治理企业过度投资行为的债务因素并不存在内在差异性。实际上,单一的资产负债率水平无法刻画债务异质性的本质,忽略了企业多方债权人之间复杂的博弈过程(合作或对抗),对企业投融资决策所产生的影响。也就是说,以整体资产负债率衡量的债务相机治理作用可能会"大打折扣"。据此,本书细分债务结构,将全体债务根据期限和来源两种维度细分,分别探讨债务异质性对超额现金持有与企业过度投资行为之间关系的影响。研究结论表明,债务相机治理机制的有效发挥是有条件的,即来源存在异质性的债务才有可能真正发挥债务相机治理作用。然而,现有文献中关于债务来源异质性问题的研究相对较少,只是针对不同来源债务(如金融机构借款、商业信用、债券和其他债务等),分别探讨其与企业过度投资行为之间的关系,从而忽视了不同债务类型(实质上是其代表的不同类型债权人)之间相互作用对企业投融资决策所产生的影响。因此,本书首先通过样本匹配的聚类分析方法,证实了中国企业中债务来源异质性是存在的,这是研究工作的基础和前提;其次根据已有文献的思路以及赫芬达尔指数的创建方法,通过构建债务来源异质性程度(debt source heterogeneity degree)这一指标来反映不同企业的债务来源异质性程度的大小;最后将已经获取的债务来源异质性程度指标,纳入回归模型中进行实证检验,得出进一步的结论。

第三,研究管理决断权对过度投资行为的作用。传统文献里,特别是基于新制度理论和人口生态学理论的观点,认为企业管理者是"组织人",未对企业管理实践中管理者的角色予以足够关注,甚至认为不同企业的管理者之间可以相互替代。然而,在企业管理实践中,管理者具有不同的特质,不同管理决断权对企业投融资决策的影响具有较大差异性,所造成的企业经营及投资活动的结果也具有较大不同。因此,探讨不同管理决断权对企业投融资决策的差异性作用具有重要的现实意义。此外,任何有效的决策的结果,都应该是有效的主体(人)和有效的客体(决策)相结合的产物。管理者在企业投融资决策活动中扮演了重要角色,对债务相机治理机制的有效发挥也具有重要影响。也就是说,管理决断权不仅对于企业投融资决策传导机制具有直接的影响效应,还通过对企业投融资决策的债务异质性因素的影响机制发挥再调节作用而间接影响企业的投融资决策传导机制。而管理决断权对债务异质性调节作用的再调节作用,即管理决断权对债务相机治理机制所产生的影响,实质上体现了企业管理者与债权人之间的博弈过程。现有的研究较多关注股东和管理者、大股东和中小股东之间的利益冲突,对于管理者和债权人之间的利益冲突涉及不多。本书尽力填补相关领域的空白,对管理者与债权人两者之间的博弈过程进行深入分析,并探讨其对企业投融资决策的影响,从而为中国情境下企业公司治理的研究作出新贡献。

第二章 相关文献回顾和述评

　　本章首先对企业非效率投资问题的相关研究成果进行了总结,比较了过度投资和投资不足两种非效率投资行为产生的不同机制。其次对有关财务柔性的重要来源——超额现金持有、剩余负债能力和未使用的信贷额度等的研究,作了详细系统的文献整理;对财务柔性价值、有关财务柔性与企业投资决策的相互影响的研究结果进行了归纳。再次对债务异质性问题的相关研究成果进行了详细的述评;而债务异质性源于企业资本结构问题,因而本章也对企业资本结构的相关概念进行了回顾,并梳理了与债务相机治理作用有关的论述;考虑到管理者主观因素的影响,对管理决断权这一概念进行了详细阐释。最后对以上若干问题的现有研究结果进行了总结和评述,挖掘出这些问题之间的内在关联。

第一节 非效率投资

　　近年来,企业非效率投资行为已经成为财务学界研究的焦点,也成为实务界关注的重点。Jensen 和 Meckling(1976)认为,管理者和股东之间存在利益冲突,此类冲突主要表现为股东对待投资项目风险的态度及处置方式与企业管理者相比是不同的。而这种利益冲突体现在投资决策领域便是企业管理者作出的非效率投资决策及其引发非效率投资行为。具体来说,非效率投资指的是企业投资决策过程中,管理者为了追求自身利益最大化而不以企业价值最大化为目标而进行的投资行为,表现为过度投资及投资不足两个方面。有学者认为,中国上市公司存在严重非效率投资行为的重要原因在于中国特殊的制度环境(张功富和宋献中,2009)。一方面,较严重的委托代理问题引发了企业的过度投资行为;另一方面,作为发展中国家,中国融资约束困境引致了企业的投资不足行为(徐晓东和张天西,2009;张功富和宋献中,2009)。无论是企业的投资不足还是过度投资行为,都属于非效率投资行为,均会降低企业的资金配置效率,并损害企业的资本市场价值,无助于企业实现其长期发展和价值最大化目标。此外,企业非效率投资行为又会从微观层面传导造成宏观层面的投资过冷或者投资过热。因此,就微观层面而言,妥善处理好企业的非效率投资行为,不仅能够保障企业顺利开展投资活动,而且为从宏观层面抚平经济波动、激发民营企业活力及促进中国经济的高质量发展奠定重要基础。

一、过度投资问题

(一) 委托代理理论和信息不对称理论

委托代理理论作为学术界近几十年中最具代表性的契约理论研究成果之一,探究了在信息不对称和利益冲突的情境下,委托人应该如何设计最优契约,以激励代理人更加努力工作的话题(Sappington,1991)。从现有文献看,委托代理理论是该领域最早提出的、也最具有影响力和权威的理论,其他理论要么是受其直接影响而由其演变发展而来的子理论,要么和委托代理理论共同发挥作用。现代企业制度中,由于企业所有权及经营权两权分离,委托人(所有者)和代理人(管理者)存在不一致的目标,委托人关注如何使企业价值最大化,但代理人追求的是仅仅代理人自身利益的最大化。委托人比较重视企业经营的结果,代理人则不感兴趣;代理人更关注自身为工作所付出的努力是否获得了相应回报,是否提升了自身的人力资本价值,而委托人则不感兴趣。代理人努力经营的成果由委托人和代理人共同分享,但努力经营的成本却由代理人单独承担,这种成本和收益的不对称性必然会降低代理人经营中的努力程度。由此造成的后果是,代理人选择过度投资有利于自身却并不有利于股东的投资项目及扩大非生产性消费。所以,委托人和代理人之间存在的利益冲突,导致企业生产经营过程中,难以避免产生代理成本。代理人利用委托人授予的资源使用决策权,将资源用于过度投资等获取自身利益的机会主义决策及行为时,相应风险却不得不由委托人承担,委托代理问题由此产生。

与此同时,委托人和代理人之间还存在信息不对称性。具体来说,在企业生产经营过程中,管理者作为代理人,对自身努力水平及付出状况非常知晓;但所有者作为委托人,却很难准确观察到企业管理者工作努力的程度,即便能观察到,也难以通过第三方途径来核实。由于核实代理人的工作努力状况需要付出相应成本,而增加的此类成本有可能本身就比代理人从事委托代理行为而增加的代理成本更加高昂,所以,当委托人无法确切知晓代理人为工作付出的努力程度时,代理人就可凭借自身所拥有的信息优势,违背委托人的意愿,为自身获取最大化利益,进而会导致委托代理问题的发生。信息不对称理论是研究委托代理问题的重要理论基础之一,正是因为委托人和代理人之间不对称信息的存在,才使委托代理问题具有存在的基础,代理成本也相应地产生。所以,尽管股东和管理者作为委托人和代理人之间的代理冲突问题被提出得更早,但是信息不对称理论却能从更深层次解释委托代理问题所造成的严重后果,而本书着重探讨的过度投资问题正是该严重后果之一。从这点看,委托代理理论和信息不对称理论并不矛盾,两者之间存在密切的关联性和统一性。

综上可以看出,在现代企业制度中,由于所有权和经营权的两权分离以及信息不对称因素的存在,产生了委托代理问题。合乎理性的管理者在实际经营管理活动中,会按照自身利益最大化的意图行动,但却背离了企业价值最大化的目标,从而忽视甚至侵害委托人的利益。在当前的中国上市公司,由于公司治理机制不够成熟、对管理者缺乏有效的监管制度和激励机制,"所有者缺位"的现象普遍存在。结果导致管理者对上市公司拥有较强的控制权,委托代理问题非常严重。

Jensen 和 Meckling(1976)提出的股权融资的代理成本理论认为,委托人和代理人之间具有利益冲突,且此类利益冲突体现在企业投资领域便是各类非效率投资行为。企业的过度投资行为有利于代理人获取额外收益,但却以牺牲股东利益作为代价。此时代理人出于谋取私利的考虑,明知道投资项目的净现值(NPV)较低甚至为负数,但仍凭借自己对企业的控制权而从事过度投资的行为。若企业的管理者持有企业的股权比例较小,引发过度投资行为的概率就更大。也就是说,代理人具有不同于追求公司价值最大化的目标,代理人不一定会作出优秀、卓越的投资行为,滥用企业自由现金流而从事过度投资行为便是代理人获取私利的重要手段(杨华军和胡奕民,2007)。从代理理论视角而言,当企业缺乏成长机遇时,如果适度投资水平低于现有资产产生的自由现金流,那么管理者便具有更强的动机去滥用企业自由现金流从事过度投资的机会主义行为(Jensen,1986)。这是因为,代理人从事过度投资行为会给自身带来一系列收益:首先,过度投资有利于扩大企业规模,能够增大管理者的权限,企业管理者在生产经营活动中就可控制更多的资源,也会获得更多的报酬。Murphy(1985)的研究表明,管理者存在着使企业发展超越理想规模的内在激励(如管理者构建个人帝国的行为倾向等),通过持续在新项目上进行投资,管理者得以控制更多的资源。此外,Stulz(1990)以股权比较分散的企业作为研究对象,也得出了类似结论,他认为管理者在净现值为负($NPV<0$)的项目上投资的内在动机在于,净现值为负的项目能够使管理者掌控更多资源且实现更多的在职消费。然而该研究认为,无论委托代理问题有多严重,从企业管理者有构建个人帝国的倾向直接得出管理者会从事过度投资行为的经验预测是不完全准确的,还需考虑其他因素。其次,基于激励中层管理人员的考虑,一些企业采用了职位晋升但非年终奖的绩效考核导向,使企业只能通过不断扩张才能够满足大家职位晋升的意愿。为维护自身利益,扩张企业规模成为各级管理者共同的诉求。再次,企业管理者存在较强的竞争和危机意识,为保证自身就业的稳定性及安全性,会采取多元化经营、兼并及收购、过度投资等一系列方式,降低其"就业风险"。当企业拥有较多的自由现金流时,管理者实施过度投资行为就有了资金支持,企业管理者基于追求自身利益最大化的考量,会更加倾向于浪费或不理智地使用自由现金流从事过度投资,从而造成投资的边际效率大幅降低。

为更好地解决企业委托代理问题,所有者需构建一整套行之有效的契约来激励、约束和规范管理者的行为,提高代理效率,降低代理成本,使管理者能更好地为所有者利益而工作,向着企业价值最大化的目标努力。此契约的执行需同时具备两项条件:一方面,由于信息不对称,所有者无法准确观测管理者日常工作的努力程度,不能将管理者的工作努力程度列入契约条款,而为了成功执行契约,契约条款需要兼顾管理者的利益,即所有者实现自身利益最大化目标的同时管理者利益最大化的目标也能实现,实现管理者和所有者的"双赢";另一方面,所有者向管理者支付报酬产生的效用要不低于管理者在其他活动中付出同等努力程度所能获取的最大效用(即"机会成本"),否则此报酬对管理者的吸引力便不强,管理者就不乐意加入该契约,委托代理问题也自然难以解决。

在契约履行的具体实践上,Jensen(1986)等国外学者提出了著名的自由现金流理论,从理论演进的轨迹看,该理论是对委托代理理论重要的延伸和拓展。当前,自由现金流已成为企业价值评估领域使用范围最广、认可度最高且理论基础最为全面的指标之一。美国证券交易委员会(SEC)更是要求上市公司在每年的年度报告中必须披露该指标,从而审视公司委托代理问题的端倪,中国业界各方也高度关注上市公司的自由现金流状况。因此,这一理论当前已成为诸多国内外学者研究上市公司过度投资问题的重要依据。根据 Jensen(1986)提出的观点,管理者因和股东利益不一致而实施损害股东利益的行为,这通常表现为盲目扩张企业规模造成的过度投资行为。但如果管理者所能控制的资源较少,即便管理者意欲从事过度投资行为也会力不从心,最终难以付诸实施,这里所说的资源便是自由现金流。因为该理论严谨缜密、说服力强,自由现金流指标也相对较容易获取,所以从 20 世纪 80 年代至今有众多学者均是基于这一角度来研究企业的过度投资问题,并取得了较为丰硕的研究成果。近年来,行为金融学的兴起,为研究企业过度投资问题开辟了新的领域和新的视野。行为金融学注重研究管理者个人特征对企业相关决策的影响,摆脱了传统经济学和金融学中的"完全理性人"假设,更加贴近企业管理的实践。因此,什么样的管理者容易形成代理问题、什么样的管理者会产生过度投资行为,成了行为金融学相关学者关注的重要学术命题。

从行为金融学角度出发,众多学者对企业过度投资问题展开了多角度的探讨,其中较为常见的理论为过度自信理论。心理学领域的多次实验追踪观察发现,人们往往过度相信自己的判断力,高估自己获得成功的概率,即便自己真的获得了成功,人们也通常将其归咎于自己的卓越能力,而低估机遇、运气、外援等外部力量所发挥的作用,这种认知偏差被称为过度自信。过度自信属于一种根深蒂固的心理学现象,其产生和人们在面对众多不确定事件时缺乏足够的处理能力有关。一般而言,过度自信往往有两种表现形式:一是人们预计数量时设置的置信区间范围过于狭窄;二是人们面对不同可能性作出估计时缺乏相应的准确性。行为金融学认为过度自信在企业管理层中表现得格外明显(叶蓓和袁建国,2007),原因在于:第一,企业高管属于社会的"精英"群体,具有高级技能的高管个体往往因缺乏参照和对比而显示出超乎常人的自信。企业高管负责的兼并收购、大型投资、资本重组等重要决策事项在企业生命周期内非常罕见,实施重大决策时企业高管往往都缺乏既往的成功经验作为参照,而这种特殊的决策环境为企业高管滋生过度自信的心理提供了绝佳的土壤。第二,任务越是抽象模糊,结果越是难以预料,企业高管过度自信的表现也就更加突出。企业高管作出的重大决策内容复杂,牵涉面甚广,难以进行横向对比和评价,其过度自信的心理倾向也就难以为人所察觉,更没法被人及时提醒并更正。第三,企业高管的过度乐观倾向在自己非常关心或处于自己控制之中的事项上表现得特别明显。一方面,随着股权激励等方式被企业不断运用,企业高管自身的人力资本价值与市场回报率紧密相连,导致高管对企业决策结果非常关心;另一方面,企业高管具有对公司战略决策的最终决定权,这可能会使企业高管高估其对行动结果的控制力。总而言之,相关的研究成果均认为企业高管的过度自信具有普遍性。据此,过度自信理论进而指出,当管理者具有过度自信的性格特征时,他们会有意识地高估某种信息(如高估项目回报)并系统性地低估其他信息(如低估项目成本和风险),过分依赖自有信息和既往经验,采取了更加激进的投资策略,因为他们坚信自己的投资眼光,认定自己的投资项目会收获较高的NPV。然而事实可能正好相反,企业投资决策的执行往往沦为低效率的过度投资行为(王霞等,2008)。另外,还有学者从管理者的经历、学历、年龄等人口统计学特征着手,对企业过度投资问题进行了多层次的缜密思考。

(二)相关实证研究

当前有关企业过度投资问题的实证研究成果较为丰富。已有文献一般具有较强的目的性,即探寻引致企业过度投资问题的因素,并找出抑制企业过度投资问题的方案。从前述有关过度投资问题的理论分析可以看出,完善的公司治理机制是解决公司委托代理问题的重要举措,也是解决企业过度投资问题的关键因素。同时,关乎自由现金流和企业委托代理问题的资本结构与企业过度投资问题也密切相关。此外,还有部分学者从行为金融学的视角探讨了解决企业过度投资问题的有效方案。但整体而言,这些研究都较为零散、不够系统,所构建的理论体系仅仅反映了委托代理问题的一个侧面,不具有普适性和规律性。因此,本书结合自由现金流、行为金融学、资本结构三个层面,分别选取超额现金持有、管理决断权和债务异质性这三个相对生僻的领域作为切入点,希望搭建起有关投融资决策行为的统一分析框架,为推动对企业过度投资问题的研究作出新贡献。

在具体的实证研究方面,国内外学者取得了较为一致的研究成果,都证实了企业过度投资行为具有较强的负面效应。Richardson(2006)通过构建新的框架,对自由现金流与企业过度投资行为之间的关系展开了探讨。研究表明,1988—2002 年的美国上市公司中,过度投资行为主要集中于自由现金流比较充裕的企业,并且股东激进程度等公司治理的变量会对企业过度投资行为发挥较好的约束作用。Jensen(1986)指出,为了减少因企业股东和管理者之间委托代理问题而产生的过度投资行为,需要适度提高企业的负债水平,这正体现了债务的相机治理作用。因为高负债的财务状况迫使企业管理者为了定期还本付息而努力经营,减少了其所能控制的自由现金流水平,从而抑制了其滥用自由现金流而从事过度投资等机会主义行为的动机。此外,高负债还增加了债权人对公司的控制权,削弱了管理者对公司自由现金流的控制力,强化了债权人的监督效应,这也有助于减少企业的过度投资行为。与高负债的逻辑类似,派发现金股利也有助于减少企业管理者所能控制的自由现金流水平,因此 Jensen(1986)还主张通过支付现金股利以约束企业管理者从事的过度投资行为。

在中国特定的制度情境下,国家正处在经济转型的特殊时期,财政分权体制以及地方官员的考评机制造成地方政府极力通过控制和干预当地的国有企业来增加投资,国有企业的预算软约束、多元化目标体系、管理层行政任命机制和刚性薪酬管制等特点也会激发国有企业的管理层从事过度投资行为(杨华军和胡奕明,2007)。此外,多方面原因造成的不同地区经济发展程度的差异对企业过度投资行为的约束作用千差万别。由于各地区经济发展不平衡的状况以及当前我国经济处于转型期的特点,制度因素也被学者们纳入研究视野。近年来,也相继产生了大量基于地区市场化进程和经济发展程度、国有企业预算软约束、政企关联性等视角的研究成果,这些研究成果从制度和经济发展的角度为过度投资问题提供了来自中国等新兴资本市场的实证证据。

例如,饶育蕾和汪玉英(2006)以中国 2001—2003 年非金融类 A 股上市公司为样本,建立了投资—现金流敏感度模型。研究表明,3 年内企业投资和自由现金流之间的相关系数分别为 0.129、0.106 和 0.179,说明企业投资状况受自由现金流的影响比较显著,证实了中国上市公司中过度投资现象比较普遍。此外,该研究还证实了企业第一大股东持股比例与过度投资之间的负相关关系。这充分表明,在当前中国的公司治理环境下,大股东仍然发挥了一定的治理效应。相对于广大中小股东,大股东通常具有更强的动机去监督企业管理层,以避免自身的权益被管理层侵占,从而能够缓解管理层的委托代理问题以减少其从事过度投资行为。但是,凡事过犹不及,大股东持股比例与企业投资效率并非呈线性关系。也就是说,并非大股东持股比例越大,公司管理层越会按照大股东利益最大化的目标行事而减少企业过度投资行为。相反,大股东过高的持股比例反而会加剧企业的过度投资行为。造成这种现象的原因有二:第一,大股东和中小股东之间也存在利益冲突。当大股东掌握公司的控制权时,其可能会采取侵害中小股东利益的"掏空"公司行为,如通过关联交易的方式使企业以高价购买大股东所控制的另一家公司的原材料,或使企业以低价向大股东所控制的另一家公司销售产品等。当大股东以这种方式来制定投资决策时,对企业而言,投资项目净现值(NPV)数值的高低和正负已不再重要,其决策的结果最终很可能是过度投资。第二,股东和债权人之间也存在利益冲突(代理问题),大股东持股比例的上升可能会恶化这一代理问题。在企业管理实践中,控股股东可能通过采取过度投资的方式侵害债权人的利益,因为过度投资的损失由债权人和自己共担,但过度投资的收益却完全归自己享有(Jensen 和 Meckling,1976)。这种动机驱使了控股股东实施冒险的投资策略,其结果很可能是违背了股东利益最大化的原则并损害了债权人的切身权益,最终导致过度投资。

与之类似,徐晓东和张天西(2009)以 2002—2007 年 865 家上市公司作为样本,探讨了中国资本市场上企业过度投资行为和其自由现金流之间的关系,并检验了代理问题及信息不对称因素对两者间关系的影响。结果表明,企业过度投资行为对自由现金流存在高度的敏感性,即具有越多自由现金流的企业,其过度投资问题越严重。鉴于此,俞红海等(2010)对企业过度投资行为中独立董事的作用进行了探究,但发现中国制度情境下独立董事的"花瓶独董"特征较为明显,因此独立董事对企业过度投资问题的治理效果不佳。胡建雄和殷钱茜(2019)的研究进一步指出,在中国制度情境下,独立董事的社会表现令公众非常失望,其思想根源在于,独立董事的履职动机停留在合法即可的层次,有些独立董事甚至连此基本要求都做不到。最终,部分独立董事成了既不"独立"、又不"懂事"、更无"作为"、只会"尸位素餐"的"花瓶独董",因而备受社会各界所质疑。从外部因素看,当前众多独立董事的任免均是由企业管理层决定的,而独立董事履职的一项重要职责便是要加强对企业管理层决策的监督。在董事会议上,如果独立董事对企业管理层提出的投资议案发表"异议"的话,很可能接下来会面临被企业管理层解聘的风险。并且,中国传统文化倡导的"以和为贵""中庸"和"礼让"等思想观念,也使独立董事在发表"异议"时顾虑重重,最终只好得过且过,未能很好地尽职履职。久而久之,敢于质疑投资议案的独立董事离职,而沉默不作为的独立董事继续留任,从而加速了公司治理中独立董事的"逆淘汰"进程。可想而知,在这种制度情境下,单纯地指望独立董事去发觉并纠正企业实施的过度投资行为而保护广大中小投资者利益的美好期望,恐怕难以实现。

与国外研究不同的是,中国制度情境下现金股利支付对企业过度投资行为的抑制作用也不明显。由于中国资本市场的机制不够健全和成熟,上市公司忽视投资者利益的现象比较普遍,上市公司整体股利支付水平偏低(魏志华等,2017)。虽然近年来中国证监会颁布了一系列要求提升上市公司最低现金股利支付水平的"半强制分红政策",用来引导并监督上市公司进行现金分红(李常青等,2010),且该政策也取得了一定的成效,但中国上市公司"铁公鸡"不分红的传统仍较为稳固,所以该政策的治理效应并不强。原因在于,"半强制分红政策"只是将上市公司当前的现金股利决策和将来的再融资资格相挂钩,如果上市公司的实际分红水平达不到证监会规定的要求,那么就会丧失再融资资格。显然,这种做法是一种不具有强制约束力的"软约束",使上市公司依然享有股利决策的自主决定权(李常青等,2010)。更加讽刺的是,李树根(2014)的研究结果表明,政府监管机构对上市公司现金股利决策干预的程度越高,公司向广大股东支付现金股利的可能性反而更小,从而更进一步降低了企业的股利支付率。可以看出,在当前的中国上市公司中,低股利支付甚至零股利支付的现象依然较为普遍。因而大股东仍会利用股利决策,通过实施不分红或少分红的行为而滥用企业的自由现金流从事过度投资等机会主义行为,从而侵害广大中小股东的利益,进而会严重削弱股利决策对企业过度投资问题的治理效果。

二、投资不足问题

已有研究对企业过度投资问题的研究成果较为丰富,但对企业投资不足问题的研究则相对较少。而实际上，在当前中国企业的管理实践中，过度投资和投资不足现象同时存在。张功富和宋献中(2009)、周伟贤(2010)的研究结果表明，中国上市公司中投资不足比过度投资现象更加普遍，且呈现出进一步蔓延的趋势。作为非效率投资的一种重要表现形式，对企业投资不足问题的探讨也不应当被忽视。

根据前文的论述，企业过度投资行为主要由股东和管理者之间的利益冲突导致。然而，企业众多利益相关者之间均可能存在利益冲突，从而产生不同种类的代理问题。委托代理理论认为，股东和债权人之间的利益冲突会造成企业投资不足。在股东承担有限责任的条件下，股东倾向于投资风险更高的项目。这是因为，风险更高的项目预期会产生更大的收益，而超过负债账面价值的大部分收益由股东获得；当发生较大的损失时，后果则由债权人承担(Jensen 和 Meckling,1976)。股东和债权人收益和风险承担的这种不平衡性，会产生资产替代问题。特别是在中国债权人保护机制相对较弱的环境下，控制上市公司的大股东会利用资产替代这一方式来侵害债权人利益，且这种资产替代行为受到大股东持股比例、企业投资机遇等诸多因素的影响(江伟和沈艺峰,2005)。现实生活中，由于存在信息不对称问题，契约条款都具有不完备性，理性的债权人在给公司发放贷款时正是预期到了股东未来可能采取的行为，出于维护自身利益的考虑，债权人会要求获得较高的回报率。这种信息不对称导致了负债的代理成本，增加了股东的负担，因为债权人对股东未来可能实施的资产替代行为进行了折现。因此，当利率提高、融资受限时，股东进行投资的能力会被限制。

（一）资本市场"硬约束"

当前研究资本市场对企业投资行为作用的文献，大多集中关注资本市场的"硬约束"功能，如探讨企业面临的融资约束状况对投资不足行为的影响。融资有内部融资和外部融资两种形式(李辰和张翼,2005)。内部融资是指企业利用内部资金为新项目进行融资，而外部融资是指企业通过银行借款、发行债券和股票等手段筹集资金。Myers 和 Majluf(1984)提出的信息不对称理论认为，企业外部投资者和内部人之间存在信息不对称，逆向选择会对企业投资行为产生重要影响，企业无法将有关现有资产及未来投资机遇的有利信息以令人信服的方式传递给市场，包括债权人在内的外部投资者为了规避风险，要求企业在外部融资时支付溢价，使企业外部融资成本高于内部融资成本,导致企业更倾向于内部融资。因此,受到高程度外部融资约束的企业,即使面临较好的投资机遇,也难以及时足额地通过外部资本市场筹集到投资活动所需的资金,因而往往被迫放弃部分能够增加企业价值的净现值为正($NPV>0$)的项目,使实际投资额低于信息完全对称时的最优投资额,导致投资不足。外部融资的约束程度不仅取决于证券市场的完善程度,还取决于上市公司和债权投资者之间的信息不对称程度(郑江淮等,2001)。信息不对称问题使成长性好的企业无法令人信服地向市场传递有关有利的投资机会的信息,从而无法及时足额地筹集到满足投资机遇所需的资金,因而引起投资不足(张功富和宋献中,2009)。连玉君和程建(2007)的实证研究也表明,融资条件严重受限的公司,企业投资不足行为较为普遍,而信息不对称正是导致这一现象的主要原因。同时,流动性风险是企业成长过程中所遭遇的最主要的风险之一。许多濒临倒闭的企业不是因为企业资产总额低,账面资产少,而是因为资产期限、种类配置失误造成企业资金链断裂,从而导致了巨额的流动性风险。受到较为严重的融资约束时,企业自由现金流难以为继,其必须增强流动性来应对不确定性程度较高的外部不利冲击,并同时采取更加积极主动的流动性管理政策(连玉君等,2010)。

此外,信息不对称问题也加剧了市场摩擦,使流动性受到约束的企业对自身经营现金流产生了高度依赖(Fazzari等,1988)。企业会通过减少投资行为来维持一定的流动性,这也会造成投资不足行为。为了应对这种信息不对称问题,中国政府的相关监管部门也采取了一定的举措。2008年年底,中国证监会、上交所和深交所联合发布《关于做好上市公司2008年年度报告工作的通知》,该文件强制要求上市公司披露社会责任信息,这表明中国政府开始尝试利用强制性的手段来监管企业的社会责任披露行为。与西方发达资本市场中对上市公司社会责任信息披露采用自愿性原则不同的是,中国政府率先采取强制性和自愿性相结合的手段要求企业披露社会责任的信息,为的是有效减少信息不对称。显然,作为重要的非财务信息,社会责任信息的披露有助于减轻企业信息不对称的问题,具有一定的"信息效应",有助于缓解因融资约束导致的企业投资不足行为。一方面,良好的社会责任信息披露有助于外部投资者知晓企业管理层的伦理道德水平,有效提升企业的声誉,以便为企业获得更多的社会资本,方便企业以低成本进行外部融资(杨金坤等,2019)。根据投资效率信息不对称假说的分析,强制的社会责任信息披露能有效地降低企业的信息不对称程度,为陷入融资困境的企业提供更多的财务资源,从而拉动企业的实际投资水平,有效地减少企业投资不足行为。另一方面,强制的社会责任信息披露规范了披露内容的方方面面,有效提高了披露内容的完整性、系统性和可靠性,增加了企业社会责任报告的信息含量,有效地降低了信息不对称程度,也提高了分析师预测的准确性(Hung等,2015)。此外,强制的社会责任信息披露也有助于外界的利益相关者更准确地了解并预测企业实际的经营和发展状况,向市场及时传递涉及企业政治风险、经营风险和财务风险的信息,有效地降低了逆向选择风险。据此,供应商、银行等企业外部利益相关者能对企业未来的风险、成本和收入状况作出更加准确的判断和预测,降低他们对企业进行价值评估时的不确定性,有助于对企业增加更多的信贷资金供给,进一步地缓解企业因外部融资约束而造成的投资不足行为。

另外,即便在外部债务融资不受约束的情况下,股东出于主观的动机和意愿,也具有实施投资不足行为的倾向。Myers(1977)的研究指出,股东承担着企业投资的全部成本,却只能获得投资净收益中经债权人索取后的剩余部分,且企业负债比例越高,债权人优先索取的收益越多,股东可获得的收益也就越少。即便当企业经营不善而濒临破产时,债权人也享有优先求偿权,股东只能在满足了债权人优先求偿的要求之后获得企业的"剩余"价值,此时股东往往很难弥补初始的投资成本。在这种情况下,股东对净现值为正($NPV>0$)的一般投资项目缺乏必要的投资激励,因为股东所获得的收益不足以抵偿投资项目风险带来的损失,从而造成了企业投资不足的问题。由此可以看出,股东和债权人之间的利益冲突,是企业投资不足问题产生的重要机制。

(二)资本市场"软约束"

根据前文的阐述,无论是融资约束、流动性不足、中国特定制度情境下的强制社会责任信息披露,还是股东和债权人之间的利益冲突,均属于资本市场发挥的"硬约束"功能。从资本市场经营期望的角度探讨其对企业投资不足行为的"软约束"的研究则相对较少(王菁和程博,2014)。"软约束"涉及企业各利益主体不同的期望及相互间的关联,更加符合行为金融学发展趋势下的企业投资不足问题的研究特征。有学者已经注意到经营期望与企业投资不足行为之间的关系，实证检验了企业实际绩效状况和企业组织内部经营期望之间的差距对企业投资不足问题的影响。但是，经营期望不仅包括来自组织内部的经营期望，还包括企业所面对的各种外部期望，特别是分析师盈余预测、投资者收益预测、社会公众期待等。企业能否达成或超额完成分析师的经营期望，将会向资本市场释放重要信号，对企业在资本市场的股价、声誉、管理者个人的薪酬和任职产生重大影响。那么，企业管理层对实现资本市场经营期望目标达成的难易程度的主观感知将形成一种外部盈余压力，深刻地影响企业管理层后续的投资决策。尤其在中国当前的战略转型关键期，为了迎合资本市场的外部盈余压力要求，企业管理层很可能实施投资不足行为。因此，厘清企业投资不足行为和外部盈余压力之间的关联以及影响这种关联性强弱的公司治理机制，已成为一个充满理论和现实意义的重要研究命题。

具体而言，企业内外部利益相关者会持续评估企业管理层所具有的领导力大小。在此过程中，分析师经营预测对于各种利益相关者形成对企业未来盈余期望的高低至关重要。在中国的制度情境下，分析师一般是具有高学历、会计财务专业背景和丰富经验的专业人士，且具有优于一般普通投资者的信息收集渠道。在工作职责方面，分析师会结合公司历年来的历史信息以及股票市场的信息，包括企业所披露的关于过去盈余状况和企业未来发展前景的信息，并参考宏观、产业和政府相关部门发布的权威性信息，向广大投资者及时发布关于企业盈余状况的预测以及关于公司股票增持、减持、中性、买入或卖出的评级报告（Wiersema 和 Zhang，2011）。由于投资者的信息渠道有限，认知能力有限，知识和经验不丰富，加上收集信息需要付出昂贵的成本，所以他们更倾向于直接采纳分析师的预测，并以此来推断企业将来的盈利水平，从而指导自己作出进一步的投资决策。

然而在实践中，分析师对企业的盈余预测普遍高于企业自身经营预期的水平。也就是说，分析师预测呈现出羊群效应和乐观性倾向（Zhang 和 Gimeno，2010）。虽然有些成熟的投资者已经认识并试图纠正分析师的这种预期偏差，但就整个市场而言，分析师发布的企业盈余预测报告仍然对投资者的期望产生了深远影响，并且这种经营期望也会进一步对企业管理层后续的投资决策产生重要影响。如果管理层在实际的经营活动中未能实现分析师和投资者的经营预期,将会造成股价下跌,对企业声誉形成较大的负面影响,管理层自身也会遭遇薪酬下滑、甚至濒临辞职的困境。尤其是对于历年来企业绩效优异的公司而言,未能达成分析师和投资者预期的后果更加严重,恐慌的投资情绪蔓延后,羊群效应甚至会造成股价崩盘和市场的剧烈震荡。对此,企业管理层已充分意识到实现企业外部经营预期的重要性和必要性,有强烈的动机达成甚至超越外部分析师对公司经营的期望。

在应对方案的选择上,有些管理者对外部分析师的经营预期不屑一顾,有些管理者会选择和分析师进行认真沟通并适当发布一些负面消息来进行外部经营期望的管理,还有的管理者会通过盈余管理方式来提高企业的短期盈利水平(王菁和程博,2014)。但除了这些寻常方式外,企业管理层更倾向于通过减少投资,以损害企业长远发展为代价而夸大企业当前的经营绩效。在企业经营活动中,当面临较好的投资机遇时,虽然抓住该机遇能增加资本性支出,积极投资较好的投资项目能够提升企业的投资效率并促进企业的长远发展,但这样的企业投资具有收益不确定性和产出跨期性的特征。企业管理层无法在短期内获得满意的投资回报并有效提升企业绩效,反而会增加企业的租赁费及折旧等成本,从而降低企业当前的盈利水平。出于薪酬、声誉和任期等因素的考量,企业管理层普遍注重企业当前的经营绩效,并且凭借自身权威和所掌控的资源,对必要的投资计划予以延迟、减少甚至取消,从而恶化企业投资不足的程度(王菁和程博,2014)。这种投资不足的管理者缺乏"功成不必在我"的广阔胸襟,只是短视得只顾及自身利益,不愿意从事"前人栽树后人乘凉"式的真正有利于企业长远发展的投资项目,从而阻碍企业长期价值的提升。

可以看出,分析师对企业盈余预测等这种资本市场的"软约束"虽然不会对企业管理层的投资行为产生直接必然的硬性影响,但在多方利益相关者的博弈之下,最终也不得不使企业管理层的投资决策发生调整,促进了投资不足行为的产生。在当今的企业管理实践中,管理者个人特征愈发突出,使多方利益相关者的博弈局面具有高度的不确定性,对企业投资不足行为的影响也会呈现更加复杂的新变化,这需要研究者们基于行为金融学的理论框架进行更深层次的探索,从而丰富有关企业投资效率问题的研究成果。

第二节　财务柔性及其对企业投资决策的影响效应

一、财务柔性来源

当前经济环境的复杂性日益增大,传统企业财务理论对解释新出现的企业财务行为存在一定的困难。例如,Minton 和 Wruck(2001)首先关注到,在美国,企业维持低负债(负债率低于 20%)的现象较为普遍。这些企业具有可观的现金储备或者创造了充裕的现金流,而发行的债务却很少。并且,随着时间的推移,此现象越来越普遍。相关资料表明,实施零杠杆政策的美国公司已经由 1990 年的 8% 上升到 2004 年的 20%。对于低杠杆甚至零杠杆现象①,传统资本结构理论(包括权衡理论及啄食顺序理论等)很难作出令人满意的解释(Bessler 等,2011)。

财务柔性是公司调动现有财务资源或获取新的财务资源、积极应对未来不确定性(即把握机会和抵御风险)的一种战略能力(Gamba 和 Triantis,2008;Cayzac,2010;Byoun,2011)。财务柔性在公司财务战略决策中的重要作用逐渐得到关注,为解释低杠杆现象提供了新的理论基础。普遍认为,在高度不确定的市场环境中,获取及维持一定的财务柔性对企业的生存和可持续成长具有重要意义。因此,在公司实践中,财务柔性得到管理者、特别是 CFO 们的高度重视,被普遍视为是财务决策的首要决定因素(Graham 和 Harvey,2001)。Clark(2010)的实证研究发现,当财务柔性的边际价值较高时,影响杠杆比率的其他传统因素(盈利性、折旧率等)变得相对不重要。保持财务柔性的考虑可以用来解释低杠杆或零杠杆的现象,但相关实证资料尚不够充分。

(一) 超额现金持有

财务柔性作为一种重要的战略能力,对其来源的探讨已成为财务柔性研究领域的一个重要问题,而现金持有为企业提供了足够的财务柔性来源

---

① 低杠杆是指企业的资产负债率水平较低;零杠杆是指企业的资产负债率为 0,即企业没有任何类型的负债(Bessler 等,2011)。

已成为普遍共识。根据 Myers 和 Majluf(1984)的啄食顺序理论,由于存在信息的不对称性,加上外部融资会为企业债权人和股东传递一种公司经营不善的信号,因此企业外部融资是具有一定成本的。在这种情形下,企业融资一般会遵循内源融资、债务融资和股权融资的先后顺序。也就是说,为了避免未来投资机会及营业收入的波动对企业产生的不利后果,企业需要保持足够的现金持有,来实现最优水平的投资,而不必求助于外部融资渠道。Baskin(1987)提出了现金战略价值学说,该学说认为,在资本市场不完善的现实环境下,现金作为一种重要的战略工具,能够大幅提升企业独特的战略地位。当企业现金持有增加时,企业迅速抓住投资机遇、提高并购成功概率、避免陷入重大财务危机的能力也就越强。因而当前,现金持有作为财务柔性的主要来源已成为学者们的广泛共识。然而,过多的现金持有虽然能及时满足企业未来投资时所必需的资金需求,但会产生一定的负面效应。过多的现金持有会使企业管理者滥用企业超额现金,进而从事委托代理行为,会使企业管理者背离追求广大股东利益最大化的目标,进而从事有利于实现管理者自身利益最大化的行为,如此会损害企业价值(Jensen,1986)。合理确定现金持有水平即现金财务柔性的度量已成为财务柔性理论研究的一个关键问题。Opler 等(1999)提出,将企业实际现金持有和正常现金持有水平之间的差值定义为超额现金持有,并用超额现金持有水平来衡量企业现金财务柔性的大小。这种度量现金财务柔性的方法已被学术界广泛认可并运用(Dittmar 和 Mahrt-Smith,2007;Harford 等,2008)。

超额现金持有为企业提供了现金财务柔性,是企业财务柔性的重要来源。在实际的财务决策中,企业可以通过现金手段进行调节,获取不同程度的财务柔性。较高现金持有所提供的现金财务柔性,在企业保持一定的财务柔性水平方面扮演了至关重要的角色(Arslan 等,2008)。Gamba 和 Triantis(2008)指出,财务柔性是公司考虑投资、资本结构等相关战略综合决策后的结果。Gamba 和 Triantis(2008)基于理论分析的研究结果表明,在外部融资成本存在的条件下,随着企业现金持有量的上升,现金持有的边际价值下降,但公司总价值却在上升,直到现金持有所增加的财务柔性价值等于不存在外部融资成本时的企业价值为止。顾乃康等(2011)基于企业现金持有水平的视角,以 1998—2006 年中国沪、深 A 股上市公司的数据为研究样本,证实了企业持续储备现金的行为,是一种保持企业财务柔性策略的结果,而不是面临融资约束、公司治理欠佳或面临代理冲突导致的结果。曾爱民等(2011)以 2008 年国际金融危机爆发为背景,认为超额现金持有水平较高的企业,为企业财务活动提供了足够的现金财务柔性支持,倾向于动用自身的现金储备来满足投资活动所需的融资需求,从而能实现较大程度的融资灵活性。

(二)其他来源

此外,部分学者探讨了企业财务柔性的其他来源,如剩余负债能力、未使用的信贷额度等。这些其他来源基本上是从债务角度探讨企业财务柔性水平高低的,因此这部分债务财务柔性属于资本结构调整决策的范畴。

剩余负债能力指的是企业通过长期维持低负债政策获得的未使用的借款能力(Modigliani 和 Miller,1963),是企业财务保守行为的结果(赵蒲和孙爱英,2004),它能够用于在未来可能发生的并购、投资及回购等事件中,以及时满足企业的外部融资需求(Minton 和 Wruck,2001)。剩余负债能力在企业财务行为中表现为较低的杠杆率。现实中,绝大多数企业具有低杠杆甚至是零杠杆,这些企业的实际负债水平比资本结构理论的预测值要低得多,而通过维持剩余负债能力来创造财务柔性正是对这一现象的主要解释之一(DeAngelo 和 DeAngelo,2007;DeAngelo 等 2011)。资本结构权衡理论忽略了事后不能发行债务的机会成本,而财务保守行为能够为未来借贷提供选择权。Clark(2010)也认为,传统的资本结构权衡理论只着眼于单期静态融资决策,若从长远角度出发,CFO 们会长期维持比权衡理论的预测值低的负债率,以保存剩余负债能力。Minton 和 Wruck(2001)首先关注到,美国公司中保持低负债(即负债率低于 20%)的现象非常普遍。这些公司拥有可观的现金储备或创造了较高的现金流水平,却发行较少的债务。现实中绝大多数公司的负债率也比资本结构理论的预测值要低得多,通过长期维持低负债保持剩余负债能力来降低企业受到外部融资约束的程度,是对这一现象的主要解释之一(DeAngelo 和 DeAngelo,2007)。

如果超额现金持有涉及的是企业管理者凭借企业内部储备的现金来把握投资机遇的问题,那么剩余负债能力涉及的便是企业在未来面临投资机遇时,有没有能力及时从外部获得资金支持的问题。管理者普遍认为财务柔性是企业财务决策的首要决定目标(Graham 和 Harvey,2001),保持一定财务柔性的功效在于使当前和未来正常的投资活动得以顺利进行,这体现了当前和未来投资分配的跨期权衡思想。如果企业不具有较强的外部融资能力,那么企业当前就需要通过超额现金持有来储备较多的现金财务柔性,这样才能更好地通过内源融资来把握未来的投资机遇,故而不得不放弃当前的一些投资项目;但若企业具有较强的外部融资能力,企业在未来可以更方便地通过外部资本市场进行融资,那么当前就会增加投资项目的支出。也就是说,企业管理者需要跨期动态地作出投融资决策,而不能秉持一次性决策的静态思维。在未来通过外部市场进行融资的能力,正是企业债务财务柔性(即剩余负债能力)的内涵。

基于剩余负债能力,还可以派生出企业所能获得的信贷额度等。作为企业一种低成本的短期负债来源,未使用的信贷额度也是当前研究中被认为是企业财务柔性的一个重要来源途径(Sufi,2009;Lins 等,2010)。企业信贷额度是银行的一种信贷承诺,未使用的信贷额度相对于现金持有而言具备一定优势(Acharya 等,2013)。当企业面临较好的投资机遇而缺乏内源资金且难以通过外部资本市场及时融资时,企业可以利用未使用的信贷额度,向银行获得授信,从而及时筹集投资活动所需要的资金。从这点意义上来看,未使用的信贷额度保证了企业能及时向银行获取投资活动所需的部分资金,故而也是财务柔性的一个来源。

二、财务柔性价值

Byoun(2011)认为,企业维持一定的财务柔性并不是因为财务柔性提供了安全的价值贮藏手段,直接增强了企业可预见的收益,而是因为它提供了在未来处理不可预见的事件时的选择权,而这种选择权正是财务柔性的价值所在。

(一)财务柔性价值的度量

Marchica 和 Mura(2010)的研究指出,财务柔性的价值主要体现在企业长期绩效和投资能力两方面。一方面,财务柔性有助于企业获取较好的长期绩效。Jensen(1986)的研究采用 CAPM 模型对企业投资组合超额回报进行回归,当控制管理者防御等相关因素后,发现 α 值显著为正,说明财务柔性使企业长期绩效明显优于其市场表现。另一方面,相关实证结果表明,企业财务柔性有助于增强企业自身的投资能力。根据财务柔性的定义,当企业具备一定的财务柔性后,可以使企业较少受到资本市场不完备性的影响,促使其能在动荡的资本市场中更准确地捕捉投资机遇,从而显著增强自身的投资能力。

Killi 等(2011)认为,企业财务柔性是无法准确度量的,因为其具有不可观测性和非恒定性的特征,其数值的大小受到诸多因素的影响。鉴于此,Rapp 等(2012)提出了一种间接测量财务柔性的方法。具体而言,根据 Gamba 和 Triantis(2008)提出的财务柔性五大影响因素(企业外部融资约束、利息税、成熟度、净利润和资本可逆性),并参考 Faulkender 和 Wang (2006)提出的现金边际价值模型的研究思路,构建测度财务柔性价值的回归方程。

但当前,能够精确测度企业财务柔性价值的方法仍不多见。学者们普遍认为,财务柔性价值因受不同因素的影响而具有显著的差异性。诸多文献对影响财务柔性价值的因素进行了探讨,取得了一定的研究成果,本书将其归纳为公司外部影响因素和内部影响因素两类。

(二)财务柔性价值的外部影响因素

财务柔性价值的外部影响因素包括企业外部融资约束、利息税、未来投资机遇、外部竞争程度和宏观经济环境等。

(1)企业外部融资约束。由于实际的资本市场存在众多摩擦因素,因此企业外部融资成本较高。当企业外部融资受到约束时,即便企业面临极好的投资机遇,也会因缺乏资金而不得不放弃最优投资,改为从事次优投资,从而导致企业成长性下滑、企业价值和企业绩效均受损。Gamba 和 Triantis(2008)指出,为了防止这种现象的出现,公司应持有较多的现金以减少其对外部融资的依赖。Faulkender 和 Wang(2006)发现,与不受外部融资约束的公司相比,受外部融资约束的公司的现金持有的价值更高。原因在于,受外部融资约束的公司如果持有现金,可以及时地增加投资,提升边际投资价值(Denis 和 Sibilkov,2010)。

(2)利息税。利息税对于企业现金持有价值的高低具有较强的影响,而公司比个体投资者持有现金的利息税率更高,所以持有现金的成本也更高(Faulkender 和 Wang,2006)。也就是说,较高的利息税率其实反映了现金持有所隐含的成本,且随着现金持有量的不断上升,现金持有的边际价值不断递减,所以现金持有价值越低(Gamba 和 Triantis,2008)。

(3) 未来投资机遇。在面临摩擦的真实资本市场环境中,如果企业预期未来具有较好的投资机遇,那么企业会储备更多的财务柔性以应对即时的资金需求。Marchica 和 Mura(2010)的研究表明,为了增强未来捕捉更好投资机会的能力,企业往往会选择减少当前的债务借贷,在低杠杆的财务决策维持一定时间后,企业投资能力可大幅提升 37%。Arslan 等(2014)也认为,企业剩余负债能力和预期的投资机遇正相关,是企业投资行为的重要驱动因素,而企业持有现金的目的是为了防止陷入财务困境。Lins 等(2010)对 CFO 的追踪研究表明,如果 CFO 预计将来需要用更多资金从事投资,那么 CFO 会尽可能地保留更高的当前信贷额度以应对将来顺利融资的需要,此时持有现金只不过是维持企业正常经营的保险策略。

(4) 外部竞争程度。企业竞争对手的策略选择及所处的产品市场竞争程度均会影响企业的财务柔性价值。Frésard 和 Salva(2010)指出,现金持有是企业重要的竞争手段之一,企业凭借持有的现金可通过增大营销及研发投入、制定侵略性定价等方式来对竞争对手的策略选择实施影响,从而提升自己的市场份额。外部竞争越激烈,现金持有的价值也越大。Lins 等(2010)的研究也证实了财务柔性有助于增强企业抵御竞争对手威胁的能力,从而提升企业竞争力和市场地位。Hoberg 等(2014)指出,之前的研究均忽视了产品市场波动对企业现金持有价值的影响。实际上,产品市场波动增强了对企业经营的威胁,放大了外部竞争程度,从而提升了企业现金持有的价值。

(5) 宏观经济环境。在不稳定的宏观经济环境下,企业遭遇财务冲击和陷入财务困境的可能性较大,因此对财务柔性的需求较强;而在相对稳定的宏观经济环境中,企业获得充足经营现金流的难度较低,面临的财务冲击和陷入财务困境的可能性也较低,所以对财务柔性的需求相对较弱。可以看出,宏观经济环境越不稳定,企业财务柔性的价值越大(Killi 等,2011)。Arslan 等(2014)深入探讨了经济危机对企业财务柔性价值的影响,发现在经济危机来临前财务柔性越大的公司在危机中下跌的企业绩效越少。该研究进一步指出,在经济危机没有爆发时,企业持有财务柔性的不同状况对其投资多少及绩效高低的影响确实不存在显著性区别,而在经济危机爆发后财务柔性大小的影响高下立判。这充分表明,在宏观经济环境不稳定时,企业财务柔性价值更大。

（三）财务柔性价值的内部影响因素

财务柔性价值的内部影响因素包括企业成熟度、组织结构、资本可逆性、代理成本和经营活动现金流等。

（1）企业成熟度。企业生命周期指的是企业成长和发展的动态轨迹，包括发展、成长、成熟和衰退几个阶段。处于不同阶段的企业都需采取相对较优的发展模式来保持自身的发展能力。显然，处于生命周期不同阶段的企业，企业成熟度具有显著差异，所以处于生命周期不同阶段的企业的财务柔性的价值也自然不同。Gamba 和 Triantis（2008）的研究指出，对于成长性较强的年轻企业而言，债务财务柔性至关重要，因为在内部资金不足时，债务财务柔性能够帮助企业迅速捕捉到较好的投资机会，通过及时的债务融资而实现自身的快速发展；但是，对于成长性较弱的成熟公司来说，财务柔性价值相对较小。Byoun（2011）将所有企业划分为发展期企业、成长期企业和成熟期企业三种类型，并对三种类型企业的财务柔性价值进行了细致探讨。具体而言，处于发展期的企业其内部资金无法满足企业持续投资的需求，且企业未来的经营活动充满了不确定性，因此企业需要保持足够的剩余负债能力；处于成长期的企业其自由现金流相对较为充足，受到的融资约束较少，当面临较好的投资机遇时，可以利用发展期积攒的剩余负债能力进行举债来满足相应的投资需求；处于成熟期的企业其面临的较好投资机遇并不多见，主要通过持有的现金满足其投资需求，剩余负债能力需要重新培育。

（2）组织结构。企业组织结构主要体现在业务多元化和集团化两个方面。一方面，Tong（2011）探讨了企业业务多元化程度对于企业现金持有价值的影响，证实了两者之间具有负相关关系。也就是说，企业业务多元化程度越高，现金持有价值越低。这主要是由于多元化的业务有助于企业及时从不同渠道筹集资金而缓解融资约束的缘故。另一方面，企业集团化的特征意味着企业形成了内部资本市场，而隶属于内部资本市场的公司受到的融资约束程度较低，现金持有价值自然也不高。但是，Arslan 等（2008）的研究结果却表明，隶属于企业集团与否对企业财务柔性价值的影响并不显著。

（3）资本可逆性。因为企业的投资弹性和融资弹性在一定程度上可以相互替代，所以企业财务柔性价值和资本可逆性之间具有负相关的关系。也就是说，在资本可逆性较强的环境中，企业保持足够的财务柔性是没有意义的。Gamba 和 Triantis(2008)的研究认为,资本可逆性可以在某种程度上弥补债务的融资成本,即当企业生产率不高时,企业能够较为便捷地将投资转换为现金,从而满足生产的需要。Almeida 等(2011)的研究也指出,在不完备的资本市场里,企业为弹性资本的投资可以帮助其在未来较少受到融资约束,而来源于目前投资的现金流会为企业将来捕捉更有价值的投资机会提供资金支持。可以看出,目前投资的弹性越大,即资本可逆性越强,投资可以随时转换为融资的资金,那么企业就越不担心将来未能及时融资而错失投资机遇,所以财务柔性的价值也就越低。

(4) 代理成本。代理成本也是影响企业现金持有价值的一个重要因素,代理成本越高的公司,代理问题就越严重,现金持有价值也就越低。Jensen(1986)认为,企业管理层具有通过投资净现值为负($NPV<0$)的投资项目而浪费企业现金流的动机,这种行为背离了企业价值最大化的目标,是管理层机会主义行为的一种重要表现。较高的现金持有水平为管理层的机会主义动机提供了便利,因而削减了企业价值。Dittmar 和 Mahrt-Smith(2007)、Harford 等(2008)的研究也证实了 Jensen(1986)的观点。也就是说,代理问题较为严重的公司的现金持有水平也较高,因此出于减少代理成本的考虑,企业最佳的财务决策应当是尽可能地减少现金持有(DeAngelo 和 DeAngelo,2007)。而信贷额度是对企业现金持有的一种较好的替代方式,因为银行可以通过信贷契约条款来监督企业管理层,从而减少企业管理层的机会主义行为(Sufi,2009)。与现金使用过程的不易被观测性相比,管理层使用信贷额度的途径受到较强的监管,管理自主权较低,因而能有效地减少企业的代理成本。

(5) 经营活动现金流。经营活动现金流是企业内部资金的重要来源,其充足与否和波动性大小会对企业财务柔性价值产生较大的影响。一方面,经营活动现金流的充足程度代表了企业内部资金能够在何种程度上满足企业的投资需求。Gamba 和 Triantis(2008)、Rapp 等(2012)的研究均指出,经营活动现金流的充足性与企业财务柔性价值之间具有负相关关系,即经营活动现金流越短缺的企业,其财务柔性价值越大,否则越小。然而,学者们对于究竟是来源于超额现金持有还是剩余负债能力的财务柔性更具有价值的判断却未能达成共识。例如,Sufi(2009)、Lins 等(2010)的研究均认为,经营活动现金流短缺的企业主要依赖其超额现金持有水平;但

Cayzac(2010)却指出,当企业经营活动现金流短缺时,剩余负债能力具有更加显著的价值,而此时现金持有的价值则显得相对微不足道。另一方面,经营活动现金流的波动性大小则体现了内部资金来源的稳定性强弱。Gamba 和 Triantis(2008)的研究指出,与经营活动现金流密切相关的企业净利润的波动性越大,企业财务柔性的价值也越大。因为经营活动现金流的波动性代表了企业面临的不确定性和风险,此时超额现金持有或剩余负债能力提供的现金财务柔性或债务财务柔性能够帮助企业成功抵御这种不确定性和风险,有助于其更好地抓住投资机遇,从而实现自身的可持续发展。

三、财务柔性对企业投资决策的影响效应

Modigliani 和 Miller(1958)提出的 MM 定理指出,在完善的资本市场上,企业投融资活动具有完全的独立性,即企业选择怎样的融资方式(内源融资、债务融资或股权融资),对其投资行为是不产生任何影响的。也就是说,企业财务柔性的有无及多少,都不会影响其投资活动。然而,现实的资本市场是不完美的,MM 定理中有关完善的资本市场的众多前提假设很难得到满足,因此企业投资活动的实现需要依赖企业的融资能力(Almeida 和 Campello,2010)。融资能力强的公司,其投资活动能及时获得充裕的资金支持,从而能够保障投资活动顺利进行。也就是说,在现实资本市场中,财务柔性与企业的投资决策是密切关联的。

当前的研究文献主要从两个角度探讨了企业财务柔性对其投资决策的作用机理。

一是投资扭曲的角度(Almeida 等,2011;de Jong 等,2012)。Jensen 和 Meckling(1976)提出的"风险转移"理论指出,当企业负债水平很高且濒临财务破产困境时,企业管理层具有较强的投资于高风险且高盈利的投资项目的动机,以求通过风险转移而化解当前的债务危机。但出于维持一定水平财务柔性的考虑,企业管理层的这一动机会受到抑制,那么便会产生投资扭曲,即企业管理层只投资于那些流动性强、安全性好但盈利性却较差的投资项目。可以看出,提高企业的财务柔性水平有助于缓解企业投资扭曲程度。

二是实物期权角度(如 Xie,2009)。根据经典的财务学理论分析,企业投资决策的制定是依据其投资项目的净现值(NPV)的大小而定:如果投资

项目的 $NPV>0$,那么应当进行投资;如果投资项目的 $NPV\leqslant 0$,则不应当进行投资。这一投资决策规则隐含了一项重要的假定,即投资项目的价值保持不变。然而在实际中,随着市场环境的瞬息万变,风险报酬率、资本成本率等指标不断变化,导致投资项目的 NPV 值也无时无刻不在发生变化,这对仅通过 NPV 值来判断投资项目是否可行的做法带来了较大挑战。此时,面临未来的不确定性,企业管理层可以通过维持一定的财务柔性水平来构造一项实物期权。该期权的价值体现在其可以为管理者提供把握未来投资机遇的能力,从而有助于管理层作出最佳的投资决策。可以看出,当未来不确定程度越大时,投资项目的 NPV 值越难以确定,财务柔性构造的实物期权的价值也更高。

据此,在梳理了企业财务柔性对其投资决策的两种作用机理后,需要辨别不同来源的财务柔性(即现金财务柔性、债务财务柔性及两者的混合体),分别探析其对企业投资决策的不同影响效应。

(一)现金财务柔性对企业投资决策的影响效应

到目前为止,关注财务柔性对企业过度投资行为影响的相关文献较少,而这些文献中有关超额现金持有对企业过度投资影响效应的研究相对较多。Arslan 等(2008)认为,财务柔性为企业提供了及时融资的能力,当企业在未来经营活动中有较好的投资机遇时,财务柔性可以及时满足企业投资活动的融资需求,这样可以避免由于经营现金流短缺而造成的投资不足。也就是说,超额现金持有程度较高的公司,现金流较为充裕,能为企业提供充足的现金财务柔性,此时企业非效率投资特别是投资不足行为得到了较强的抑制。当未来经营活动现金流减少造成企业内部融资受限时,企业维持一定的财务柔性则有助于其满足新的融资需求,所以较高的财务柔性水平往往和较低的投资对现金流的敏感性相对应。Baum 等(2013)也认为,公司倾向于积累超额现金,将积累的超额现金用于企业的投资活动,并且在有较大风险的研发项目上支出的投资额要比收益稳定的固定资产项目上支出的投资额要大得多。然而,企业的财务柔性需要维持在一种较为适度的水平。由于代理成本的存在,超额现金持有造成的过度财务柔性,会增强企业管理者滥用企业超额现金而从事有损企业价值行为的动机,给了管理者更多可用于谋求私利的资源,会诱使管理者将这部分资源用于非效率投资中,造成过度投资(Richardson,2006)。

国内学者以中国上市公司为研究样本,也得出了类似的结论。张凤和黄登仕(2008)的研究发现,超额现金持有水平越高的公司,其投资水平也越高。杨兴权等(2010)认为,超额现金持有水平越高的公司,其过度投资行为也越严重,然而公司治理环境的改善有助于减轻超额现金持有造成的过度投资效应。这种观点得到了张会丽和陆正飞(2012)的支持。顾乃康等(2011)的研究也表明,企业以超额现金持有形式储备的现金财务柔性水平与企业投资水平显著正相关,进一步证明了企业超额现金持有水平越高,其投资水平也就越高的观点。

然而,部分国内外学者持有相反的观点,并不认为企业投资水平和自身的超额现金持有之间存在必然的关系。例如,Daniel等(2008)认为,企业超额现金持有的行为只具有防御效应,即可以抵御可能发生的财务困境,与企业的投资活动没有必然的关联。Lins等(2010)通过对CFO们进行调查,发现企业超额现金持有的行为只是为了维持自身运营的一种保险策略。

(二)债务财务柔性对企业投资决策的影响效应

与现金财务柔性带来企业过度投资效应的丰硕学术成果相比,国内外对债务财务柔性造成的企业投资行为后果的研究较为缺乏。本书在对现有关于债务财务柔性的文献进行梳理后发现,剩余负债能力对提升企业的投资水平具有较强的促进作用。Graham(2000)指出,盈利性强、流动性高且财务困境成本低的公司在使用债务融资时非常保守,保持了较低的负债水平,且这种较为保守的债务融资行为具有一定的持续性,并非因为企业的临时决策。Bancel和Mittoo(2004)、Brounen等(2006)众多学者的研究也都证实了企业保守债务融资这一现象的存在性。Graham和Harvey(2001)发现,CFO们选择低杠杆甚至零杠杆的财务决策时,财务柔性是其重要的考虑因素。在信息不对称及合同不完备的环境下,CFO们可能被迫放弃盈利性较强的投资机会,转而会采用较为保守的杠杆政策来获取一定的剩余负债能力,从而使企业在未来能及时抓住较好的投资机会。Marchica和Mura(2010)也指出,通过获取剩余负债能力来维持一定的债务财务柔性,是绝大多数公司的实际负债水平比传统资本结构理论的预测值低得多的关键原因。DeAngelo和DeAngelo(2007)、DeAngelo等(2011)也指出,企业最佳的财务决策是在长期确定一种较低的负债水平,以保留充足的剩余负债能力来避免未来因较高融资成本而导致投资不足。

Marchica 和 Mura(2010)、de Jong 等(2012)的研究均表明,企业通过保守的杠杆政策获取剩余负债能力,从而能大规模扩大投资支出以提升投资能力。他们的研究还表明,当企业维持一段时间的低负债政策之后,常常会增加特殊的投资或进行较大的资产性投资,而这些投资或支出依靠的都是发行新债务。较强的剩余负债能力能及时地满足企业的外部融资需求,使企业未来投资需求的资金来源得到保障,管理者对未来再融资风险的担忧程度会减少(Harford 等,2014)。此时,管理者也越容易进行过度投资的机会主义行为。

反之,如果企业不具有较强的剩余负债能力,无法便捷地通过资本市场得到外部融资,那么管理者就必须通过保留足够多的现金以应对未来不确定的资金需求,包括为未来投资提供资金来源,或避免将来陷入财务困境(Acharya 等,2007)。Almeida 等(2011)、de Jong 等(2012)的研究指出,当企业缺乏剩余负债能力,即负债水平较高而濒临财务破产的困境之时,企业有动机从事高风险、高盈利项目的投资,但出于维持一定财务柔性的考虑,企业管理者从事过度投资行为的动机会受到抑制。

国内学者关于剩余负债能力的研究相对更为缺乏,主要考察的是企业负债水平与过度投资行为之间的关系。然而,企业剩余负债能力与企业负债水平是两个不同的概念。这是因为,在债务财务柔性的度量问题上,剩余负债能力有两种测量方法:一是 Marchica 和 Mura(2010)提出的用回归方程估算债务水平目标预测值后所得的残差值,即用实际负债水平低于模型所得负债水平(预测值)之间的差值表示;二是 Hess 和 Immenkötter(2014)提出的用企业实际负债率减去保持企业目标评级负债率的临界值的差值进行衡量。可以看出,无论是哪种测量方法,企业剩余负债能力与企业负债水平都具有较大的不同,但两者间存在一定的相关性,可以在一定程度上作为彼此近似度量的替代变量。童盼和陆正飞(2005)的研究指出,中国上市公司负债水平越高,投资规模越小。也就是说,企业不具有较强的剩余负债能力时,过度投资行为也会受到抑制;反之,过度投资程度增大。黄珺和黄妮(2012)的实证研究结果表明,事前负债水平越低,即剩余负债能力越强时,管理者过度投资行为也就越严重。

此外,一些学者研究了事前较高的负债水平对企业投资决策的影响。这些学者在研究的文献中虽并未言明是基于财务柔性视角,而大多采用了

"负债水平较高""杠杆率较高"等表述,但可以将这些表述依然近似看作是反映企业剩余负债能力即债务财务柔性大小的重要量度,属于财务柔性研究的范畴。其中,有一部分学者认为,事前较高的债务水平对公司是有利的。例如,Sundaresan 和 Wang(2006)指出,当投资机遇提前出现时,事前存在较多债务的公司,会受到企业还本付息的压力,而减少投资冒险行为。de Jong 等(2012)却认为,当企业负债水平较高且濒临财务困境时,更倾向于投资高风险、高盈利的项目。黄珺和黄妮(2012)、Harford 等(2014)的研究也证实,事前负债水平较高的公司,债权人发挥较强监督效应将有助于抑制企业的非效率投资行为,进而有利于提升公司价值。然而,有些学者却认为,事前较高的债务水平对公司是有害的。例如,Lang 等(1996)的研究指出,事前存在较高债务水平的公司,由于其投资活动的收益归企业债权人所有,而损失却由企业自身承担,因而其投资活动会有扭曲,正常的投资活动会遭遇阻碍。然而,还有部分学者认为,企业事前债务水平对公司投资活动的影响具有不确定性。Baum 等(2010)指出,公司已有债务可能抑制企业投资也有可能刺激企业投资,其对于企业投资决策的影响具有不确定性,由具体情境决定。此外,还有学者研究了企业债务水平较低对企业投资决策的影响。也就是说,当企业具有较强剩余负债能力(债务财务柔性)时,企业投资决策会具有怎样的变化。一般认为,企业债务水平较低时,在未来遇到较好的投资机遇时能够凭借低杠杆优势,迅速进行债务融资,更好地抓住投资机遇,从而提高企业价值。Marchica 和 Mura(2010)、de Jong 等(2012)学者的研究结果均表明,随着企业剩余负债能力的增强,企业的投资能力能够大幅提升。

作为剩余负债能力的延伸,企业未使用的信贷额度也是财务柔性的一个重要来源。然而,信贷额度的具体使用受制于银行,并不能完全被企业管理者所控制,所以不可以被现金完全替代(Sufi,2009;Lins 等,2010)。罗党论等(2012)以中国 2000—2008 年获得银行授信的公司为研究样本,证实了获得银行授信是企业过度投资行为的一个主要成因,特别是在国有企业,这一效应尤为显著。也就是说,与剩余负债能力刺激企业投资的原理一致,未使用的信贷额度也会加剧企业的过度投资行为。

(三)财务柔性对企业投资决策的综合影响效应

有些研究将超额现金持有和剩余负债能力结合起来,也就是同时考虑现金财务柔性和债务财务柔性,探讨财务柔性对企业投资决策的影响。一般认为,企业既存在超额现金持有又具备剩余负债能力,能同时增强企业投资活动所需的资金支持(Gamba 和 Triantis,2008;Arslan 等,2014)。以中国上市公司为研究样本进行的实证研究,证实了这一结论在中国情境下依然成立。曾爱民等(2013)的研究表明,2008 年国际金融危机爆发之前,储备了超额现金和具有剩余负债能力的中国上市公司,即现金财务柔性和债务财务柔性水平都较大的公司,在金融危机来临的时候能更少地遭遇财务危机,避免陷入财务困境而破产。金融危机结束之后,这些企业也率先复苏,能在中央政策的指引下,利用先前积累的较为充裕的财务柔性,通过大规模开展企业的投资活动来提升企业的投资业绩。然而,将超额现金持有和剩余负债能力结合到一起考虑时,会发现过度的财务柔性也会导致企业过度投资,并不意味着企业财务柔性水平越高越好(马春爱,2011)。

就两种财务柔性之间的关系而言,超额现金持有水平的程度,实际上反映了企业在现金财务柔性持有量和债务财务柔性持有量的两种持有量之间的一种权衡。如果企业当前储备了较多的现金,已具有了充足的现金财务柔性,那么可以通过债务融资来适当提高资产负债率,降低债务财务柔性,来满足企业投资活动;如果企业当前负债水平较低,已具有充足的债务财务柔性,那么可以通过减少超额现金持有的方式来适度降低现金财务柔性,满足企业投资活动。也就是说,企业管理者需要维持一定程度的财务柔性水平,在现金财务柔性和债务财务柔性之间做好搭配,这与企业现金持有水平、负债水平等因素密切相关。只有这样,企业才能满足当前及未来投资活动所需要的融资需求,确保投资活动顺利开展。但是,凡事过犹不及,既追求现金财务柔性又同时追求债务财务柔性的后果往往是企业整体财务柔性水平过高,导致企业管理者实施过度投资的机会主义行为。在代理理论的分析框架下,无论是现金财务柔性还是债务财务柔性,都会造成企业管理者的过度投资行为。因此,企业需要维持一种合理适度的财务柔性水平,在总量控制的前提下,也要控制好超额现金持有提供的现金财务柔性以及剩余负债能力提供的债务财务柔性,合理搭配好两种财务柔性,最大限度地促使投资活动健康、持续、稳步地开展。

总的来说,现有关于财务柔性对企业投资决策影响的文献中,大多数文献的研究结论是,具有单一来源财务柔性(现金财务柔性或债务财务柔性)或同时具有两种来源财务柔性的企业,能大幅提升企业的投资能力,通过增加投资支出来抓住企业的投资机会,从而避免陷入财务困境甚至是财务危机。然而,过犹不及,财务柔性需要维持在一种较为适度的水平。基于代理理论的分析,过度的财务柔性为管理者可能发生的自利行为提供了便利,会被管理者滥用,引发的过度投资行为反而会对企业价值造成负面影响,进而又会形成新的财务危机。以上结论均是对于现有研究的一般梳理,而现有研究并未对财务柔性和过度投资之间的关系作出具体分析,更较少涉及情境因素的探讨。

第三节 债务异质性及其与企业投资行为的关联

对于管理者滥用企业自由现金流而从事的过度投资行为,传统代理理论认为,可以通过发挥债务的相机治理作用进行治理。当企业负债水平上升时,较多的债务融资,增强了债权人对企业投融资活动的监督力度,促使企业管理者减少过度投资行为,而将企业持有的现金真正用于投资价值较高的项目中。已有文献大多从债务同质性角度展开分析,并认为治理企业过度投资行为的债务因素不具有内在差异性。然而在当前,异质性因素对公司决策的影响已成为公司财务研究领域中的一个前沿方向(潘敏和朱迪星,2012;Graham 等,2013),从债务异质性视角探讨债务相机治理作用的研究开始涌现。

一、债务异质性的内涵

债务异质性其实是企业管理实践中存在的普遍事实(Boot,2000;Rauh和 Sufi,2010),它表现为企业债务存在不同的规模结构、期限结构与来源结构(胡建雄和茅宁,2015)。在债务异质性的视角下,基于当前中国金融市场制度不够健全这一特定的背景,我们需要重新思考债务相机治理作用发挥的有效性。从规模结构来看,不同企业具有不同资产负债率水平;从期限结构来看,债务可以分为短期债务、中期债务和长期债务;从来源结构来看,债务又可分为金融机构借款、商业信用、债券和其他债务等。不同种类的债务对企业非效率投资行为的影响存在差异性。比如,从债务规模结构来看,童盼和陆正飞(2005)认为,负债比率较高的企业一般投资规模较小。黄乾富和沈红波(2009)的实证结果也表明,债务规模较高的企业能对过度投资行为发挥较强的约束效应。从债务期限结构来看,债务期限的缩短可以对企业过度投资行为发挥更强的约束效应(黄乾富和沈红波,2009)。Harford 等(2014)的实证结果也表明,企业债务期限具有缩短的趋势特征,从侧面表明再融资风险的提高。因此,为了使再融资风险降低,企业倾向于持有更多现金,来减缓可能存在的投资不足问题。

就债务异质性本身而言,当前较多的研究集中关注负债规模、期限结构和企业投资行为之间的关系,而对债务来源结构、特别是短期负债的来源结构对企业非效率投资行为的影响关注较少(方芳,2012)。实际上,企业债务融资来源方式存在多样性,如金融机构借款、商业信用、债券和其他类型来源,不同来源负债对于企业投资规模的影响具有差异性(童盼和陆正飞,2005)。国外学者一般认为,金融机构借款具有规范的审核及担保机制,对企业投资行为的约束作用强于商业信用。例如,Burkart 等(1982)的研究指出,金融机构借款是一种高级的优先债权,对企业管理者行为的约束作用更强,因而对企业过度投资行为的约束作用也更强。然而基于中国情境,由于金融市场制度不够健全等因素,中国学者研究得出的结论恰好相反(胡建雄等,2015)。大部分中国学者研究出的一般结论是:在中国情境下,商业信用对企业过度投资行为的约束作用强于金融机构借款,债券的约束效应最弱。

在中国,商业信用是企业短期融资的重要来源,是上下游企业之间由于短期业务往来而发生的、并以延期付款等形式表现出的信用交易关系。由于债权人在契约中加入了若干约束性的条款,债务人受到很强的再融资约束。同时,商业信用所涉及的应付票据、应付账款及预收账款等往往和特定的生产经营及销售行为相关联,对资金用途有较强的制约性,从而使管理者难以从事过度投资的机会主义行为(王鲁平和毛伟平,2009)。总之,中国企业进行商业信用融资时产权关系十分明晰,各经济主体的利益与相应绩效紧密相连,相应的代理成本相对较小。

就中国金融机构借款而言,一方面,由于责任主体产权不明晰,政府、国有上市公司和国有商业银行的产权均属于国家,三者产权的同源性使上市公司进行银行借款融资时承担较低的风险,上市公司的国有属性、破产机制的不完善等因素弱化了金融机构借款对企业过度投资行为的约束效应。杨兴权等(2010)认为,公司治理环境的改善有利于抑制企业管理者的过度投资行为,然而上市公司的国有属性却弱化了公司治理的这种抑制效应。另一方面,政府除了作为国有股权的代表之外,还要完成行政目标。在银行类金融机构经营时政府会对其进行行政干预,甚至会用行政目标代替经济目标,从而导致各经济主体向金融机构借款时金融机构的资源难以有效配置,增加了代理成本(Shleifer 和 Vishny,1994)。同时,中国尚未针对银行类金融机构出台《破产法》,缺乏对债务人实施有效监管和约束措施,从而使无效率的金融机构借款增加了代理成本。一些商业银行虽然建立了债务人资信评级制度,但贷款利率无法与之完全挂钩,即在当前的银企关系下,债权人无法通过签订约束性的债务契约或提高资金成本等手段,对债务人过度投资等损害债权人利益的行为进行有效制约(童盼和陆正飞,2005)。

现有研究表明,企业债券和金融机构借款之间具有较强的替代效应。但是,作为企业债务的重要组成部分,债券和其他类型债务具有显著的不同。中国债券市场比较广阔,可以较容易地出售及转让债券,可以降低投资者被"套牢"的概率,这为债券投资者提供了投资工具方面较高的流动性。债务人一旦陷入偿付危机,债权人便可以"一走了之",不必积极参与公司治理及监督企业的日常经营管理活动,债权人和股东之间的利益冲突也会淡化,从而降低了债权代理成本。债券未到期之前在不同债权人之间频繁交易及转让,企业发行的债券总量却未改变,这种债券转移行为不会危及企业。但由于发行的债券期限一般较长,发债企业短期内还本付息的压力较轻,在市场监督机制较弱的环境下,很容易滋生"发行新债偿还旧债"的想法。这样一来,企业缺乏对还本付息的顾虑,来自外部监管的压力减轻了,管理者从事机会主义行为的动机会更加强烈,因此企业发行债券反而可能助长管理者的过度投资行为。

在中国情境下,商业信用、金融机构借款和债券对企业过度投资行为的影响效应得到了黄珺和黄妮(2012)、潘立生和方芳(2012)等的研究的证实。但是,朱磊和潘爱玲(2009)认为,负债规模、负债期限结构和负债来源结构都不能约束企业管理者的过度投资行为,即西方理论中被盛赞的债务相机治理机制并未在中国发挥作用。童盼和陆正飞(2005)也认为,负债对企业非效率投资行为会具有不同作用,很难判断这种传导机制究竟可以用何种理论来合理解释,相关实证检验也较为缺乏。

可以看出,关于中国上市公司中债务融资对企业过度投资行为影响的研究尚未达成共识(朱磊和潘爱玲,2009)。可能的原因在于,单一的债务来源很难发挥其对企业过度投资行为的相机治理作用,从而使 Williamson(1988)等之前学者认为的债务具有同质性的传统假设开始受到质疑。同时,企业需要具备异质性的债务,不仅具有某种单一类型的期限或来源的债务,更是要实现多种负债类型的搭配与组合。David 等(2008)以日本企业作为样本,发现了与债务结构和研发投资匹配程度较差的公司相比,匹配程度较好的公司可以获得更优的绩效。Hackbarth 和 Mauer(2012)的研究指出,最优的债务结构搭配有助于规避企业管理者的非效率投资行为。从期限结构来看,尽管短期债务有助于约束企业过度投资与投资不足行为(黄乾富和沈红波,2009;Harford 等,2014),但短期债务增加也会加剧企业展期风险(He 和 Xiong,2012),还本付息压力的增大会使企业流动性状况恶化(He 和 Milbradt,2012)。相对于未到期的长期债务而言,即将到期的短期债务会使企业形成更多的"债务悬挂"(Diamond 和 He,2014)①。所以,Choi 等(2014)指出,只具有单一类型的短期债务或者长期债务都不是企业最优的决策,而通过持有展期日不同的债券的组合,才能有效减少因为展期风险而导致的企业非效率投资行为。也就是说,企业需要保持比较分散的债务期限结构,使短期债务、中期债务与长期债务持有量保持在一种相对平均的水平。基于以上分析,本书认为,债务来源异质性可以为研究企业过度投资问题提供一个好视角。

二、债务融资与企业过度投资行为

企业管理者需要通过债务调节的手段尽可能发挥债务的相机治理作用,促进企业投资活动的正常化。本节前文的论述表明,异质性债务发挥的债务相机治理作用具有很大不同,具体而言,债务对企业过度投资行为的影响有两种形式:现有的多数研究均证实了债务融资具有约束企业过度投资行为的相机治理作用;也有部分学者认为债务融资可能会加剧企业过

---

① "债务悬挂"由英语"debt overhang"一词翻译而来。

度投资程度。

（一）债务融资约束过度投资

债务融资要求企业维持一定的自由现金流来定期还本付息。当企业破产时,债权人具有优先受偿权,而股东仅能获得债权人优先求偿之后的剩余收益。同时,债务的存在还会使股东及管理者面临控制权转移以及受外部监督的双重压力。因此,债务融资对企业过度投资行为会产生一定程度的治理作用,债务的相机治理机制可以正常发挥,主要以 J-M(Jensen 和 Meckling)代理成本模型、G-H(Grossman 和 Hart)债务担保模型和 H-R(Harris 和 Raviv)债务缓和模型为代表。

Jensen 和 Meckling(1976)指出,当信息不对称时,管理者作为委托代理关系中的代理人,只关心自己能否有更多晋升的机会,从而具有过度投资以及损害企业股东利益的行为倾向。因为一般而言,管理者的晋升机遇随着企业规模的扩张而增多。因此,当企业在净现值为正($NPV>0$)的项目上投资完毕后还具有闲置资金时,管理者并不倾向于赎回债券或者增发股利,而是会选择将其剩余资金投资到那些可以扩大企业规模却会损害股东利益的非盈利项目中。但是,债务定期还本付息的特征会制约企业运用自由现金的过程,进而约束管理者的过度投资行为,导致滥用自由现金的企业的破产风险因濒临财务困境而加剧,降低了管理者和股东间的代理成本,从而充分发挥了债务对企业过度投资行为的约束作用并提升企业投资效率。

Grossman 和 Hart(1982)以 J-M 代理成本模型为基础,从破产威胁视角,通过建立 G-H 债务担保模型来探究债务是如何缓解企业管理者和广大股东之间利益冲突的。其研究结果表明,资产负债率较高会使企业面临破产威胁,而借债行为本身会产生一种避免企业破产的担保机制,为债权人传递了企业管理者努力工作的重要信号。如此一来,为了避免陷入财务困境而使自己承担损失,同时为了维护广大股东的利益,企业管理者不得不慎重实施投资行为。

Harris 和 Raviv(1990)基于强迫企业清算来缓解企业管理者和广大股东之间利益冲突的视角,构建了 H-R 债务缓和模型。他们的研究指出,管理者一般很难根据股东利益最大化的原则实施投资行为,而管理者的行为会因债务的存在而受到规范或惩戒。比如,企业经营不善时,债权人具有优先求偿权,清算对债权人更有利,而管理者则希望继续维持企业经营。债务的存在,便给予广大债权人在企业面临破产威胁且发生违约时对企业进行强制清算的权利,使企业需要定期或不定期地及时发布一些有关企业经营状况的重要信息,增强了企业信息的透明度,从而可以帮助投资者决定是否具有继续投资的必要。

整体来看,国外学者对债务相机治理作用进行了较多的实证研究,也取得了比较一致的结论:债务确实存在对企业过度投资行为的治理作用。Lang 等(1996)认为,为了保护自身利益,债权人会主动采取行动来抑制企业管理者的机会主义行为倾向,从而减少企业过度投资行为。Demirgüç-Kunt 和 Maksimovic(1999)的研究指出,企业更容易在固定资产项目上过度投资,而债务对此起到了较好的约束作用。Childs 等(2005)的研究发现,不同期限的债务对企业过度投资行为的治理效果也存在差异,短期债务的治理效果要明显强于长期债务。

和国外研究不同的是,国内学者关于债务相机治理作用的研究产生了较大分歧,有些结论甚至完全相反。王建新(2009)以中国制造业上市公司为研究样本,对债务相机治理作用进行了实证分析,并未发现债务对企业过度投资行为的约束作用。而汪猛(2013)的研究指出,债务融资对企业过度投资行为确实起到了相机治理作用,但在国有控股公司中,这种效应几乎不存在。傅利福等(2014)以 2001—2006 年中国沪、深 A 股上市公司的数据为研究样本,证实了中国上市公司过度投资问题的严重性,但并未发现债务的相机治理作用。周红霞和欧阳凌(2004)的研究认为,债务的相机治理机制是企业资本结构的内在决定力量,然而债务相机治理作用是有条件的:在成长前景较好及投资项目盈利能力较强的企业,当自由现金较为短缺时,企业管理者为了筹集投资活动所需的资金可以求助于资本市场,而资本市场可以直接对企业的这种投资项目进行评价,因此债务相机治理机制发挥作用的好与坏不太重要;但是对于那些投资项目盈利能力较弱且自由现金较为充裕的企业而言,债务的这种相机治理机制就显得尤为必要。总之,过分强调债务的相机治理作用,未充分考虑股东所起的关键作用,也未考虑管理者在职业发展的不同阶段控制权存在动态变化的可能性,导致以部分企业为样本进行实证研究后的结果显示,债务相机治理作用不够明显(周红霞和欧阳凌,2004)。

（二）债务融资加剧过度投资

同时，也有部分学者证实了债务融资可能会加剧企业的过度投资问题。债务融资加剧企业过度投资行为的观点主要源于资产替代效应的相关研究成果，以 Jensen 和 Meckling（1976）在阐述委托代理理论时提出的模型为代表。Jensen 和 Meckling（1976）认为，企业价值是由债权价值和股权价值两部分组成的，股东仅对企业债务承担有限责任，某种可提升股权价值的投资机会可能会具有较高风险而损害广大债权人的利益，所以导致企业倾向于过度投资高风险项目，这就是资产替代效应。

Fama 和 Miller（1972）指出，股东和债权人之间存在不同的收益偏好，所以很难同时实现两者利益的最大化。结果，股东和债权人之间形成了不可避免的冲突，且这种冲突随着负债比例的上升而日趋激烈。具体而言，当股东通过资产替代行为可以获取更高的股权价值时，便会更容易实施资产替代行为，进而导致企业过度投资行为也更为严重。

Kovenock 和 Phillips（1997）探讨了产品市场特征、资本结构选择和企业投资决策之间的关联，认为产业集中度高的行业更容易发生过度投资行为。杨丽芳（2014）的研究证实了行业管制因素对企业过度投资行为的加剧效应，即当行业管制因素放松之后，企业过度投资行为便会大幅减少。

三、战略决策下的资本结构调整

关于债务相机治理作用的发挥，传统代理理论认为企业的债务是同质的，并认为治理企业过度投资行为的债务因素不具有内在差异性，因而通常用单一的资产负债率来刻画企业整体的资产负债水平。而债务异质性体现了企业之间不同的资本结构状况，所以债务异质性其实反映的是企业资本结构调整的问题，这种调整不仅仅是资产负债率的上升或下降，还包括了债务结构的变更（胡建雄和茅宁，2014）。债务根据期限、来源等标准可以划分成不同类型，而每种类型的债务变动都属于广义企业资本结构调整范畴。

根据 Modigliani 和 Miller（1958）提出的 MM 定理的分析，在竞争且无摩擦的完全资本市场环境下，企业价值和资本结构是无关的。所以，企业选择怎样的资本结构并不重要。然而在现实世界中，MM 定理成立的严格限制条件却很难得到满足。近50年以来,学者们为了探讨MM定理在当前环境下的适用性,纷纷放松了这些限制条件,将资本市场存在的摩擦因素考虑到各自的模型中(Baker和Martin,2011),其中有代表性的理论包括权衡理论(Kraus和Litzenberger,1973)、啄食顺序理论(Myers,1984;Myers和Majluf,1984)、信号理论(Ross,1977)和市场择机理论(Baker和Wurgler,2002)等。这些理论将资本结构和不对称信息、税收、破产成本及代理问题相结合,考察了目标资本结构的存在性,并开展了相关实证研究,表明了有关资本结构决策的重要性(Baker和Martin,2011)。目标资本结构其实是一种股权与债权之间的安排,它能使资本成本最小化,并最大化企业价值(Frydenberg,2011)。然而,在目标资本结构究竟是否存在的问题上,现有的各派理论产生了较大分歧。具体而言,权衡理论认为企业目标资本结构是存在的,支持企业将实际资本结构向目标资本结构调整(Flannery和Rangan,2006;Frydenberg,2011)。但是,啄食顺序理论认为企业是不存在目标资本结构的,我们观察到的企业资产负债率只是企业盈利性、信息不对称以及投资机会的积累效应的结果(Ghosh等,2012)。市场择机理论同样认为目标资本结构并不存在,当前的企业资产负债率对历史上的融资决策依赖度很高,而这些融资决策却受到股票市场的主导(Ghosh等,2012)。为了寻求不同学派说法的一致性,Kayhan和Titman(2007)认为,从短期来看,企业资本结构调整由啄食顺序理论决定;但从长期来看,目标资本结构还是可以由权衡理论进行解释的。也就是说,立足权衡理论,可以证实目标资本结构确实存在;然而企业实际资本结构是否需要立即调整到目标资本结构,还要依据啄食顺序理论和市场择机理论,全方位考虑影响资本结构的其他因素而妥善决定。胡建雄和茅宁(2014)通过构建统一的理论框架,证实了目标资本结构的存在性,认为当实际资本结构偏离目标资本结构的收益低于偏离成本时,企业实施资本结构调整决策才具有调整收益,且当调整收益大于调整成本时,企业才会真正实施资本结构调整。因此,在企业实践中,企业管理者会分别朝着各自企业的目标资本结构进行资本结构调整,实现最优的资产负债状况,进而产生了债务异质性。

事实上,公司各项财务决策之间存在着复杂的关联性和因果关系。因此,作出有关债务异质性的决策时企业管理者不能一时冲动,企业管理者需要深入思考企业其他决策与资本结构调整之间的关联,避免牵一发而动全身所产生的负面效应。也就是说,企业管理者需要从现金持有战略、公司产品市场战略及多元化战略等企业战略决策的角度出发,妥善处理好企业的资本结构调整问题。

（一）现金持有战略和资本结构调整

作为企业财务战略的重要组成部分之一,现金持有战略和企业资本结构调整决策高度相关。

权衡理论指出,资本结构调整会影响破产风险,进而影响企业对现金持有的收益及成本进行权衡的全过程。而啄食顺序理论基于现金持有对实际资本结构影响的视角,认为:当现金缺乏时,管理者出于最大化自身利益的考虑,会考虑首先动用自有资金,其次是债权融资资金,最后才是股权融资资金,从而实现资本结构的调整;当现金充裕时,现金持有战略的目标只是为了偿还债务而降低资产负债率,所以并不存在最优现金持有量的问题;反之,实际资产负债率越高,现金的边际价值越低,公司现金持有量也应越低。Byoun（2008）的实证研究将现金持有战略和资本结构调整问题结合起来考察,认为只有在现金充裕并且资产负债率较高时,才最有可能实施资本结构的调整,此时资本结构调整速度也最快。Faulkender 等（2012）的实证研究结果显示,用现金调节资本结构的边际成本相对较低,企业的现金流特征对其目标资本结构影响显著。具体来说,现金持有水平较高、实际资本结构和目标资本结构偏离程度较大的企业,会比那些具有类似资本结构偏离幅度而现金持有水平几乎为零的企业作出更大程度的资本结构调整。

（二）公司产品市场战略和资本结构调整

企业资本结构调整决策还受企业和其非财务利益相关者（包括员工、客户、竞争对手和供应商等）之间关系的影响,且这种影响是通过企业产品市场战略体现出来的。若企业倒闭,非财务利益相关者都可能要求企业对其遭受的损失实施补偿,导致企业的财务困境成本高昂。造成企业财务困境成本的潜在因素会影响企业的资本结构选择过程,所以企业产品市场战略也是影响资本结构调整决策的一个关键因素。比如,Rocca（2011）的研究指出,维持资产负债率较低的资本结构决策可以增强企业的竞争优势,通过长时间降低价格和提高产量的做法,能将资产负债率较高的竞争对手驱逐出市场。

（三）多元化战略和资本结构调整

多元化战略和企业资本结构调整决策的关系也较为密切。Titman（1984）、Williamson（1988）和Rocca（2011）的研究均表明，专业化战略、相关多元化战略及非相关多元化战略分别对应较低、中等和较高的资产负债率，即实际资产负债率朝着低、中、高的方向分别调整。这种现象可分别通过共同保险理论与交易成本理论进行阐释。

根据共同保险理论，营运风险因多元化经营而降低，营运风险降低有助于企业发行更多的债务，使资本结构朝着提高资产负债率的方向进行调整。Williamson（1988）的研究指出，债务担保的价值随资产专用性的增强而降低时，企业更倾向于采用股权融资且实施相关多元化；反之，债务担保的价值随资产专用性的增强上升时，企业则更倾向于债权融资并实施非相关多元化。这些变化直接影响了资本结构调整的过程。

如上所述，我们需要从企业战略决策的角度出发来探讨企业资本结构调整的问题，传统企业资本结构调整理论的内涵也需要进一步深化，而债务异质性理论可以看成是传统资本结构调整理论进一步演变发展后的结果。从债务异质性视角来看，西方传统资本结构调整理论的众多观点都需要修正（李心合等，2014）。西方传统资本结构调整理论与西方财务学所限定的研究对象有关，与西方特定的信用制度也密切关联，为债务同质性学说奠定了理论和现实基础。从理论上看，西方传统资本结构调整理论只研究了金融性负债（只涉及金融机构借款和债券）而忽略了对经营性负债的探讨，这可以通过Myers和Majluf（1984）的啄食顺序理论进行印证。而涉及产品市场及以此为基础的经营性负债，在企业生产经营活动中至关重要，却被纳入"营运资金管理"的研究范畴，并不作为资本结构调整的内生性要素进行处理。西方传统资本结构调整理论认为市场有效性的概念指的仅仅是金融市场的有效性，却未考虑产品市场的有效性。也就是说，在研究管理者如何作出企业融资决策、投资决策、股利决策等决策时，西方财务学者主要关注的是"从金融市场获得什么样的负债""怎样通过金融市场获得负债"等问题。与此相对应，从现实角度来看，西方学者忽略了"从商品市场获得负债"的问题，这是由于他们的企业处在完善法制社会和高度信任社会的背景之下的缘故。美国作为典型的契约型社会，维持了信用社会的正常秩序,保持了较高水平的社会信任程度。在欧美发达国家,市场经济高度发达,正常的信用期限为 90 天,90 天之上的信用即为远期信用,企业平均坏账率水平非常低。这样的信用制度决定了"从商品市场获得的负债"或"经营性负债"难以成为企业重要的筹资来源。在欧美发达国家的理论和现实背景下,债务同质性的假设才是合理的。如前所述,基于理论和现实两方面因素,国外学者主要看重的是包括金融机构借款和债券在内的金融性负债,而国内学者对包括商业信用在内的经营性负债的关注程度更高。也就是说,从中国特殊的制度和市场环境出发,不同债务对企业过度投资行为的影响与西方理论的研究结论不同,这也为中国情境下异质性债务发挥不同债务相机治理作用提供了理论和现实依据。

四、债务积压下的资本结构调整

习近平总书记根据供给侧结构性改革提出了"三去一降一补"的重要任务。其中,"去杠杆"是降低长期性和系统性风险的重要一环。然而,对于部分中国企业债台高筑的现状,众多学者立足于传统的权衡理论分析框架,从增加债务成本、减少债务收益两方面提出了降低负债率的若干具体方案,却未能使企业高负债的状况得到根本改善。

关于资本结构调整的最新理论研究文献指出,需要突破传统的权衡理论分析框架,从大股东和债权人利益冲突的视角探讨企业债务增长的根源。当企业债务积压时,严重的财务危机凸显了大股东和债权人之间的利益冲突(Iqbal-Hussain 等,2015)。对于企业资本结构调整决策,具有控制权的大股东普遍抵制削减杠杆,而无论削减杠杆会为企业价值的提升带来怎样的正向影响;同时,大股东甚至倾向于增加杠杆,即便发行的新债是次级债且会削弱企业价值。对削减杠杆的抵制,加上增加杠杆的愿望,在资本结构调整中产生了不对称的力量,被称为债务棘轮效应(Leverage Ratchet Effect)。由于资本结构调整决策是在不确定环境下作出的,债务棘轮效应带来的不对称性会对企业债务水平和企业价值的动态变化产生深远影响。同时,影响企业融资的税率、破产成本和其他因素的变动同样也会造成这种不对称(Heider 和 Ljungqvist,2015)。积极削减杠杆即便会增加企业价值,通常也不会发生;反之,预计的杠杆率常会上升。

据此,本节内容首先对传统资本结构调整决策中的权衡理论进行了回顾,然后对债务棘轮效应的存在进行了理论梳理,当企业债务水平过高的若干摩擦因素出现时,债务棘轮效应也具有普遍存在性。该结论表明,从大股东和债权人利益冲突的视角破解债务棘轮难题才是"去杠杆"的切实有效途径。

（一）传统权衡理论的分析框架

传统权衡理论分为静态权衡理论和动态权衡理论两种类型。静态权衡理论指出,企业目标资本结构是债务成本和债务收益之间的一种静态权衡,企业可以通过调整实际的资本结构获取最优的资本结构水平,从而实现企业价值的最大化(Lööf,2004)。其中,债务成本包括企业从事过度投资等高风险项目所具有的道德风险(Jensen 和 Meckling,1976)、较高的债务代理成本(Myers,1977；Rocca,2011)、较高的直接和间接破产成本(Bessler 等,2011)以及最终较低的生存可能性(Rocca,2011)等。而债务收益包括传递公司股票价值和市场价值优异的"利好"信号(Ross,1977)、增加管理者个人收益和降低公司被接管的可能性(Grossman 和 Hart,1982)、对自由现金流滥用的约束(Jensen,1986)、对管理者投资不当行为的抑制(Bessler 等,2011)以及企业获得的较高税盾收益(Bessler 等,2011)等。

在静态权衡理论研究的基础上,动态权衡理论认为目标资本结构并不意味着一种固定的资产负债率,目标资本结构值以及其影响因素均一直处于动态变化之中(Bessler 等,2011)。企业任意时刻的实际资本结构都可能偏离目标资本结构水平,但可以通过动态调整将实际资本结构调整至目标值的水平。

Frank 和 Goyal(2007)构建了企业动态调整资本结构的模型,如式(2-1)所示:

$$Lev_{it} - Lev_{i(t-1)} = \rho_{it}(Lev_{it}^{*} - Lev_{i(t-1)}) \qquad (2-1)$$

其中,Lev_{it}^{*} 和 Lev_{it} 分别代表企业 i 在第 t 期的目标资本结构和实际资本结构水平。ρ_{it} 为调整系数,体现了企业 i 在第 t 期中实际资本结构向目标资本结构的调整速度。

考虑统计误差后,可将式(2-1)进一步改写为:

$$Lev_{it} = \rho_{it}^* Lev_{it}^* + (1 - \rho_{it}) Lev_{i(t-1)} + \xi_{it} \qquad (2\text{-}2)$$

如式(2-2)所示,当 $\rho_{it}=1$ 时,企业可以在第 t 期完成全部调整,将实际资本结构直接调整至目标资本结构;当 $\rho_{it}=0$ 时,企业在第 t 期对实际资本结构不作任何调整,维持第 t-1 期的资本结构水平;当 $\rho_{it}>1$ 时,企业实际资本结构调整过度;当 $\rho_{it}<0$ 时,企业实际资本结构调整方向有误;而通常情况下 $0<\rho_{it}<1$,表明企业实际资本结构只进行了部分调整。

对于企业债台高筑的现状,众多研究基于权衡理论的分析框架,从增加债务成本、减少债务收益两方面提出了降低负债率的具体方案,使各企业对 ρ 值进行了相应调整。然而,企业高负债的状况却未能得到根本改变。根据上述分析,本书认为原因有以下两个:第一,调整系数 ρ 很难确定。调整系数 ρ 反映了第 t 期实际资本结构与第 t-1 期实际资本结构、目标资本结构之间的关联。然而,不同企业的影响目标资本结构的外部因素(市场、行业等)和内部因素(企业规模、资产流动性、盈利性、成长机遇、股利支付和债务评级等)具有较强的异质性(Frank 和 Goyal,2007),而这些因素往往随着时间不断变化,导致目标资本结构也因时而异(Goldstein 等,2001),从而使企业调整实际资本结构无所适从。第二,资本结构调整的必要性。即便企业最终确定了最适的调整速度 ρ,企业也未必会真正调整。这是因为,是否有必要调整实际资本结构,还需着重考察调整成本这一关键因素(Ozkan,2001)。只有当调整成本较低时,企业才会调整实际资本结构(Faulkender 等,2012);当调整成本较高时,企业即便意识到当前的实际资本结构并非最优,也不会调整或调整也达不到相应的调整速度,因为这样做的代价更小(Drobetz 和 Wanzenried,2006)。

因此,在去杠杆的实践中,由于企业对上述原因的考虑,企业的实际资本结构始终达不到最优目标值的水平。这也表明了在传统权衡理论的分析框架下,降低资产负债率的具体方案未能捕捉到资产负债率变动的本质。也就是说,资本结构的权衡理论不大可能解释公司实际杠杆水平的高低。由于过去的资本结构调整决策扭曲了将来的资本结构调整决策,所以资本结构变得具有历史依赖性。而企业基于现有的杠杆率产生更高的杠杆水平正体现了债务棘轮效应的内涵。故而当前的前沿研究突破了传统的权衡理论分析框架,基于大股东和债权人利益冲突的视角对债务棘轮效应进行理论验证,试图寻找"去杠杆"的切实有效途径。

（二）债务棘轮效应

本节内容梳理了相应的用于分析企业债务积压时的资本结构调整决策模型。假定在权衡理论中相同的摩擦因素仍然存在,则大股东具有通过一次性将债务和股票互换而调整资本结构的债务棘轮动机。

1. 无摩擦环境下模型的构建

Black 和 Scholes(1973)阐释了债务棘轮效应最简单的表现,他们构建的模型适用于 Modigliani 和 Miller(1958)指出的无摩擦环境。为了探讨在无摩擦环境下的债务棘轮效应,假定当某公司只具有一种票面价值为 D_H 的债务,且假定该债务具有风险性,即违约概率为正。那么,大股东是否愿意用现金或发行股票的方式来回购部分债务,进而减少债务总量 D_L 的数值? 在完全市场(perfect market)中,企业总价值 V 不会随着企业资本结构的变化而变化。因此,用 E_H 和 E_L 分别代表在企业负债水平较高和较低时的股权价值,并用 q_H 和 q_L 分别表示单位债务的市场价值。由此可得式(2-3):

$$V = E_H + q_H D_H = E_L + q_L D_L \tag{2-3}$$

通过回购债务,大股东必须支付 $q_L(D_H - D_L)$,最终可得:

$$E_L - q_L(D_H - D_L) = (E_L + q_L D_L) - q_L D_H \tag{2-4}$$
$$= V - q_L D_H = E_H - (q_L - q_H)D_H$$

如式(2-4)所示,只要当 $q_L > q_H$ 时,大股东的境况便会更加恶化。这与公众的预期一致,因为债务越少,违约的可能性通常就越低,而每个债权人在违约情况下所承担的金额通常会增加。直观而言,通过削减杠杆,大股东将财富转移给了现有的债权人。相反,如果大股东能够筹集同等优先级的新债务而为自己提供资金的话,那么财富将向另一方向进行转移,同时大股东将以牺牲现有债权人利益为代价而获得收益。例如,破产成本会显著削减企业资产的价值,直观而言,通过增加杠杆,大股东会对现有的优先债权人施加一种外部性。当大股东和债权人之间产生激烈的矛盾冲突时,债权人会面临更高的破产成本。因此,建立在权衡理论基础上的资本结构调整决策具有内在的不稳定性。除非债务的税盾收益完全丧失,否则大股东仍然能从一次性的债务发行中获得收益,即便发行的新债是次级债且会削弱企业价值。

现有的文献试图搭建一种研究债务棘轮效应均衡影响的框架,即反映大股东对杠杆调整的不对称态度。据此,Admati 等(2018)提出了一种重要的动态模型,在该模型中大股东无法承诺未来的融资决策,且债权人认为融资决策会按照大股东偏好而制定。在动态模型中,债务的初始成本其实反映了债权人对企业债务棘轮效应的预期。结果,企业最初可能选择一种比标准权衡理论的预测值更低的杠杆水平,但随着债务棘轮效应的发挥,债务水平倾向于棘轮式地上升,甚至会超越使企业价值最大化的最优杠杆水平。

2. 具有标准摩擦因素时模型的构建

假定某公司进行了风险资产的投资,并通过债务进行了部分融资。Admati 等(2018)构建了一种以税收和净违约成本为基础的资本结构调整权衡模型。在下文中,本书将对 Admati 等(2018)提出的资本结构调整权衡模型进行详细阐释和系统梳理。在基本分析中,该研究对公司及其现金流进行如下假设。

假设1(公司投资):公司已将现有实际投资标准化,初始值为1,投资的最终价值为 x_2(在第2期实现)。

假设2(公司债务):公司进行股权融资,同时伴随有债券面值为 D、第2期到期的债务融资。如果 $x_2 \geqslant D$,说明债务将得到全额偿付;如果 $x_2 < D$,公司将被迫违约。

假设3(税收):当公司资产收益超过了所需的债务偿付后,公司会面临一种公司税债务。当 $x_2 > D$ 时,税收支付为 $t(x_2, D) \in [0, x_2 - D]$;当 $x_2 \leqslant D$ 时,无税收支付。公司税债务在 D 中呈弱递减趋势,意味着 $tD(x_2, D) \leqslant 0$。

假设4(扣除补贴后的违约成本):当 $x_2 < D$ 时,公司违约,净违约成本为 $n(x_2, D)$,该指标反映了破产成本和任意第三方补贴之间的差值。当补贴超过破产成本时,净违约成本为负,但假定补贴只会保护债权人的权益,所以补贴额不会超过 D,因此 $x_2 - n(x_2, D) \in [0, D]$。如果 $x_2 > D$ 时,既没有补贴也没有破产成本,所以 $n(x_2, D) = 0$。

在如上假定成立时,对企业债务和股权的支付如表2-1所示。

表 2-1 对企业债务和股权的支付

	$x_2 < D$	$x_2 \geqslant D$
对大股东的支付	0	$x_2 - t(x_2, D) - D$
对债权人的支付	$x_2 - n(x_2, D)$	D

注:企业杠杆水平对现金流可能还有其他的直接影响。例如,企业不得不增加薪酬支付(Berk 等,2010)。可以通过调整 t 和 n 的大小来体现企业杠杆水平对自由现金流的其他直接影响。

假设 5(在第 1 期定价):所有的证券都在完美的瓦尔拉斯市场进行交易。将无风险利率初始值设置为 0,并将第 1 期证券的价格设为其预期收益 $\in [0, \infty)$,该预期收益涉及公司资产总收益 x_2 的风险中性分布 F 函数,且和公司的资本结构调整决策相独立。

在如上关于支付和定价的假定成立时,第 1 期企业债务和股权的价值如式(2-5)和式(2-6)所示:

$$Value\ of\ Debt = V^D(D) = \int_D^\infty D\,\mathrm{d}F(x) + \int_0^D [x - n(x, D)]\mathrm{d}F(x)$$

$$(2\text{-}5)$$

$$Value\ of\ Equity = V^E(D) = \int_D^\infty [x - t(x, D) - D]\mathrm{d}F(x)$$

$$(2\text{-}6)$$

因此,企业的总价值如式(2-7)所示:

$$V^F(D) = V^E(D) + V^D(D) \qquad (2\text{-}7)$$

3. 大股东对削减杠杆的抵制

现在假定公司通过回购部分债务来削减杠杆。同时假定公司资产保持不变,并假设用于回购债务的现金是通过向现有股东配股或在市场上发行股票或其他类似股票的证券(如优先股)筹集的。因此,公司可以用手头的现金去支付股利。如果公司打算回购名义价值为 $d(d>0)$ 的债券,随着资本结构调整决策的公告,企业价值将会由 $V^F(D)$ 变化为 $V^F(D-d)$。

当企业债务积压时,大股东和债权人的利益冲突扭曲了可供企业选择的最佳政策(Alcock 和 Steiner,2017),其带来的无效率将导致企业价值的变化为正。很明显,该收益的一部分来自公司的债权人,却降低了大股东所能获得的收益。如果资本结构调整的收益足够大,大股东仍然能获得收益。相反,本书后文的研究结果显示,无论潜在收益有多大,债权人所获得的收益总是能获得超过企业价值的增值,从而阻止了大股东从事自发性的资本结构调整。

为了理解这种结果,首先需要考虑企业债务的定价问题。本节公式(2-5)的结果表明,没有债务回购的话,第 1 期单位票面价值的债务的市场价值等于:

$$q(D) = \frac{V^D(D)}{D} = 1 - F(D) \times \left\{ 1 - E\left[\frac{x_2 - n(x_2, D)}{D} \,\middle|\, x_2 < D\right] \right\} \quad (2\text{-}8)$$

在式(2-8)中,$F(D)$ 为债务的违约率,$E\left[\frac{x_2 - n(x_2, D)}{D} \,\middle|\, x_2 < D\right]$ 为债务预计的回收率。显然,随着债务违约率的上升,债务价格下降;随着债务回收率的上升,债务价格上升。

接着,本书考察当公司想要在公开市场回购一系列离散债务时的情形,此时不能直接套用式(2-8)。回购价格必须等于边际债权人对持有还是出售债券态度无所谓时的均衡价格。因此,债务的回购价格必须等于市场价格 $q(D-d)$,代表了先前的债务回购水平。因此,通过宣告债务回购,企业债务的价值将会变为:

$$V^D(D-d) + q(D-d)d \quad (2\text{-}9)$$

由于他们必须承担回购债务的成本,所以股权的价值将会变为:

$$V^E(D-d) - q(D-d)d \quad (2\text{-}10)$$

尤为重要的是,假定违约和债务回购决策的制定仅仅是基于违约和债务回购影响股东财富。因此,只有当回购使企业股权的市场价值上升,回购行为才可能会发生,条件如式(2-11)所示:

$$V^E(D-d) - q(D-d)d > V^E(D) \quad (2\text{-}11)$$

如下的分析显示,无论企业价值上升带来的总收益有多大,大股东均会因杠杆削减的资本结构调整决策遭受损失。具体而言,大股东会遭受三种损失:第一,违约选择权的丧失(违约选择权效应);第二,在现有债权人之间债务比例稀释程度的降低(稀释效应);第三,税盾的丧失(税收效应)。

具体而言,通过本节对式(2-6)和式(2-11)的推导,当公司债务由 D 变为 $D-d$ 时,大股东的收益如下:

$$G(D,\,D-d) \equiv V^E(D-d) - V^E(D) - q(D-d)d$$

$$= \int_{D-d}^{D} (x-D)\mathrm{d}F(x) + d \times [1 - F(D-d) - q(D-d)]$$

$$+ \int_{D}^{\infty} t(x,\,D)\mathrm{d}F(x) - \int_{D-d}^{\infty} t(x,\,D-d)\mathrm{d}F(x)$$

$$(2\text{-}12)$$

如式(2-12)所示,第一项 $\int_{D-d}^{D} t(x-d)\mathrm{d}F(x)$ 代表了违约选择权效应,即给定最终资产价值由 $D-d$ 变成 D 后股票违约选择权的损失。由于关于 F 函数的假设得到了充分支持,所以此项严格为负。

第二项 $d \times [1 - F(D-d) - q(D-d)]$ 代表了稀释效应,即为债务回购价格的一部分,用于补偿债务持有人在任何违约情况下所享有的份额。从本节式(2-8)可以看出,第二项为负,且随着预计债务回收率的上升而下降。具体如式(2-13)所示:

$$d \times [1 - F(D-d) - q(D-d)]$$
$$= -d \times F(D-d) \times$$
$$E\left[\frac{x_2 - n(x_2,\,D-d)}{D-d}\,\middle|\,x_2 < D-d\right]$$
$$\leqslant 0$$

$$(2\text{-}13)$$

当回购的债务和现有的债务具有同等优先权时,正如假定的那般,现有债务具有一个正的回收率,第二项为负。尤为关键的是,违约补贴增加了这种成本,然而破产成本却降低了这种成本。

最终,式(2-12)的第三项 $\int_{D}^{\infty} t(x,D)\mathrm{d}F(x) - \int_{D-d}^{\infty} t(x,\,D-d)\mathrm{d}F(x)$ 是税收效应。由于税收在 D 中并未增加,所以此项也为负。

结合如上的这三种效应,可以得出:

$$V^E(D-d) - V^E(D) - q(D-d)d < 0 \qquad (2\text{-}14)$$

因此,大股东总会在杠杆削减时遭受损失。

（三）债务棘轮的探讨

对上述三种效应还可以从谁在杠杆削减中获得收益的角度进行理解：第一，在一些国家，即便公司违约，债权人能得到全额偿付（违约选择权效应）；第二，当公司违约时，债务索赔就会减少，因此每个债权人都能从债务回收价值中获取更多偿付（更少的稀释），大股东为边际债权人支付了这些收益，却未从破产成本的降低中获得好处；第三，政府获得了更多的税收收入（税收效应）。

Admati 等（2018）的发现也呼应了现有文献中的若干研究成果。Black和 Scholes（1973）指出，在有效市场的环境下，大股东在债务回购中会遭受损失。本节式（12）显示，此结果是由于违约选择权的损失和债务预计的正向回收率所致。Leland（1994）阐释了在对线性税收和特殊违约成本模型进行持续性权衡背景下的研究结果，却未对这些摩擦因素的具体作用进行理论探讨。事实上，对削减杠杆的抵制通常是通过与股权发行相关的交易成本或柠檬成本来证明的（Bolton 和 Freixas，2006）。然而，这样的观点既不能解释通过配股进行资本结构调整的失败，也不能解释公司何时可以用现金支付股利。可以看出，Admati 等（2018）的研究从大股东和债权人利益冲突的视角，通过验证债务棘轮效应，对 Myers（1977）、Iqbal-Hussain 等（2015）学者指出的债务积压下企业因不实施最优的资本结构调整决策而承受高昂成本的成因进行了较好的剖析，而该发现在现有的有关资本结构的文献中并未被清晰和充分阐述。

到目前为止，只假定公司具有一种简单类型的债务，需要对放宽债务类型后基于简单类型债务指导得出的结论的适用性进行探讨。如果公司具有多种类型债务的话，大股东自然便会发现回购最便宜和最次级的债务才最具有吸引力。在这种情况下，稀释效应会比本节式（2-13）体现得还要微弱。如果全部的次级债务被回购，致使所有回购的债务对任意现有债务而言均为次级债的话，式（2-13）的值为 0。然而，即便没有稀释效应，违约选择权和税收效应仍然表明大股东将会抵制削减杠杆。

无论削减杠杆会给公司价值带来多大的提升，大股东均会抵制。债务回购产生的所有收益，即本书所构建模型中降低的破产成本，都归属于现有债务的债权人。由于大股东必须以市场价格回购债务，降低了违约可能性，但他们难以分配这些收益，从而会选择抵制资本结构的调整。因此，大股东对削减杠杆的抵制并不依赖债务税盾收益的存在。

与标准的资本结构权衡理论的预测相反,大股东将会抵制资本结构的调整,即便该调整会增加企业价值。事实上,在发行任意债务之前,只有当资本结构调整决策被事先作出时,股东价值最大化和公司价值最大化的目标才会一致。当债务积压时,股东和债权人冲突便会产生,并将对公司资产负债表的资产和负债两个方面的未来管理方式产生重要影响(Strebulaev 和 Whited,2012)。

事实上,债务积压对资本结构调整的影响在那些股权融资的投资项目中会更强(Myers,1977)。当公司必须发行股票才能从事有价值的项目时,大股东由于削减杠杆而导致财富转移给债权人,大股东所承担的损失会更多地被项目正净现值($NPV>0$)所抵销,此时大股东自身也能获得部分收益。因此,当项目的 NPV 值足够大时,Myers(1977)所指出的投资不足问题将会消失,结果是有效的。与之相反,无论债务回购对公司价值有多么大的正向影响,大股东均会抵制,所以债务积压现象通常还是会造成企业效率的丧失。

然而,如果在回购过程中就债务价格进行集体谈判,情况就会有所差异(Strebulaev 和 Whited,2012)。例如,如果债务契约含有集体行动条款,那么公司管理层可以代表所有股东与债权人代表协商回购协议。在这样的谈判中,由于不回购的结果属于违约选择权范畴,债权人最终将与股东分享回购所得的收益,而这种收益分享却无法通过市场回购来实现。甚至在谈判中,如果债权人被分散,也有可能出现拒不偿还债务的情况。换句话说,在大股东不会抵制资本结构调整的条件下,预计(至少一些)债权人会抵制,从而排除了纯粹的自愿削减杠杆的可能性。当然,一般而言,仅仅与那些债务将被回购的债权人谈判是不够的,也就是说,仅仅克服拒不偿还的问题是不够的,因为现有债务的债权人也需要分享他们的一些收益(Mao 和 Tserlukevich,2015)。

Admati 等(2018)的结论表明,大股东对所有由纯粹的股权融资支持的资本结构调整均是抵制的。也就是说,如果经理人在违约情况下面临股东无法分担的损失,他们可能会寻求削减杠杆,即使这并不符合大股东的利益。或者,公司可能会被迫通过契约或监管来削减杠杆。但无论如何,大股东将尽可能寻求停止此类行动。

综上,大股东将会抵制回购任意类型的债务,即便来自契约、资产增长、短期债务期限等方面的对抗力量会在一定程度上削弱债务棘轮效应的影响,却不大可能从根本上完全消除债务棘轮效应。

激励和权衡的演变本身就受到企业以往融资决策,特别是以前发行的债务的影响。当企业债务积压时,大股东普遍抵制任意形式的削减杠杆,同时甚至倾向于增加杠杆。对杠杆削减的抵制,加上增加杠杆的愿望,在资本结构调整中产生了不对称的力量,即为债务棘轮效应。

如果债权人预料到债务棘轮效应对他们利益造成的潜在损害,他们将事前要求更高的利率补偿。因此,均衡的债务水平最初可能低于简单权衡理论模型所预测的水平。但随着时间的推移,对于相同的外生条件,由于债权人和大股东的利益冲突,债务棘轮效应最终导致的债务水平可能会比简单权衡理论模型所预测的水平高得多。因此,从大股东和债权人利益冲突的视角破解债务棘轮难题才是"去杠杆"的切实有效途径。

总之,Admati 等(2018)的研究结论对未来的实证研究提出了重大挑战。权衡理论分析是通过指定一种权衡并根据这种权衡的参数解释所观察到的筹资模式来进行的,而这种分析没有迟滞效应的余地。债务棘轮效应意味着,如今的权衡取决于过去的融资决策,而过去的融资决策反过来又反映了资产价值和金融摩擦的共同演变,且这些摩擦因素均会影响与股本相关的债务融资成本。静态方法同样也不能解释投资者的行为。例如,投资者会预测股东的激励如何影响公司未来的融资选择,以及这些选择对他们自身回报前景的影响。这就需要对债务棘轮效应进行更多实证探索。

第四节　管理决断权

实际上,企业众多财务决策,包括投资决策在内,都是企业管理者战略选择的结果。所以,管理者主观的认知水平和决策能力对企业财务决策产生了深远影响。近些年来,基于管理者异质性的假设,行为公司金融领域的研究取得了显著进步,为将管理者的行为因素纳入企业投资决策的研究框架,奠定了深厚的理论基础。当前研究主要聚焦于管理者的两类异质性因素,即特征差异和有限理性。前者包含管理者人口统计学特征方面的差异,如年龄、性别、教育背景、职业经验及管理者的能力特征等;后者涵盖了管理者的偏好和信念偏差的不稳定性。借助行为公司金融理论,我们能够单独或者联合检验不同管理者异质性因素对于企业投资决策的影响。与此同时,也可将管理决断权当作是连接企业投资决策及外部客观环境的调节或中介变量(Hambrick 和 Finkelstein,1987)。所谓管理决断权,指的是管理者在制定或执行企业战略的过程中所拥有的自主选择权。实际的管理决断权的大小是公司正式制度和非正式制度共同作用的结果,不仅反映了管理者的战略选择能力,还能对管理者的战略选择过程和结果产生重大影响。因为管理者个人特征属于影响管理决断权的重要前因变量之一,所以可以从管理决断权的角度进一步探究管理者主观因素对企业投资决策的影响机制。

一、管理决断权的内涵及影响因素

(一)管理决断权的内涵

"管理决断权"这一概念的提出,是基于对现代企业经营管理活动中管理者作用的探讨。从不同理论视角看,管理决断权的内涵会呈现较大的差异性。综合而言,我们可以从经理主义理论、战略管理理论和现代企业理论三种理论视角对管理决断权这一概念的内涵进行阐释。

经理主义理论基于经济学和金融学视角,指出管理决断权是指管理者(即代理人)背离所有者(即委托人)利益最大化目标,而追求自身利益最大化的能力,或是指管理者以自身效用最大化为目标,控制并且消费企业资源的能力。所以,在经理主义理论的分析框架下,经理人具有自利动机是一项重要假定,同时该理论的有效运用还依赖于企业所有权和控制权相分离的特定公司治理结构。但是,经理主义理论并未明确提出"管理决断权"的这种表述,而是用"目标自由度"这一概念来反映管理者的此种能力。

战略管理理论则从管理学的研究视角出发,认为管理决断权指的是管理者与利益集团就管理者行为合理与否展开动态博弈的过程中所具有的自主决策行为空间(Hambrick 和 Finkelstein,1987)。战略管理理论认为,在公司经营管理活动中高层管理者的角色至关重要,高层管理者甚至直接决定了公司的前途和命运。战略管理理论衔接了组织生态学和战略选择理论,认为管理学意义上的管理决断权指的是管理者在制定或执行企业战略过程中所具备的选择权,即行为的自由度,并用行为自由度来体现管理者自主决策行为空间的大小。

　　基于契约观视角,现代企业管理理论认为管理决断权代表了管理者对公司经营决策环节的实际影响程度。在契约观视角下,管理决断权被视为管理者和其他契约人进行权力分享的结果。李有根(2002)指出,这种管理决断权是契约权力、非契约影响力和法定权力等因素综合后的结果,是现代公司治理体系中不可或缺的关键一环。具体而言,契约权力是指公司聘用管理人员之后,在签订的契约条款里,明确且详细规定的管理人员所具有的权力,高级管理人员可据此支配和运作企业资源,同时开展相应的公司经营活动。非契约权力则与契约权力相反,是指未在契约条款中明确约定的管理者权力来源;如果管理者具有较强的人力资本专用性和经营管理能力,那么管理者在与委托人的博弈过程中就占据优势,高级管理人员便可获得较大的行为自由空间。而法定权力指的是企业高级管理人员在被安排为组织内某一特定职位后,所具有的可对他人发挥影响的职位权力。由此可见,契约权力和法定权力侧重于管理者被委托且被授权,有明确的文件依据,构成了管理者行为空间里可被监督和被控制的重要方面;但是,非契约权力并未被明确写入文件,难以在管理者行为空间里被监督和控制,使管理者具有较大的自由操纵空间。据此,袁春生(2009)的研究提出了一种独特观点,认为管理决断权只能由契约权力及法定权力所决定,和非契约权力无关。对非契约权力为什么无法影响管理者行为空间的因由他却并未解释。不过总体而言,国内外多数学者基于契约观视角的管理决断权研究结论均比较一致。

　　可以看出,虽然各种学派对管理决断权内涵的理解尚未达成共识,但基本都认可除了正式组织机构提供的自由度外,管理者感知的管理决断权才能真正决定管理者行为的事实。也就是说,管理决断权只有当被感知时才会存在。从管理决断权理论的演进历程看,在 20 世纪 50 年代之前,企业高管的行为并不被公众所关注(Quigley 和 Hambrick,2015)。高管的职业生涯较为稳定,人们认为高管之间可以相互替代。高管的薪酬水平仅稍高于一般的管理者,也很少遭到企业解雇。但是,自 20 世纪 50 年代开始,高管的重要性愈发被认可(Quigley 和 Hambrick,2015)。作为声名卓著的企业家,这些高管经常被热门出版物报道,其薪酬水平也大幅增长(Frydman 和 Jenter,2010)。但与之相对应的是,当经济不景气造成企业经营不善时,这些高管也更容易被解雇。从 20 世纪 90 年代至今,高管所起的作用和重要性被持续称赞,众多企业也纷纷赋予了高管更高的管理决断权 (Khurana,2004)。在我国,李克强总理在 2017 年的《政府工作报告》中明确提出,在重要领域和关键环节的改革上,需要减少政府的自由裁量权,将更多的自主权交给市场和企业。可以看出,在中国当前的管理实践中,管理者拥有较高的管理决断权既充分贯彻了中央顶层设计的意图,又成为一种现实中的"新常态"。那么,更高程度的管理决断权究竟对企业行为产生了怎样的影响?亟须通过实证检验进行验证。

（二）管理决断权的影响因素

Hambrick 和 Finkelstein(1987)认为,影响管理决断权的前因变量可划分为三个维度:第一维度是外部任务环境因素,包含需求不确定性、市场环境(市场环境动态性、复杂程度、资源丰裕度等)、规则束缚、外部强势力量、行业结构、产品差异化等;第二维度是内部组织结构因素,包含内部政治条件(公司治理水平的优劣)、组织惯性力量(文化亲和力、规模、资本密集度、组织年龄等)、资源可获得性、资源冗余度等;第三维度是企业高管个人特质因素,包含经验因素(权力基础、政治敏感度、组织承诺水平、工作经历、工作年限等)及心理因素(认知复杂度、控制点类型、不确定性和模糊容忍程度、自我激励和期望水平、外控以及内控人格特质等)。

Finkelstein 和 Peteraf(2007)的研究结果表明,不同管理活动所具备的内生性特征是影响管理决断权的第四个维度,其包含了管理活动的复杂程度、可被观测程度以及不确定性程度。

在上述四个维度的影响因素之中,第一维度和第四维度因素均属于企业外部因素;而第二维度和第三维度因素则属于企业内部因素。此外,Crossland 和 Hambrick(2011)的研究认为,国家层级的宏观制度环境(非正式制度与正式制度),也会导致管理决断权在不同国家产生不同的表现形式。这是因为,不同国家因为地理位置、文化传统、政治制度等因素的不同,管理决断权的国别差异比较突出。其中,非正式制度包含不同种类的整体文化氛围是否松散、文化价值观(权力距离、不确定性容忍程度、个体主义等)等;正式制度包括法律起源(是否是大陆法系)、雇主灵活度、股权集中度等。所以,在管理决断权的实际研究中还需结合具体的国家情境因素来进行分析。

（三）财务决策情境下管理决断权的影响因素

前文梳理了影响管理决断权的一般因素,因为管理决断权最终体现为管理者对企业实际经营管理活动的控制程度,所以我们需要结合企业实际财务决策情境,把管理决断权和影响管理决断权的主要因素融入企业财务决策选择的过程及结果的研究模型中进行综合考察。

首先,探讨不同财务决策情境下管理决断权的影响效应。由于管理决断权是建立在管理者对其所参与决策的认知和判断的基础之上的,故而在作出投资决策、资本结构调整决策、股利决策、风险管理决策、融资决策等企业不同财务决策时,管理决断权在复杂程度、可被观测程度、不确定性程度等维度上究竟有何差异,成为能否把握管理决断权内涵的关键。

其次,因为企业的投资决策呈现高风险的特征,需要借助高阶梯队理论和行为公司财务理论的研究方法,重点研究管理者的异质性特征(包括特征差异和有限理性)对决策选择过程和风险承担的影响。尤其是研究管理者迎合及择机、管理短视、过度自信等偏差可能引发的过度投资问题。

再次,管理决断权是管理者实际拥有而非组织授予的权力。那么在财务决策情境下,管理决断权体现了企业管理者对财务资源的使用权,是管理者和其他利益相关者(包括直接和间接利益相关者)博弈后的结果。因此,该权力行使的边界和空间会被公司治理的有限性所制约。

最后,财务决策情境下管理决断权的影响因素可能还有容易遗漏的部分。若干未知因素对企业投资决策传导机制所发挥的影响仍需要深入研究。比如,制度因素中的所有权归属、地区金融发展程度等;内部组织因素中的经营活动现金流的稳定性、组织惯性等;外部任务环境中的融资约束程度、产品市场竞争程度、行业成长性、经济环境波动性等。

二、管理决断权的测量方法

探究管理决断权存在的主效应、中介效应与调节效应,需具备一项重要的前提,即准确测量出管理决断权的大小。但是,管理决断权属于一种抽象的变量(张三宝和张志学,2012),并没有现成指标可供直接观测。目前研究中有关管理决断权的测量方法大致有两类:一种是主观的感知测量;另一种是对客观的代理变量的测量。

(一)主观的感知测量

在主观感知测量中,应用较为普遍的是访谈及问卷调查的方法。通过和相关人员访谈、要求被访问者如实填写调查问卷来获取一手的调查数据,此方法主要以相关人员切身感知的管理决断权为依据。主观感知测量可以用管理者自评或他评两种方式。管理者自评方式下由管理者自身填写个体自主权调查问卷,通过产品销售、人力资源管理和投资决策三方面的问卷调查结果构造职位结构权、资源运作权及专家声望权的测量指标。此外,测量管理决断权还可采取他评的方式,如向相关知情人士发放调查问卷,如学界专家、董事会秘书或其他管理人员等,通过他们判别管理决断权的大小,这种方式被 Crossland 和 Hambrick(2011)等研究所采用。在张三宝和张志学(2012)的研究中,将自评和他评的方式相结合,通过高级管理人员与专家小组成员对行业层面自主权进行打分,综合判断管理决断权的大小。可以看出,由于被访问者对管理决断权的内心感知和主观判断存在较大的不确定性,这种主观感知测量难以避免地会具有较大的内生误差。所以,张三宝和张志学(2012)在进行问卷调查时,要求被访问者首先能够充分理解研究者所阐述的管理决断权概念及其影响因素,并作出肯定答复后再进行问卷作答。陈晓萍等(2012)认为,访谈和问卷调查的主观感知测量方法中,研究者无法保证被访问者能如实填写问卷,也难以保证被访问者会真正理解问卷选项的真实含义,所以尽管进行了问卷调查,但所获结果的信度和效度值得商榷。因此,通过访谈和问卷调查方法测量管理决断权存在较大的局限。关于管理决断权主观感知测量的文献相对较少。

(二) 客观的代理变量测量

相较于主观感知测量,客观代理变量测量方法则具有更广的适用性。例如,张长征等(2006)、Dong 和 Gou(2010)、Li 和 Tang(2010)、高遐等(2012)、Waldron 等(2013)国内外学者都使用客观代理变量的测量方法,来刻画管理决断权的大小。

以管理决断权各层次的影响因素为依据,客观代理变量测量方法在影响管理决断权的各层次因素中,筛选出具有代表性的指标以反映管理决断权的大小。和主观测量方法相比较,客观代理变量测量方法具有更强的说服力、"他律性"和客观性(陈晓萍等,2012)。客观代理变量测量方法有多种具体方式:第一,单一代理指标(如行业差异),相应的指标可以选取产品差异化程度、资本密集度、市场成长性、需求不稳定性、行业集中度、管制程度等。第二,组织及个体中某一维度的变量。组织指标可以选取组织规模、年龄、资本结构、股权结构、冗余资源、董事会构成等;个体指标可以选取个体年龄、性别、教育背景、任职经历、董事长和总经理是否两职合一等指标。第三,构造综合指数,利用职位权、报酬权和运营权三方面的平均值度量(Dong 和 Gou,2010)。第四,用结构方程模型构造多重指标。例如,可以从企业内部特征(规模、年龄、资源冗余等)和外部任务环境(不稳定性、行业特征、管制等)方面构造多重指标衡量体系(高遐等,2012)。

整体而言,管理者在企业日常经营管理决策中已发挥了越来越重要的作用,管理决断权被视为管理者对企业决策与行为影响程度的重要表征。但是,当前对企业投资决策领域的研究中,管理决断权这一概念尚未得到充分体现,管理者所扮演的关键角色也被忽略。管理者的重要角色体现为不同的管理决断权在企业投资决策的传导机制中发挥了不同的作用,甚至会影响公司治理机制的作用。管理决断权究竟如何在企业投资决策中发挥作用,怎样影响公司治理机制有效地发挥作用,是本书研究的关键所在。

三、管理决断权效应

自 Hambrick 及 Finkelstein(1987)首次提出"管理决断权"的概念以来,管理决断权就成为众多财务学者探究企业管理者在企业发展和运营过程中所扮演角色的重要变量。管理者是经营管理企业日常活动的中坚力量,因此,企业价值提升和绩效获取均是管理者在其行为空间中进行决策选择的结果,故而对管理决断权的研究有利于深入解释公司经营过程中的各种现象。为探讨管理决断权和企业多种决策行为和结果间的明确关系,诸多文献基于不同视角探究了管理决断权效应。一般认为,管理者所拥有的管理决断权越大,其对公司运营发展便会发挥越强的影响力。综观具体的实证研究,管理决断权效应可以分为主效应、中介效应和调节效应三类。

(一)管理决断权的主效应

当前部分文献探究了管理决断权的主效应,即研究了企业决策行为和产出结果会受到管理决断权怎样的直接影响。Hambrick 和 Quigley(2014)的研究结果表明,管理决断权的主效应主要体现为其对企业绩效的影响。现有文献以管理决断权作为前因变量的绩效效应研究中,主要存在如下三类观点:第一类是战略选择理论指出的促进绩效论,该理论认为管理决断权有利于管理者在动荡的环境中不断自我调适,以应对不可预期的环境变化,实现最优的企业状态,从而能够使企业受益;第二类是代理理论衍生出的损害绩效论,该理论认为企业管理者具备自利的机会主义动机,会违背企业股东利益最大化的目标而从事有利于自身利益最大化的行为,故而较大的管理决断权为管理者从事机会主义行为提供了更多便利,进而有损于企业绩效;第三类是组织生态学阐述的不相关效应,该学派认为,管理者在企业经营活动中发挥的作用非常有限,管理决断权是难以对企业绩效发挥直接影响的。

在实务中,Quigley 和 Hambrick(2015)的研究考察了 1950—2009 年这 60 年中企业管理决断权水平对企业绩效的影响,指出这一阶段的企业取得了跨越式发展的伟大成就。但同时,随着环境不确定性和动荡程度的增加,企业管理层一如既往地循规蹈矩行为已经难以获取超额收益,从而无法满足股东利益最大化的要求。所以企业面临较为严峻的挑战,为了满足股东的诉求,企业不得不赋予管理层更高的权限去鼓励管理层从事胆大冒险的创新性行为,从而提高企业绩效。Crossland 和 Hambrick(2011)的实证研究结果也表明,提升企业管理层的管理决断权水平有助于显著发挥企业管理层对企业绩效的正向影响。原因在于,企业管理层较高的管理决断权水平为管理层从事胆大冒险的创新性行为提供了便利,从而导致管理层对企业绩效的影响格外显著。也正是因为管理决断权水平的不断提高,管理层对企业绩效的正向拉动作用在当前的企业管理实践中愈发突出,甚至被过分夸大。

除了绩效研究外,还有研究者探讨了管理决断权和资本结构调整决策间的关联。例如,Kuang 和 Liu(2010)探究了管理决断权对公司资本结构的影响效应,该研究表明,企业较高的资产负债率会削弱管理者的管理决断权,为保持对公司资产的控制权,高级管理人员倾向于降低资产负债率,因此较大的管理决断权会引致较低的杠杆比率。此外,Degryse 和 de Jong (2006)研究了企业管理决断权和投融资决策间的关联,研究表明,在缺乏投资机遇的企业中,高管的管理决断权是影响投资对现金流敏感性程度的关键因素。

还有学者考察了管理决断权与公司治理之间的关联。Becht 等(2003)的研究证实,企业管理决断权会使企业公司治理机制遭遇两难困境。具体而言,增加管理层的管理决断权,有助于减少大股东侵占中小股东利益的行为发生(即大股东"掏空"行为),但增加管理层的管理决断权可能为管理层自身滥用管理决断权"掏空"公司提供了便利,从而减弱公司治理中大股东和中小股东利益冲突问题(第二类代理问题),却恶化了股东和管理层之间利益冲突的问题(第一类代理问题);反之,如果减少管理层的管理决断权,规避管理层因行使管理决断权而对企业形成的负面影响,自然能减少第一类代理问题,但后果是大股东可能趁机侵占广大中小股东的利益,从而又恶化了第二类代理问题。可以看出,企业需要在中小股东的利益保护和管理决断权实际水平的确定之间进行审慎权衡。

鉴于公司治理机制遭遇的如上两难困境,诸多学者从完善企业公司治理机制的角度提出了解决方案,对管理决断权作用的有效性进行了研讨。当前,企业实际资本结构水平会受到代理问题造成的冲突的影响的观点已成了学者们的共识(Morellec,2004)。Alzaidi(2016)的研究认为,资产负债率属于重要的公司治理机制之一,而资产负债率水平较高的企业降低了企业未来自由现金净流入量,这是因为企业具有较重的还本付息的责任,自然也导致了管理层具有较低的管理决断权水平。基于代理理论的分析认为,管理决断权实质上是基于对管理层信任的假定,由于缺乏完善的企业内部控制机制而赋予管理层的权限。管理决断权所带来的代理成本取决于公司治理机制里控制权的分配状况(Morellec,2004),而提高企业资产负债率水平能有效地降低企业代理成本(Alzaidi,2016)。Lang 等(1996)指出,正因为管理决断权带来如此较高的代理成本,使得股票市场低估了对出售资产公司的初始估值,造成企业更愿意将未分配利润分配给股东或债权人,而非留存于公司用作今后的发展。然而,Ljungqvist 和 Raff(2017)却认为,较高的管理决断权水平虽然会增强企业管理层寻租腐败的可能性,但同时也会提高管理层努力工作的动机。可以看出,管理决断权具有"双刃剑"属性,过分加大对企业管理层的监控会导致有损股东利益的现象出现。针对管理层如何行使管理决断权的问题,Shahzad 等(2016)的研究认为,在对企业的公司治理机制进行设计时,既需要激励企业管理层努力工作,尽可能平衡各方利益相关者的诉求,又必须充分感知企业环境的复杂性、动荡性和不确定性,提高企业的生存和适应能力。Dong 和 Gou(2010)以中国制造业上市公司为样本,研究了公司治理对研发投资的作用,结果表明,企业管理层较高的管理决断权水平会显著削弱企业的研发投资水平。原因在于,企业管理层普遍对研发怀有"敌意",因为研发的成本高、见效慢、不确定性强,很难在短期内提升企业的财务绩效,使管理层获得业内各界的认可。尤其在中国情境下,企业过度依赖短期融资,为了维持企业经营活动现金流的稳定,企业管理层不得不放弃不确定性程度较高的研发活动而力争获取短期利益。可以看出,欲增强企业的研发及创新能力,实现企业长远的发展,必须不断提升企业的公司治理水平,辅之以管理者股权激励、提高独立董事数量等手段来进一步完善企业的公司治理机制(Dong 和 Gou,2010)。

(二) 管理决断权的中介效应

部分学者探究了管理决断权的中介效应,探讨了在各类影响公司决策行为和产出的主客观因素发挥作用时管理决断权所发挥的中介作用。此类研究有助于进一步增强管理决断权对企业管理行为的解释力度。Carpenter 和 Golden(1997)的研究认为,在企业等级制度对管理层实际权力的作用机制中,管理层切身感知的管理决断权可能发挥了中介效应。Hambrick 等(2004)的研究指出,"同构化"代表了不同企业在建立后便朝着企业所属行业同质性方向发展的趋势,而当前"同构化"压力的不断减轻使管理层对企业管理发挥的影响力逐渐增强,在此过程中,除了行业内企业异质性程度不断提高外,管理层实际的管理决断权水平也发挥了重要的中介效应。此外,Crossland 和 Hambrick(2011)的研究结果表明,在国家整体的制度环境对受管理层影响的企业绩效的作用机制中,管理层实际拥有的管理决断权发挥着不同的中介作用。具体而言,在不确定性容忍程度对企业绩效的正向影响方面发挥了部分中介作用,在文化宽松度、法律起源、个体主义倾向和企业所有权结构对企业绩效的正向影响方面发挥了完全中介作用,但是在企业雇主灵活度对企业绩效的影响方面所发挥的中介效应却不明显。

国内学者对管理决断权中介效应的研究,也取得了一定的成果。在张三保和张志学(2012)的研究中,对管理决断权的中介效应构建了一种统一分析框架,研究了国家及地区层面管理自主权发挥作用的异质性,也就是国家层面的管理决断权在国家非正式或正式制度与企业绩效之间的中介效应,省际层面的管理决断权在省级制度环境与企业风险承担之间的中介效应。另外,张长征等(2006)还探讨了企业管理决断权在企业规模与研发经费投入之间发挥的中介效应。

（三）管理决断权的调节效应

与此同时，还有部分学者探讨了企业管理决断权的调节效应，也就是研究在各类影响公司决策行为和产出变化结果的主客观因素发挥作用时，是否会受到企业管理决断权的影响及具体影响程度。在管理决断权调节效应的研究领域中，企业绩效和公司治理问题仍然是被关注的重点。近几十年来，作为调节变量，管理决断权被广泛用于解释管理层任期及其造成的相关组织活动结果间的关联（Andersen，2017）。Finkelstein 和 Hambrick（1990）的研究认为，在高层管理团队（TMT）任期对企业绩效一致性的影响机制中，管理决断权发挥着重要的正向调节效应。也就是说，任期越长的高层管理团队，其管理层越倾向于实施既往的主流战略，较少进行战略变革，致使企业实际绩效不断向行业的平均水平逼近。如果管理层的管理决断权水平提高，则正向强化了管理层对绩效平均化的影响。就如何设计公司治理机制的问题，Shahzad 等（2016）的研究结合了代理理论和利益相关者理论的精髓观点，从行业不确定性、行业复杂度和行业包容性三个方面，实证检验了在利益相关者的管理对企业财务绩效的传导机制中，行业层面的管理决断权发挥了略有区别的调节作用。其结果表明，行业不确定性和行业复杂度发挥了负向调节效应，而行业包容性具有正向调节作用。

此外，还有部分学者基于其他视角，对企业管理层具有的管理决断权所发挥的调节作用展开了深入研究。例如，Aragon-Correa 等（2004）的研究结果表明，在企业特定自然环境保护责任对实际环境保护行为的传导机制中，管理层的管理决断权水平发挥了重要的正向调节作用。也就是说，当管理层具有的管理决断权水平较高时，企业先前承诺的特定自然环境保护责任对实际环境保护行为的正向促进作用也更强。该研究结论充分表明了企业管理层所具有的管理决断权对企业履行环境保护承诺事业的重要促进作用。与先前学者认为企业高管人口统计学特征具有"同质性"观点不同的是，Li 和 Tang（2010）从管理层自视较高的心理学特征入手，充分考虑到不同高管所具有的异质性心理特征，用中国制造业上市公司的2 790 位高管为样本，研究了管理层的管理决断权水平对管理层傲慢和企业风险承担之间关系所发挥的调节作用。该研究结果表明，在管理层狂妄自大个性所引发的公司冒险性决策过程中，管理层的管理决断权水平发挥了重要的正向调节效应。换而言之，当管理决断权较大时，狂妄自大的管理层个性会导致公司作出更加冒险的决策；而当管理决断权较小时，管理层的狂妄自大个性导致公司作出冒险决策的可能性相对较低。该研究从行为金融学理论的视角，推翻了管理层是"完全理性人"的先验假定，深入探讨了管理层的有限理性及个性特征差异所导致的认知偏差与行为偏差，以及这些偏差因素对管理者战略决策过程和结果的影响，从而大大拓展了管理决断权调节效应研究的深度。此外，Waldron 等（2013）的研究结果表明，管理决断权是管理层质量的第三方认证与公司股价间的调节变量。具体而言，当管理决断权增加时，管理层质量的第三方认证与公司短期股价间的正相关关系会增强，而管理层质量的第三方认证与公司长期股价间的负相关关系也会增强；但当管理决断权减小时，两者间的正负关系均未受到显著影响。

四、战略决策下的管理决断权

实际上，企业财务决策之间具有复杂的关联性与因果关系（Gatchev 等，2010）。本书着重探讨的投融资决策也是企业财务决策关联性的一个重要应用，而准确制定有效的关联性决策必须基于企业战略层面进行思考。因此，一些学者从企业战略视角来审视企业的管理决断权问题，并取得了一定的研究成果。从现有的研究成果可以看出，企业实际管理决断权的大小和企业战略活动及战略行为关系密切。企业战略问题属于企业的"顶层设计"，必须站在企业战略决策视角来审视管理决断权问题，根据企业内外部实际状况确定最适合的管理决断权水平，从而实现企业的可持续发展。不能只孤立地凭借一项指标就确定企业管理决断权的大小，这样的做法缺乏科学性、严谨性和系统性。在确定管理决断权水平时，企业战略问题所需考察的因素和环节众多，与本书着重探讨的投融资决策的统一分析框架保持了逻辑上的一致性。本小节对现有研究成果进行了梳理，分别从战略类型、战略变革和其他战略三方面展开阐述。

（一）战略类型

Youssef 和 Christodoulou（2017）的研究认为，企业战略决策受到国家层面管理决断权的影响，即随着国家层面管理决断权水平的不断增强，企业倾向于依次采用防御者战略、分析者战略和探索者战略。具体而言，在管理决断权水平较低的国家中，企业实际经营活动受到的"羁绊"较多，只能专注于从事提高效率、改进流程及降低生产成本等活动(DeSarbo 等,2005),从而导致企业高管无法偏离企业既定的方针政策而开展行动,最终企业采取了防御者战略(Youssef 和 Christodoulou,2017)。与之相反,管理决断权水平较高的国家为企业管理者敏锐把握市场机遇、开展具有风险的创新行为(如调整旧生产线或引进新生产线等)提供了便利(Youssef 和 Christodoulou,2017),而这种新产品的创新和研发构成了企业的核心竞争力并形成了企业相对的竞争优势(Robinson 等,2010)。作为防御者战略和探索者战略的折中方案,分析者战略既具备防御者战略所追逐的一定程度的效率和稳定性,也具有探索者战略所提倡的抓住市场机遇和开发新产品的勇气,所以分析者战略被称为"后来居上型战略"(DeSarbo 等,2005)。与之相对,在实施分析者战略的企业中,管理决断权水平较为适中,适度的管理决断权既可以兼顾企业内部一定程度的稳定性,也能够提供一定程度的行为自由度和对战略变革的容忍度(Youssef 和 Christodoulou,2017)。因此,随着国家层面管理决断权水平的不断增强,企业依次采用防御者战略、分析者战略和探索者战略的做法是较为恰当的。由此可以看出,实际管理决断权大小并没有孰优孰劣之分,企业需要"量体裁衣"地根据自身特点选择合适的战略类型,再确定相应的管理决断权水平以实现不同的管理模式,进而实现自身的可持续发展(胡建雄和殷钱茜,2018)。

(二)战略变革

有学者考察了管理决断权对企业战略变革的影响,证实了较强管理决断权所产生的负面效应。例如,Montanari(1978)认为,企业高管较强的管理决断权会对企业组织结构、技术创新及市场开拓等战略决策产生负面影响,导致企业在动荡的市场环境中难以将自身调整至最优状态。Weiser(2017)甚至指出,为了增强企业对动荡环境的适应力,将管理决断权授予员工反而更好。Dong 和 Gou(2010)用企业研发投资的投入强度作为企业创新战略的代理变量,证实了企业高管较强的管理决断权会阻碍企业创新,从而得出较强管理决断权会对企业创新战略产生负面影响的结论。基于此,之前学者普遍认为,管理决断权较大为企业高管滥用研发投资的资金而从事冒险和利己的机会主义行为提供了便利,因此主张削减研发投资并降低企业高管的管理决断权水平。但是,研发投资对于企业技术创新、培育核心竞争力以及经济社会的长久发展意义重大,绝不可因为管理决断权所具有的负面效应而"因噎废食"地阻碍研发投资的投入。所以 Dong 和 Gou(2010)进一步指出,为了规避管理决断权的负面影响,企业应当一方面积极实施股权激励计划,激励企业高管投资于那些可获得长期收益的研发项目;另一方面通过引进独立董事、培育长期投资者来增强对上市公司的监督力度。Dong 和 Gou(2010)的研究暗示了可以在较高管理决断权环境下通过高研发投入来实现企业战略变革的可能性,从而将实现较高的管理决断权和实施成功的战略变革统一起来。但在管理实践中,受企业固有模式和路径依赖,以及企业高管惯性思维的束缚,这种美好愿景通常无法实现。

此外,还有学者从特别现象或特定概念出发,考察管理决断权和企业战略变革之间的关联。Finkelstein 和 Hambrick(1990)的研究认为,任期较长的高管团队(TMT)会实施更持续的战略。从空间看,任期较长的高管团队使企业战略呈现一致的趋势,企业绩效不容易偏离所属行业的平均水平;从时间看,随着时间的流逝,任期较长的高管团队越容易使企业战略维持稳定。Finkelstein 和 Hambrick(1990)的研究表明,频繁更迭的管理层其实不易保持相对稳定的企业战略,从而为企业战略变革提供了一定的机遇。Quigley 和 Hambrick(2012)在探讨企业战略性变革问题时,认为部分总经理任期结束后却转任公司董事会主席这一日益普遍的现象,会减弱继任总经理的管理决断权水平。这主要是由前任总经理希望自己离任后继任总经理能够延续并光大自己实施的企业战略,避免被"修订"或"否定"的心理所致,所以前任总经理尽力抵触继任总经理的战略变革行动。一方面,此举会进一步抑制继任总经理从事战略性变革的能力;另一方面,当前任总经理具有自负心理时此负面效应更加显著。该研究还证实,相比有害的战略性变革,前任总经理的这种"垂帘听政"现象对于继任总经理从事有利于企业绩效提升的战略性变革的妨碍作用更强。此外,当外部环境比较稳定时,前任总经理在自己任期内尚且无法发挥一定的影响力,对继任总经理的战略性变革行动的妨碍作用就会更弱。

(三)其他战略

当前还有部分学者探讨了管理决断权与企业其他战略行为如自然环境保护承诺的履行、社会责任的履行、企业信息披露等之间的关联,也取得了一定的研究成果。

Aragon-Correa 等(2004)探讨了管理决断权与企业遵守自然环境保护

承诺之间的关系,认为企业成功遵守自然环境保护承诺的关键是,不但要具有一位或多位能够履行特定环保责任的管理者,而且需要企业赋予管理者更高的管理决断权。为了防止在企业实际经营管理活动中管理者只顾追求企业业绩而忽视对自然环境保护承诺的履行,赋予管理者管理决断权的一种有效方式在于将管理者或其所在的核心部门的利益与遵守自然环境保护承诺相挂钩,从而激励管理者为践行自然环境保护承诺而不懈努力。Aragon-Correa 等(2004)的研究颠覆了认为管理者在企业践行自然环境保护承诺方面发挥作用有限的传统观点,反映了管理者在企业实施自然环境保护行为中发挥的关键性作用,且这种作用在大中型企业里尤其突出。随着中国上市公司的数目逐渐增多,上市公司的队伍空前壮大。上市公司已成为中国市场经济的重要参与者,成为推动国民经济发展的中坚力量,重要性与日俱增。然而,在推动经济迅猛发展的同时,上市公司生产经营过程中的自然资源消耗、生态环境污染等问题也日益严峻,对其所在的行政区域乃至整个国家的环境质量产生了较强的负面影响,上市公司已成为当前生态环境破坏的重要主体之一(胡珺等,2017)。因此,厘清管理者角色、明确管理决断权在企业实施自然环境保护行动中的作用,对于中国当前践行生态文明的绿色发展理念也具有格外重要的意义。

Mares(2010)对企业实施的自愿性行为和法律规范之间的关系进行了深入探讨,指出使企业认真履行社会责任的关键不在于企业的自愿性,而是管理决断权。具体而言,从企业战略决策视角来审视企业自愿性行为、法律规范、社会责任和管理决断权问题时,若要规范企业的社会责任行为,不能简单地采取用某种方法代替企业自愿性的"一刀切"模式,而需要构建一种能引导管理决断权为企业各方利益相关者服务的长效作用机制。而Martínez-Ferrero(2017)的研究认为,企业实际从事的履行社会责任的活动很可能是管理层因滥用管理决断权而遭受被解雇风险的"遮羞布",管理层通过履行社会责任能够有效地争取企业利益相关者的同情和支持,有助于延长自己的职业生涯。此现象在投资者保护程度较高的国家中格外普遍,这对投资者更加准确地判别管理者行为提出了更高的要求。由此可以看出,社会责任履行活动作为企业一种重要的战略行动,与管理决断权的联系非常紧密。

此外,Dyczkowska(2017)以波兰 IT 业上市公司为研究样本,对公司年报中何种信息需要向投资者披露、何种信息需要向投资者隐瞒、具体信息需要向投资者披露的程度等信息披露战略进行了探讨。研究发现，虽然波兰的公司法规定了上市公司具有向投资者披露研发信息的义务，却没有设定披露信息的最低程度，这就导致了公司实际披露研发信息的多少取决于管理者所具有的管理决断权的大小，而管理者具有的管理决断权受到公司规模、公司上市年限、公司所在地域等诸多内外部因素的影响。管理决断权较大的管理者，可以动用职务权限限制信息披露，从而可以隐瞒自身的额外福利。然而，也有学者对管理决断权能够左右信息披露的观点提出了不同的看法。例如，Gerakos(2007)的研究指出，企业信息披露战略和管理者的管理决断权大小、福利多少及行业竞争程度的强弱等因素均不相关，具有"中性"特征。也就是说，无论企业管理者的管理决断权大小如何，企业信息披露战略均未呈现显著的区别。

可以看出，从企业战略决策视角来审视企业的管理决断权时，管理者具体的管理决断权的多少与企业战略活动及战略行为关系密切，需要在企业层面进行"顶层设计"，从而更好地指导企业实际的经营管理行为。中国企业当前在走出国门的国际化征程中，实施的多为探索者战略，即通过不断捕捉市场机遇并持续研发新产品和新技术来获取竞争优势。就这方面而言，增强管理者的管理决断权更加恰当。但是，中国企业当前仍处于由"中国制造"向"中国创造"的产业升级阶段，过渡转型期的成功需要耗费巨额的人力和物力成本，其中技术研发的投资不可或缺。为了防止因管理者具有较高管理决断权而对企业战略变革造成的负面影响，需要在增强管理者的管理决断权的同时，进一步完善公司治理和内部控制机制，增强公司各方利益相关者对公司管理者经营管理行为的监督，尽可能地约束管理者滥用较大的管理决断权从事利己的机会主义行为，从而充分保障广大投资者的切身权益。此外，也需要在一定程度上兼顾企业其他的战略要求，将微观层面的企业发展和宏观层面落实"简政放权"的重要决策部署完美统一起来。

第五节　小　　结

企业投融资决策是企业主要的财务决策，投融资活动之间存在密切关联。融资活动为投资活动提供了必需的资金来源，而投资是为了提升企业价值,获得融资的收益。融资活动受到阻碍,企业投资活动也无法顺利进行,投资效率会降低,可能引发非效率投资行为。企业实际投资水平偏离正常投资水平后,会发生非效率投资行为。非效率投资行为可以分为过度投资行为和投资不足行为两种形式。中国特殊的制度环境是造成上市公司存在严重非效率投资行为的重要原因。一方面,较为严重的委托代理问题造成了企业过度投资行为;另一方面,中国作为发展中国家,融资约束困境导致了企业投资不足行为。无论是企业的过度投资还是投资不足行为,都是非效率投资行为,都会降低企业的资金配置效率,无助于企业长远发展和价值最大化。并且,微观层面的企业非效率投资行为又会最终传导成为宏观层面的投资过热或者过冷。

　　企业管理者不仅需要扫除当前投融资活动中可能遇到的障碍,更要为了企业的长远发展而解决投融资活动中隐藏的危机。尤其是 2008 年国际金融危机爆发后,在不确定性日益增大的环境背景下,只有在不可预期的财务危机爆发之前采取行动,企业才能具备事后应对冲击的战略能力。而财务柔性给予了企业这样一种事先准备好的能力,能使企业更好地应对可能存在的财务危机,更好地抓住投资机遇。财务柔性是公司调动现有财务资源或获取新的财务资源、积极应对未来不确定性(把握机会和抵御风险)的一种战略能力。所以在公司财务实践中,财务柔性得到了企业管理者的高度重视,并被认为是作出财务决策的首要考虑因素。而财务柔性包括了现金财务柔性和债务财务柔性两个方面,超额现金持有为企业提供了现金财务柔性来源;剩余负债能力、未使用的信贷额度等为企业提供了债务财务柔性。因此,财务柔性关联的其实是企业现金决策和债务决策,体现的是企业用现金融资和债务融资的能力,属于融资决策不可或缺的重要方面。

　　在财务柔性与企业投资行为之间的关系上,现有研究中占多数的研究结论是,具有单一来源财务柔性(现金财务柔性或债务财务柔性)或同时具有两种来源财务柔性的公司,能大幅提升企业的投资能力,通过增加投资支出来抓住企业的投资机会,从而避免陷入财务困境甚至是财务危机。然而,过犹不及,财务柔性需要维持在一种较为适度的水平,否则会对企业投资决策效果产生负面影响。基于代理理论的分析,过度的财务柔性为管理者可能发生的自利行为提供了便利,会被管理者滥用,引发的过度投资行为反而会对企业价值造成负面影响,进而又会形成新的财务危机。但现有研究主要基于代理理论的分析框架,探讨的是企业管理者滥用自由现金流而导致的企业过度投资问题,认为应当减少企业的自由现金流水平。然而,无法准确界定最适合的自由现金流水平,且必要的自由现金流对企业经营具有重要意义,对自由现金流的最适阈值的研究较为缺乏。因此财务柔性理论开辟了新的研究视角,超额现金持有概念本身就包含最优现金持有水平这一重要临界阈值的内涵。但遗憾的是,现有研究并未对财务柔性和过度投资之间的关系作出具体分析,也更较少涉及情境因素的探讨。

对于管理者滥用企业自由现金而从事的过度投资行为,传统代理理论认为,可以通过发挥债务的相机治理作用进行治理。当企业负债水平上升时,较多的债务融资,增强了债权人对企业投融资活动的监督力度,促使企业管理者减少过度投资行为,而将企业持有的现金真正用于投资价值较高的项目。先前理论大多从同质性角度展开分析,并认为治理企业过度投资行为的债务因素不具有内在差异性。然而在当前,异质性因素对公司决策的影响已成为企业财务领域研究中的一个前沿方向。由此,从债务异质性视角探讨债务相机治理作用的研究也开始涌现。

债务异质性是实践中的普遍事实,它表现为企业债务存在不同的规模结构、期限结构与来源结构。就债务异质性本身而言,目前多数研究集中关注负债规模、期限结构与投资行为之间的关系,而较少关注债务来源结构,尤其是短期负债的来源结构对企业非效率投资行为的影响。不同来源的负债对企业投资规模的影响是不同的。国外学者一般认为,金融机构在借款时具有规范的审核及担保机制,对企业投资行为的约束作用强于商业信用。而大部分中国学者研究得出的一般结论是,在中国情境下,商业信用对企业过度投资行为的约束作用强于金融机构借款,债券的约束效应最弱。传统理论中债务相机治理作用体现的是债务融资对企业过度投资行为的约束效应,也有部分学者证实了债务融资对过度投资的加剧效应。关于中国上市公司中债务融资对企业过度投资行为影响的研究尚未达成共识。可能的原因在于,单一的债务来源很难发挥其对企业过度投资行为的相机治理作用,因而 Williamson(1988)等之前学者认为的债务具有同质性的传统假设开始受到质疑,这需要我们在债务异质性问题上作出新的思考。

债务异质性体现了企业之间不同的资本结构状况,反映的其实是企业资本结构调整的问题,这种调整不仅是资产负债率的上升或下降,还包括债务结构的变更。债务根据期限、来源等标准可以划分为不同类型,每种类型的债务变动都属于广义上的企业资本结构调整范畴。债务异质性其实源于不同企业各自目标资本结构的存在,而企业会朝着目标资本结构调整实际资本结构。事实上,公司各项财务决策之间存在着复杂的关联性和因果关系。因此,债务异质性要求管理者从企业战略决策的角度出发探讨资本结构调整决策问题,深入思考企业其他决策(现金持有战略、公司产品市场战略及多元化战略等)与资本结构调整之间的关联,避免牵一发而动全身所产生的负面效应。而在债务来源结构中,基于理论和现实两方面因素,国外学者主要看重包括金融机构借款和债券的金融性负债,而国内学者对包括商业信用的经营性负债的关注程度更高。

　　传统的公司金融理论在分析企业投融资决策的影响因素时,主要考察了企业特征、治理结构及市场环境的影响,但大量现实证据和实证研究的结果均表明,即使是这些因素都完全相似的企业,在进行投融资决策时也会作出具有较大差异的选择,这是因为管理者主观因素在企业投融资决策过程中发挥了至关重要的作用。管理决断权是指管理者在制定或者执行企业战略过程中所具备的自主选择权,是体现管理者战略选择能力的关键因素,也是影响管理者战略选择过程及结果的核心变量。由于管理者个人特征是影响管理决断权的主要前因变量之一,故而可从管理决断权的角度深入探究管理者主观因素对企业投融资决策作用的传导机制。管理决断权这一概念的内涵可由经理主义理论、战略管理理论和现代企业理论三种理论进行阐释。在管理决断权的度量上,管理决断权是一种抽象性质的变量,没有现成的指标可以直接反映其值的大小。现有研究中关于管理决断权的测量方法主要有两类:一类是对主观的感知测量;另一类是对客观的代理变量的测量。为了探讨管理决断权与企业各种决策行为及结果间的确切关系,众多文献从多种视角研究了管理决断权的影响效应。理论上一般认为,管理决断权越大,企业管理者对公司经营发展发挥的影响力也越大。在具体的实证研究中,学者们纷纷探讨了管理决断权的主效应、中介效应及调节效应。此外,企业战略问题属于企业的"顶层设计",必须站在企业战略决策视角来审视管理决断权问题,根据企业内外部实际状况确定最适合的管理决断权水平,从而实现企业的可持续发展。在确定管理决断权水平时,在企业战略所需考察的因素和环节众多,与本书着重探讨的投融资决策的统一分析框架保持了逻辑上的一致性,具体包括战略类型、战略变革和其他战略三个方面。

　　总的来说,在企业日常经营管理决策中,管理者发挥的作用越来越关键,管理决断权可以看成是企业管理者对企业决策和行为影响程度的重要表征。但是,目前在财务柔性领域的研究中管理决断权这一概念还未得到充分的体现,企业管理者在运用、创造和保持财务柔性这一重要战略能力的过程中所扮演的重要角色也被忽略了。管理者的关键角色体现为不同的管理决断权,在企业投融资决策的传导机制过程中发挥不同的作用,甚至还会影响企业异质性债务所发挥的债务相机治理作用。

第三章　理论分析及假设提出

　　本章在企业投融资决策传导机制的框架之下,探讨了超额现金持有对企业过度投资行为的影响机理。同时,探讨债务异质性和管理决断权对超额现金持有导致的企业过度投资行为的影响效应。本章主要从四个方面着手:一是考察超额现金持有与企业过度投资之间的关系;二是考察债务异质性对超额现金持有与企业过度投资之间关系的影响效应;三是考察管理决断权对超额现金持有与企业过度投资之间关系的影响效应;四是考察管理决断权不同时,债务异质性对超额现金持有与企业过度投资之间关系的影响效应有何不同。

第一节　超额现金持有与企业过度投资行为之间的关系

　　如前所述,根据 Modigliani 和 Miller(1958)提出的 MM 定理,在资本市场完全竞争的假定下,企业持有现金与否与公司价值是无关的,即企业现金融资状况并不影响企业投资活动的开展。企业融资活动和投资活动是相互独立的,不同融资方式对企业投资活动并不产生影响。企业现金流如果紧缺,企业可以无成本地筹措投资活动所需的资金,从而保障投资活动的顺利进行。因为,在完美的资本市场环境下,现金持有不存在任何溢价,也不具有任何机会成本,当企业面临净现值为正($NPV>0$)的投资机遇时,总可以随时地筹措无成本的资金来满足相应的投资需求。

　　然而,MM 定理成立的诸多前提假设在现实资本市场中是无法得到满足的。企业融资决策和投资决策之间存在相互依存和跨期的特征,具有较强的相关性(Gatchev 等,2010)。现实的资本市场存在较多的摩擦因素,这些摩擦因素往往导致企业外部融资成本高于内部融资成本。当各种摩擦因素造成企业外部融资成本足够高时,企业原先可行的投资项目的净现值可能发生变化甚至逆转为负数,使项目不再可行;同时,资本市场也存在着若干制度层面的融资障碍,使企业无法及时融资而不得不放弃一些原先可行的投资项目。结合中国资本市场的现实情况看:第一,中国当前正处于社会和经济快速变革的时期,中国企业面临的投资机遇和空间较为广阔,但也承受着更大程度的市场和环境的不确定性;第二,中国证券市场和信贷市场的成熟程度较低,所以中国企业特别是中小企业"融资难"的问题较为突出,已得到了政府相关部门的高度重视[①];第三,中国的社会、文化和传统习俗决定了中国是一个具有较高储蓄率的国家,不但广大居民热衷于高储蓄,企业也不例外,手中留存一定的现金已成为广大居民和企业的共识。在紧急情况下,融资受到约束的企业则很难获取其他途径的资金支持。因此,中国企业现金短缺的成本较高。当企业面临较好的投资机遇时,如果缺乏及时融资的能力,企业不能及时筹措到投资活动所需的资金,便会错失部分投资机遇,给企业价值造成损失。Opler 等(1999)提出,只有当企业现金持有的边际成本等于边际收益时,企业持有现金才能最大化股东收益,也就是说,企业具有最优的现金持有水平。

大部分经典文献都认同企业持有现金具有两种动机:一种是交易性动机;另一种是预防性动机。交易性动机指的是持有现金是为了满足企业日常经营管理活动的需要,即企业为了购买原材料、支付各种成本费用而持有现金。可以看出,交易性动机是企业出于营业性和资本性目的所产生的一种满足日常业务需要的动机。Baumol(1952)认为,最优的现金持有水平实际上是由企业非现金金融资产转换为现金金融资产相关的交易成本以及企业为了维持日常经营管理活动所需要持有的现金决定的。由于交易活动具有规模经济效益,因此规模较大的公司往往持有较少的交易性现金。预防性动机是指企业持有现金是为了预防可能出现的意外情况。Opler 等(1999)发现,那些现金流较为危险、很难从外部资本市场进行融资的企业需要持有更多的预防性现金,因为陷入财务困境和遭遇财务危机后这种企业遭受的损失更大。例如,与国有企业相比,民营企业的预防性现金需求更强,因为国有企业、国有银行均隶属于政府,三者的产权具有"同

---

① 2018 年 11 月 1 日,习近平总书记在民营企业座谈会上发表重要讲话,要求解决民营企业融资难和融资贵的突出问题,传递出坚定不移地发展壮大民营企业的重要信号。

源性"特征,政府是最终的担保人,一旦国有企业陷入财务困境和遭遇财务危机,总是能通过银行及时融资而纾困,所以任何对国有企业资金节制的措施都呈现"软约束"的特征。在交易性动机和预防性动机研究内容的基础上,Bates等(2009)提出,在企业的现金持有满足了交易性和预防性动机之后,剩余的现金持有就是企业的超额现金持有。也就是说,企业现金在满足了正常的交易和支付目的,以及用于防止未来面临较好的投资机会但由于存在较高的外部融资成本而不能进行投资之外,能被管理者自由支配的现金即为企业的超额现金持有。可以看出,超额现金持有的概念排除了企业日常的交易和预防目的所需现金,是企业可以真正动用的"灵活资金",而这部分资金便为企业管理者开展正常的投资活动乃至发生过度投资的机会主义行为创造了条件。

但遗憾的是,当前许多学者仍然基于代理理论的传统研究框架,从管理者自利的角度分析企业自由现金流与过度投资行为之间的关系。根据Jensen(1986)的代理成本理论,由于自由现金流容易被管理者自由支配,它有可能会被管理者用于过度投资来谋取私利,管理者更容易滥用企业自由现金流而从事过度投资行为。Richardson(2006)认为,滥用自由现金流造成过度投资的现象可能与代理成本有关,并认为这种现象被之前的财务学者所忽略。他定义的过度投资指的是企业在正常支出之外,在预期内净现值不为正($NPV \leqslant 0$)的项目上过多投资的部分,利用自由现金流从事过度投资行为具有好几种形式,如在职消费、构建个人帝国、多元化并购等。Richardson(2006)的研究结果表明,自由现金流在促进企业开展投资活动的同时,也会加剧企业实际投资偏离正常投资水平的程度。Shin 和 Kim(2002)的研究结果显示,与自由现金流水平较低的企业相比,自由现金流水平相对较高的企业具有更低的投资-成长机遇的敏感性,并且实际投资水平也更高。当前的学者基本上都支持企业的投资-现金流敏感性为正的研究结果,且该数值的范围介于 0.1~0.25 之间(Gatchev 等,2010)。

国内学者从代理理论角度对企业自由现金流和过度投资行为之间的关系进行阐释,也得出了较为一致的结论。在中国特殊的制度背景下,由于内部人的道德风险,滥用自由现金流而进行的企业过度投资行为是企业经理人获取私利的重要手段(杨华军和胡奕民,2007;肖珉,2010)。过度投资行为不但给股东以及企业众多利益相关者的切身利益造成巨大损失,而且损害了企业价值，是阻碍企业成长的关键问题。与此同时，顾乃康等（2011）以 1998—2006 年中国沪、深两市上市的企业样本为研究对象，证实了通过持续持有足额现金而维持一定财务柔性的企业，其实际投资水平也更高。该研究采用拟合值法、三分位数法和中位数法三种方法对企业财务柔性的水平进行界定，证实了这三种方法界定下的财务柔性均和企业实际投资水平正相关，进而认为企业持续储备足额现金的行为，既可以看作是企业秉持财务柔性策略的结果，也可以视为是企业面临融资约束或代理冲突所导致的结果。颇具价值的是，该研究在代理理论的分析框架下，将研究视角从自由现金流转向了超额现金持有，已经注意到了企业财务柔性策略与实际投资水平之间的关联，并暗示了将委托代理理论和财务柔性理论融合解释的可能性。从本质看，先前研究中以自由现金流为起点来探讨企业过度投资问题的做法存在一定问题。因为自由现金流这一概念本身无法告知我们，究竟留存多少自由现金流是合理的、必要的，留存多少自由现金流是不合理的、是容易造成委托代理问题的。所以，在确定企业最适合的自由现金流水平上存在许多问题和障碍。而财务柔性这一概念能很好地解决这些问题，必要的现金持有是维持企业正常经营所必需的，但超额现金持有的概念反映了实际现金持有超过正常值的部分，会形成企业的委托代理问题。此外，王彦超（2009）、杨兴全等（2010）、张会丽和陆正飞（2012）的实证研究也同样证实了这一结论。

　　综上所述，超额现金持有为企业提供了大量的现金财务柔性，使公司在满足正常的交易性和预防性现金需求之外，还具有可以动用的富余资金，从而给予了企业较大的财务柔性储备。这样，当公司未来面临较好的投资机遇时，能具有较强及较灵活的融资能力，从资金来源上保证了企业对投资机遇的把握。也就是说，现金对企业而言是必不可少的，是获得财务柔性的重要来源，为企业正常投资活动的顺利开展提供了必要的资金支持。在实际现金持有达到正常现金持有水平之前，企业现金持有水平较低，企业所具有的财务柔性能较为有效地运用于企业投资活动。此时管理者从事过度投资的机会主义行为缺乏必要的资金支持，因而代理问题不严重。但是，当现金持有水平过高，特别是当实际现金持有水平超过正常现金持有水平之后，企业现金持有水平较高，实现了超额现金持有。一方面，超额现金持有为企业提供了较大的财务柔性，满足了投资项目的融资需求。但另一方面,较高的超额现金持有水平也为管理者将这些超额现金不断投资于非维持性且非预期内的投资活动提供了便利,此时管理者滥用超额现金从事过度投资行为的动机也更强烈,从而使代理问题越来越严重。委托代理理论认为,这种过度投资行为是管理者为了构建个人帝国而发生的,会侵占股东利益而损害公司价值(Jensen,1986)。因此,基于代理理论的分析认为,超额现金持有为企业管理者过度投资的机会主义行为提供了资金上的便利,会加剧企业管理者的过度投资行为倾向,因而超额现金持有水平与企业过度投资程度之间存在正相关关系。

基于上述分析,本书构造出超额现金持有与企业过度投资行为之间的关系模型(如图 3-1 所示),并提出假设 1。

假设 1 超额现金持有水平与企业过度投资程度之间存在正相关关系,即超额现金持有水平越高,企业过度投资程度就越大。

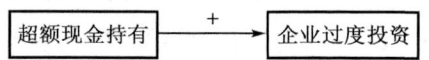

图 3-1 超额现金持有和企业过度投资关系模型

第二节 债务异质性对超额现金持有与企业过度投资行为之间关系的调节作用

一、总体负债水平的调节作用

现实中的企业存在着多重委托代理关系,股东与管理者、股东与债权人等不同类型的代理冲突会对企业投资行为产生不同影响。传统代理理论较多从股东与管理者之间的关系展开研究。然而在中国特殊的股权结构背景下,公司治理的核心不仅包括股东与管理者之间的利益冲突,还包括股东与其他外部投资者之间的利益冲突(肖作平和廖理,2007)。尤其在当前供给侧结构性改革的宏观背景下,"去杠杆"已成为"三去一降一补"的五大关键任务之一。在债务危机较为严重的企业环境中,对股东与债权人之间利益冲突的研究具有重要的现实意义。

（一）两种代理冲突的矛盾

债务融资在降低股东与管理者冲突引起的代理成本的同时,也增加了股东与债权人冲突而引起的负债代理成本（童盼和陆正飞,2005）。一方面,在股东与管理者产生冲突时,根据 Jensen（1986）的自由现金流代理成本理论,较高负债水平能抑制管理者过度投资的动机,从而减少过度投资。企业过度投资行为是管理者机会主义动机的重要表现形式,通过采取过度投资行为,管理者希望进一步扩张企业投资规模并获得超额的投资收益,即使这种行为会对企业价值造成负面影响也在所不惜。因为如果该投资行为取得成功,管理者会获得更高的激励薪酬和更好的声誉,对其今后的职业生涯大有裨益,在过度投资行为实施过程中所产生的隐性收益也归管理者自身所有,而股东却未从企业过度投资行为中获取任何收益。但是,如果该投资行为遭到失败,或公司因为管理者过度投资行为而濒临倒闭,管理者也只承担有限责任,最多面临被解雇的风险,管理者的个人财富和职业生涯不会受到根本性的影响。此时,无论和管理者的利益冲突有多大,股东也只承担有限责任,最多损失其向公司投入的原始资本总额。但是,企业债权人会承受巨额损失,因为面临财务危机的企业是无法对债权人足额偿付本息的。鉴于此,当企业负债水平较高时,话语权强的债权人对管理者的经营管理行为具有较强的监督动机,特别会严密监控管理者所能操控的现金的动向,防止管理者滥用现金而从事过度投资的机会主义行为,这便是债务相机治理机制作用的内涵。但另一方面,当股东和债权人产生冲突时,企业存在"资产替代"的行为（Jensen 和 Meckling,1976）。一般的债务契约会明确规定,如果一项投资获得了高于债务面值的回报,那么大部分回报归股东所有;如果投资失败,由于股东承担有限的责任,那么债权人将承担投资失败的后果。可以看出,在"资产替代"行为中,股东和管理者的利益达成了一致,有共同侵害债权人利益的倾向和动机。股东可能会从非常冒险的过度投资项目中获利,即便这些投资项目的价值并不高。据此,为了保护自身的利益,债权人在借钱给企业时,会根据对企业所能承受的投资项目的风险水平的预期而相应地确定债务利率水平。如果企业所承接的投资项目的风险比债权人预期的风险高,债权人便会遭受损失,会通过下调债务的价格（或提高利率）来体现该债务存在的更高风险。可以看出,债权人的损失便是股东的收益,当企业投资项目的净现值为正

($NPV>0$)时,股东不仅获得了全部的净现值,还从债权人手中实现了财富转移,这种效应则被称为"资产替代"效应。当企业负债水平较高时,这种"资产替代"效应反而会为企业管理者从事过度投资的机会主义行为提供更多的便利,因为债权人能为管理者承担的风险更高、能向管理者转移的财富也更多。管理者为追求股东利益最大化,会以牺牲债权人利益为代价,利用债权人的资金投资于成功率不高、甚至净现值小于零($NPV<0$)的高风险投资项目。如果投资成功,股东将获得大部分收益;若投资失败,则由债权人承担大部分损失。

因此,在超额现金持有引起过度投资的传导机制中,总体负债水平的高低究竟发挥增强还是减弱的作用,取决于企业中上述两种代理冲突中哪种冲突居主要地位,因而无法得出明确结论。如果股东与管理者之间的冲突大于股东和债权人之间的冲突,那么总体负债水平的提高有助于抑制超额现金持有导致的企业过度投资行为;如果股东与管理者之间的冲突小于股东和债权人之间的冲突,那么总体负债水平的提高反而会促进超额现金持有导致的企业过度投资行为。所以,有关总体负债水平对超额现金持有而导致企业过度投资行为发挥的相机治理作用的研究缺乏一致的实证检验结论(童盼和陆正飞,2005)。

(二)不同债务融资来源的矛盾

此外,如前所述,企业债务融资来源方式存在多样性,如金融机构借款、商业信用、债券和其他类型,不同来源债务对企业投资规模的影响具有差异性(童盼和陆正飞,2005)。金融机构借款指的是企业向银行、财务公司等金融机构举借的长期款项,是构成企业债务的重要组成部分。而商业信用是指同一产业链上下游企业之间由于短期业务往来而产生的、用延期付款的形式表现出的信用关系,属于企业间正常经营活动所形成的交易安排和资金往来,主要包括预收款项和应付账款、应付票据和长期应付款等。国外学者基于金融机构借款的"硬约束"效应,认为与商业信用相比,金融机构借款对因现金持有而导致的企业过度投资行为具有更强的约束作用。这是因为,国外银行等金融机构的专业性较强,抵押、质押等相应的增信措施较为完备,且债权人具有较好的监控素质,能够便捷地获取有关企业生产经营活动的重要信息,从而有能力保护债权资产,自然也有能力抑制债务方(企业管理者)的机会主义行为。而商业信用一般只和特定的企业生产经营活动相关联,风险被事先锁定,所以商业信用的债权方比较被动,很难对债务方企业的资金运用和投资决策过程发挥有效影响。况且商业信用的额度相对较小、债权较为分散,使单一的商业信用债权方对债务方企业的投资决策所能发挥的影响更加大打折扣。

但是,在中国情境下,由于金融市场制度不够健全等因素,中国学者基于金融机构借款的"软约束"效应,研究得出的结论恰好相反,认为与商业信用相比,金融机构借款对因现金持有而导致的企业过度投资行为具有更弱的约束作用。这是因为:第一,中国经济当前处于转轨转型期,国有上市公司基本上是由国有企业改制而成,国有上市公司、国有银行和政府部门在历史上具有同源性,产权关系的模糊导致难以对金融机构的借款实施有效的监管;第二,权责不明确也造成政府过多干预金融机构的借款事宜,而这种干预缺乏效率,且当前的破产机制不够完善,由于受到政府保护,企业管理者从事过度投资行为所遭受的惩处力度较轻,更加剧了管理者滥用企业超额现金而从事过度投资行为的道德风险。与之相反,中国情境下商业信用对企业过度投资的约束作用较为明显。因为中国市场机制不够成熟,为了防范违约风险和增强自我保护,商业信用的债权方会在借款合同中写入约束性的企业条款,使企业管理者不得滥用企业资金而从事过度投资行为。商业信用的期限较短,一般少于 1 年,因此对商业信用的债务方发挥了较强的再融资约束效应。并且,商业信用的债权方和债务方属于产业链的上下游,彼此间的合作范围广、期限长,相互之间的了解和熟悉程度也较深,债务方没有必要因实施过度投资的机会主义行为而损害这种长期合作的伙伴关系。所以,如果将零星的商业信用看作是一个整体,当商业信用达到一定规模后,便会对企业管理者的投资决策发挥重要影响,有效地约束企业管理者可能实施的过度投资行为。

现有研究表明,企业债券和金融机构借款之间具有较强的替代效应。但是,作为企业债务的重要组成部分,债券和其他类型债务具有显著的不同。中国债券市场比较广阔,债券可以任意被出售及转让,可以降低投资者被"套牢"的概率,从而为债券投资者提供了投资工具上的较高流动性。债务人一旦陷入偿付危机,债权人倾向于"一走了之",不必积极参与公司治理及监督企业的日常经营管理活动,债权人和股东之间的利益冲突也会淡化,从而降低了债权代理成本。债券未到期之前在不同债权人之间频繁交易及转让,企业发行的债券总量却未改变,这种债券转移行为不会危及企业。但由于债券发行的期限一般较长,发债企业短期内还本付息的压力较轻,在市场监督机制较弱的环境下,很容易实施"发行新债偿还旧债"的行为。这样一来,缺乏对还本付息压力的顾虑,减轻了外部监管的压力,管理者从事机会主义行为的动机会更加强烈,因此企业发行债券反而可能助长管理者的过度投资行为。

由此可以看出,不同来源类型的债务对现金持有造成的企业过度投资行为具有不同效应,有增强的效应,有不显著的减弱效应,也有显著的减弱效应。若将全部债务作为一个整体进行考察,增强、减弱等这些效应可能相互抵销,总体负债水平对超额现金持有与企业过度投资之间关系的调节作用可能不明显。

基于上述分析,本书构造出总体负债水平对超额现金持有与企业过度投资之间关系的影响模型(如图3-2所示),并提出假设2。

假设2　总体负债水平对超额现金持有与企业过度投资之间的关系没有显著的调节作用。

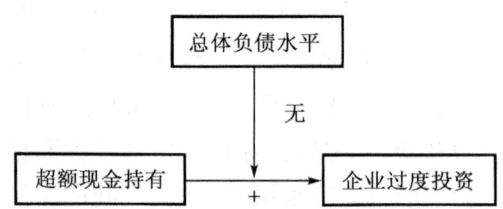

**图3-2　总体负债水平对超额现金持有与企业
过度投资之间关系的影响模型**

二、债务期限异质性的调节作用

本书借鉴的是孙铮等(2005)采用的债务期限异质性的测量方法,用长期借款占总借款的比重来衡量企业债务的期限结构。其中,总借款指的是短期借款与长期借款的总和。根据此种测量方法,债务期限异质性与企业投融资决策之间的关联问题实际上转化为了企业短期债务与长期债务在企业投融资决策中发挥的不同效应问题。该值越大,说明在企业总借款中长期借款的比重越高,那么在企业实际的经营管理活动中,长期债务的债权人所发挥的监督作用会大于短期债务的债权人。

Myers(1977)的研究指出,企业可以通过缩短债务期限来减少现金持有引发的过度投资行为。一方面,缩短债务期限后,企业债务中短期债务的比例上升,企业短期内还本付息的压力增大,短期内受到的不同债权人的监督和控制也越多。如果企业的短期偿债能力出现问题,管理者会面临被解雇以及追究责任的风险,这使管理者"投鼠忌器",很难"安心"地滥用企业现金去从事有损公司价值的行为,从而抑制了管理者滥用企业超额现金从事过度投资行为的动机,进而使超额现金持有造成的过度投资效应减弱。另一方面,短期债务的比例上升,企业短期内还本付息的能力及责任履行状况受到利益相关者们的格外关注。此时,管理者的一言一行都会向市场传递强烈的信号,对于企业未来面临投资机遇时是否能够及时通过外部市场融资至关重要。如果在短期负债水平较高的背景下,管理者还具有实施过度投资行为的倾向,那么众多股东、债权人和潜在的投资者会对公司管理者乃至于整个公司决策作出不信任的判断,当企业未来面临较好的投资机遇时,管理者则很难通过外部市场及时为投资项目筹资。为了获取众多利益相关者们的信任,及时偿付各类债权人的短期债务对公司管理层而言至关重要,所以短期债务增加造成的再融资困境使超额现金持有导致的企业过度投资效应也相应减弱;反之,债务期限结构越长时,长期债务占总负债中的比重也越大。此时管理者短期内面临较轻的还本付息压力,受到各类债权人的监督和控制作用较弱,通过谨慎投资行为向外界传递企业稳健经营信号的迫切动机也在减弱,故而超额现金持有引发的企业过度投资行为会更加严重。

相关实证研究的结果也证实了如上的判断。黄乾富和沈红波(2009)以1997—2004年206家中国制造业上市公司的数据为研究样本,验证了企业短期债务和长期债务对企业过度投资行为不同的相机治理效应。该研究的结果表明,长期债务由于比例低、期限长,对企业管理者从事过度投资行为的制约作用较弱,而债务期限的缩短可以对企业过度投资行为发挥更强的约束效应。由此可见,在西方国家得到理论和实证检验支持的长期债务具有"硬约束"的观点并不适用于中国资本市场的实际情境。也就是说,中国情境下,短期债务到期日短,能形成较强的短期负债的流动性压力和创造较为严重的再融资困境而约束超额现金持有导致的企业过度投资行为,而长期债务占总负债的比例不高,且期限长,大多属于银行借款,在银行破产机制不够健全和债权约束力较弱的背景下,其对超额现金持有而导致的企业过度投资行为的约束效应较弱。

孙铮等(2005)的研究结果也表明,中国上市公司长期借款占总借款比重的均值(中位数)为 0.122 9(0.112 5),仅略高于希腊,却比绝大多数国家的平均水平都低。这充分说明,中国上市公司举借的债务中,主要以短期债务为主。由于长期债务的期限相对较长,未来不确定性风险更高,债权人在向企业发放借款时会格外注重和依赖外部的履约机制(Myers,1977)。遗憾的是,当前中国的市场化水平还较低,司法体系较为薄弱,对投资者权益保护程度不强,导致外部履约机制不够成熟。根据相关资料的统计,由于中国企业破产程序较为繁琐,当前许多面临债务危机的企业不愿申请正常的破产程序,而是直接选择跑路,使众多债权人蒙受巨额损失。所以外部履约环境的恶化使众多债权人宁可尽量向企业发放收益较低风险却也较低的短期债务,也不愿意发放收益较高风险也较高的长期债务,这是一种基于中国资本市场特定情境的债权人自我保护的手段,至少债权人觉得在短期内企业债务风险还是可控的,但长期债务风险则具有较大的不确定性。可以看出,孙铮等(2005)的研究充分暗示了企业举借长期债务实际上促进了企业管理层实施机会主义行为,但短期债务却能对管理层实施的机会主义行为发挥较好的监督效应,这也是基于中国资本市场的特定情境所得出的与基于西方发达资本市场所得结论恰好相反的推论。

基于上述分析,本书构造出债务期限异质性对超额现金持有与企业过度投资之间关系的影响模型(如图 3-3 所示),并提出假设 3。

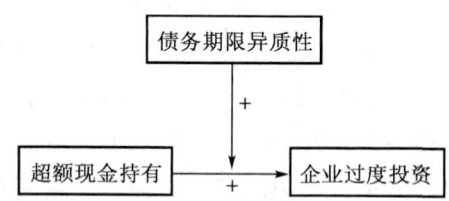

图 3-3　债务期限异质性对超额现金持有与企业过度
投资之间关系的影响模型

假设 3　债务期限异质性对超额现金持有与企业过度投资之间的正相关关系存在正向调节作用,即债务期限结构越长,超额现金持有与企业过度投资之间的正相关关系越大。

三、债务来源异质性的调节作用

（一）债务来源异质性较小时超额现金持有与企业过度投资间的关系

本书采用债务来源异质性程度这一指标来反映企业债务来源异质性的大小。债务来源异质性其实体现了企业不同来源债务之间的相对比重。

债务来源异质性越小，说明企业不同来源的负债的持有量之间的差距越大，企业管理层受到债权人的监督作用较弱。此时，企业负债类型较为单一，债权人数量较少，难以对企业日常经营活动发挥有效的监督作用。特别是当企业众多负债集中于单一类型时，为了确保债务人能够定期还本付息而保证债权人企业自身经营现金流的正常，债权人的诸多行动反而受制于债务人。并且，单一的债权人类型大大增强了"一家独大"债权人的话语权，便于和管理层"合谋"而共同侵蚀投资者的利益，或者在通过显性或隐性契约满足既定利益情况下而对管理层的机会主义行为放任不管，所以反而恶化了管理层的机会主义行为。与此同时，其他债权比例较低的多数债权人即使发现企业管理层通过实施过度投资行为而损害自身利益，也无法采取有效的应对举措来约束管理层行为。

债务来源异质性程度较低的企业，受到市场各主体关注的程度和监督也较少，不需要向外界市场传递更多有关企业生产经营的信息，信息透明度较低。一般而言，这种企业的公司治理机制较不完善，难以获得较高的市场认可度和良好的企业发展前景（胡建雄和茅宁，2015）。因此，在债务来源异质性程度较低的企业，传统代理理论认为的债务相机治理机制根本无法发挥。管理层具有较强动机和较好条件来滥用企业自由现金从事过度投资的机会主义行为，而这一过程难以受到企业债务状况的有效制约。所以可以推测，当债务来源异质性较小时，超额现金持有与企业过度投资间的正相关关系会增强。

（二）债务来源异质性较大时超额现金持有与企业过度投资间的关系

债务来源异质性程度较高的企业，不同来源的负债持有量相对较为平均，企业日常经营管理活动会受到多种债权人主体的监督，而这种群体监督作用是管理层无法规避的。这些债权人不具有"一家独大"的话语权，自然不会和企业管理层有特殊的利益关联，也不会被企业不还本付息的违约行为所胁迫。虽然债务来源异质性程度的增强未必能有效提升企业经营业绩,但不同债权人的利益诉求和行为目标不尽相同,很难对企业管理层的机会主义行为达成"共谋"或"集体沉默",从而在一定程度上能对企业投资决策发挥更好的监督效应。当管理层具有从事过度投资行为的机会主义动机时,这些话语权相近的债权人为了维护共同利益,往往会选择团结一致而共同对管理层施加压力,制止过度投资的机会主义行为,迫使企业投资效率回归正轨。

为了应对不同债权人主体的监督,管理层必须定期或不定期地向外界市场及时传递较多有关企业生产经营方面的重要信息,从而保持较高的市场信息透明度。也就是说,这类企业的公司治理机制相对较为完善,市场认可度较高,也具有较好的发展前景。在众多债权人主体监督的环境下,管理层滥用超额现金持有进行的企业过度投资行为会受到一定程度的遏制,使债务相机治理作用能够有效发挥。可以看出,债务来源异质性较大的企业享有一种较好的声誉,即较高的市场信息透明度、较完善的公司治理机制、较高的市场认可度和较好的发展前景。为了维护这种来之不易的卓越声誉,企业管理层会更加慎重选择其实际的投资行为,更有效地约束自身从事过度投资的机会主义动机。所以可以推测,债务来源异质性较大时,超额现金持有与企业过度投资间不存在显著的相关性。

基于上述分析,本书构造出债务来源异质性对超额现金持有与企业过度投资之间关系的影响模型(如图 3-4 所示),并提出假设 4。

假设 4 债务来源异质性对超额现金持有与企业过度投资之间的正相关关系存在负向调节作用。

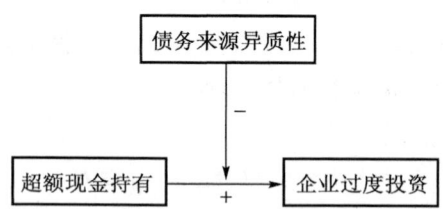

**图 3-4 债务来源异质性对超额现金持有与
企业过度投资之间关系的影响模型**

根据以上推导,在假设 4 的基础之上,本书可进一步提出假设 4.1 和假设 4.2。

假设 4.1　在其他因素不变的条件下,债务来源异质性较小时,超额现金持有与企业过度投资间的正相关关系会增强;

假设 4.2　在其他因素不变的条件下,债务来源异质性较大时,超额现金持有与企业过度投资间不存在显著的相关性。

第三节　管理决断权的调节作用

一、管理决断权对超额现金持有与企业过度投资行为之间关系的调节作用

Bates 等(2009)的研究表明,满足现金持有的交易性动机和预防性动机之外的超额现金持有是可以被管理者自由支配的。在企业拥有的各项资产中,超额现金持有也是最有可能被管理者利用的。Frésard 和 Salva (2010)认为,有两个原因:第一,从资源的可得性来看,超额现金持有不必用来支付日常的交易活动,也不需要储备起来用于正常的投资活动,这部分资金没有确切的用途,故而较少地受到监控,比较容易被管理者自由支配;第二,从资源的形式来看,超额现金持有属于现金,而现金是金融资产中流动性最强的一种类别,与机器设备等有形资产相比,现金更容易被管理者征用,因为财务活动中让有形资产消失的难度远大于现金。由此可以看出,对于企业管理者,特别是高层管理者而言,对企业持有的超额现金具有很强的动用权限和能力。管理者动用企业超额现金的这种权限和能力正是管理者在企业投融资决策传导机制中可能发挥管理决断权效应的重要基础和前提。

既然管理者对企业超额现金具有动用的权限和能力,那么在企业实际经营管理活动中,管理者又会作出怎样的决策呢? Harford 等(2008)指出,对于公司里的超额现金,管理者需要作出战略性决策。具体而言,管理者有三种决策方案可以选择:一是将超额现金以股利或分红的形式分配给股东;二是不采取其他行动而继续持有超额现金;三是运用超额现金来支持企业外部投资活动。

研究者们一般都认为,无论是出于保持财务柔性还是管理者自利的目的,企业管理者都不愿意采用第一种决策方案,即把超额现金作为股利或

分红的形式分配给股东（Jensen，1986）。因为将超额现金持有以股利或分红的形式分配给股东后，超额现金持有的减少会导致企业财务柔性水平降低，不利于企业把握当前及未来的投资机遇，无法为这些好的投资机遇及时融资；同时，将超额现金持有作为股利或分红分配给股东后，这部分管理者自己有权限和能力动用的资金便会减少，管理者实施自利行为的必要条件不复存在，因此这种做法也会遭到众多管理者的抵制。这也是在当前的中国上市公司中，低股利支付甚至零股利支付的现象较为普遍的重要原因。以至于近年来中国证监会颁布了一系列要求提升上市公司最低现金股利支付水平的"半强制分红政策"，用来引导并监督上市公司进行现金分红（李常青等，2010）。

第二种决策方案是不采取其他行动而继续持有超额现金，可以看作是企业管理者为了把握未来投资机遇，而在当前作财务柔性储备的考虑。从财务柔性的理论角度看，管理者为了维持企业一定程度的财务柔性水平，这么做是合理、恰当和值得提倡的。但是，毕竟财务柔性的概念兴起不久，广大非理性的管理者特别是中国企业的管理者对于财务柔性的重要性认识还不够充分，未能体会到财务柔性有助于企业未来发展的巨大价值。在管理层"短视"缺陷的局限下，面对继续持有的超额现金和缺乏资金支持的投资项目时，管理者不免有将超额现金挪用于其他投资项目的强烈动机。

第三种决策方案是运用超额现金来支持外部投资活动，这正是企业管理者出于自利目的而产生的机会主义行为，这种行为背离了股东利益最大化的目标，仅仅是为了追求管理者自身利益最大化。至于企业实践中管理者究竟采用第二种还是第三种决策方案，取决于相应决策收益与成本的比较。如果企业储备财务柔性带来的收益较高（提升更大的企业价值、增长更多的管理者激励薪酬、形成更好的管理者声誉），且实施自利行为需要付出较高的成本（管理者遭受各种惩处的显性和隐性成本之和），则理性的管理者会倾向于采用第二种决策方案，否则便会选择第三种决策方案。

管理者在企业超额现金的支配及使用过程之中扮演着关键角色，而在这一过程正体现了管理决断权这一反映战略选择能力的关键变量的运用。正如 Jensen（1986）所强调的那样，处理好企业内部持有的超额现金成为企业管理者和监管者之间需要面对的核心问题。所以，管理决断权对超额现金持有与企业过度投资行为之间的关系究竟发挥了何种作用，可以用代理理论进行合理的推断。

（一）管理决断权较大时超额现金持有与企业过度投资间的关系

首先,较高的管理决断权为企业高层管理者提供了可以增加更多投资支出的行权空间。企业投资与否、投资项目种类、具体投资方向、投资数额多少等投资决策都建立在管理者自主选择的基础之上。因此,管理决断权增大为管理者自利行为提供了更多的便利和条件,使管理者具备了更多的权限和能力来动用企业的超额现金储备,因而管理者滥用超额现金而从事企业过度投资行为的倾向会更加严重。

其次,在当前市场环境下,较大的管理决断权有助于管理者摆脱监督而从事自利行为。随着时代的发展,现代企业的公司治理机制都较为完善,管理者直接征用公司现金来谋求私利的公开途径已变得越来越少(Frésard 和 Salva,2010),更可能的情形是,企业管理者在管理决断权允许的行为空间下,将公司持有的现金用于投资活动。基于代理理论的分析,即便在管理者无法直接征用企业现金的情况下,较大的管理决断权有助于企业管理者突破相关法律法规的束缚,也有助于管理者摆脱各种内外部监管机制的控制,将企业现金投资到净现值为负($NPV<0$)的项目中去,这些项目虽然名义上是企业开展的正常投资活动,但实际上却只对管理者个人有利。

最后,较大的管理决断权为企业管理者从事机会主义行为提供了心理暗示。当企业管理者管理决断权较大时,即使管理者当前将大量的资金保留在公司,也存在着将来由于管理决断权减小而被迫将大量资金用作股利而分配给股东的担忧,所以使管理者产生了不妨趁当前管理决断权较大而尽早运用企业超额现金的心理。

所以,从这三方面来看,如果管理决断权给予企业管理者较大的行权空间,管理者基于超额现金持有的企业过度投资行为会更加严重。

（二）管理决断权较小时超额现金持有与企业过度投资间的关系

与之相反,在管理决断权发挥受限或较小的情境之下,高层管理者对超额现金持有和企业过度投资行为之间关系的影响可能不够明显。因为在管理决断权发挥受限或较小的情境之下,很可能会发生以下两种情形:一是虽然公司持有超额现金,但管理者在运用超额现金时受到了较强的监控,不能随心所欲地支配超额现金的使用,因而很难将超额现金持有运用于过度投资的机会主义行为,超额现金持有和企业过度投资之间原有的正相关关系未必成立,此时管理者从事自利行为既不具备条件,也不具备能力;二是虽然公司持有超额现金,管理者也可以自由支配现金的使用,但受限或较小的管理决断权约束了管理者实现自身利益最大化目标而背离企业或股东利益最大化目标的可能性,也就是说,即使管理者可以自由支配现金,具备了从事自利行为的条件,但也不具备从事自利行为的能力,无法通过在有损企业价值的项目上过度投资来为个人谋求私利。较小的管理决断权意味着公司各方面利益相关者对管理者监督机制的加强,管理者自主行权的空间变小。因此,较小的管理决断权没有为企业管理者的机会主义行为创造便利,即使管理者存在着将超额现金用作股利分配的担忧,但较小的管理决断权也会使管理者对决定企业当前超额现金的具体用途无能为力,所以此时超额现金持有是否会导致企业的过度投资行为则是不确定的。因此,无论处于哪种情形,在管理决断权较小时,超额现金持有与企业过度投资行为之间的正相关关系也未必能够成立。

基于上述分析,本书构造出管理决断权对超额现金持有与企业过度投资之间关系的影响模型(如图 3-5 所示),并提出假设 5。

假设 5 管理决断权对超额现金持有与企业过度投资间的正相关关系存在正向调节作用。

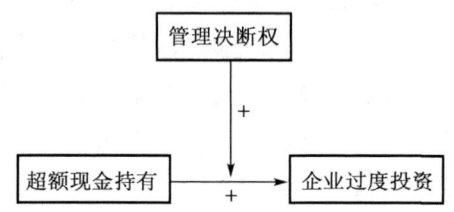

图 3-5 管理决断权对超额现金持有与企业过度投资之间关系的影响模型

根据以上推导,在假设 5 的基础之上,本书可进一步提出假设 5.1 和假设 5.2。

假设 5.1 在其他因素不变的条件下,管理决断权较大时,超额现金持有与企业过度投资间的正相关关系会增强;

假设 5.2 在其他因素不变的条件下,管理决断权较小时,超额现金持有与企业过度投资间不存在显著的相关性。

二、管理决断权对债务异质性对超额现金持有与企业过度投资行为关系调节作用的再调节作用

管理决断权代表了企业管理者在制定或者执行企业战略过程中所具备的自主选择权（Hambrick 和 Finkelstein,1987）。由于管理决断权为企业管理者从事机会主义的代理行为创造了条件和便利,使管理者的自主权放大了超额现金持有导致的企业过度投资效应。

根据前文的分析,在企业投融资决策的传导机制中,管理决断权直接对超额现金持有引起的企业过度投资行为发挥了正向调节作用。然而,在企业投融资决策传导机制中发挥调节作用的债务异质性因素,也与管理者的作用密切相关。也就是说,管理决断权不仅直接影响了企业投融资决策的传导机制,还通过对债务异质性因素发挥进一步的影响,来间接影响企业整个投融资决策过程。然而,现有关于管理决断权影响效应的研究,主要是围绕组织效能和组织现象两方面展开。对管理决断权在投融资决策传导过程的债务异质性因素作用的影响进行研究的文献少之又少,这需要我们根据现有文献的研究结论,在引入财务柔性因素后的代理理论分析框架下,进一步展开合理推断。

债务来源异质性是本书较为突出的创新之处,基于异质性的研究视角,在超额现金持有导致的企业过度投资效应中,只有债务来源异质性才能真正体现企业债务的相机治理作用。根据前文的假设,与总体负债水平、债务期限结构相比,只有债务来源异质性程度较高时,超额现金持有对企业过度投资行为的正相关影响效应才会受到遏制。具体而言,债务来源异质性发挥的相机治理作用主要体现为企业债务异质性程度较高时,企业管理者会受到多种债权人的监督,管理者不得不及时对外公布更多有关企业生产经营活动的信息,那么管理者作出过度投资的机会主义行为倾向会受到较好的遏制。在债务来源异质性的概念里,既包括了西方理论中对企业过度投资效应发挥“硬约束”作用的金融机构借款,也包含了中国理论研究中对企业过度投资效应发挥“硬约束”作用的商业信用,还包括了债券以及其他类型债务,从而回避了有关单一类型债务对企业投融资决策影响效应不同的争论。

　　当前在有关企业高层管理者管理决断权效应的研究文献中,大多探讨管理决断权影响企业绩效的问题,而较少考察企业的战略选择过程(巫景飞等,2008)。现有关于企业高层管理者管理决断权影响企业战略的研究基本上是从多元化和创新两种战略着手。多元化战略又包含产品多元化战略和地域多元化战略两种类型(张三保和张志学,2014)。关于管理决断权与企业融资多元化战略之间关联的研究文献较为缺乏。依据本书的分析,从代理理论看,管理决断权会助长企业管理者过度投资的机会主义行为,这与债务来源异质性对企业过度投资行为发挥的相机治理作用背道而驰。从管理者和债权人之间进行的博弈过程看,管理决断权增大时,管理者过度自信造成的代理问题使企业具有盲目融资和投资扩张的冲动(李定安和周健波,2007)。在管理决断权较大的企业中,管理者可以通过不断提高发行新债的频率(Hackbarth,2008),用举借新债偿还即将到期的旧债的方法来减缓企业当前因还本付息而支付现金的压力。显然,在这种方式下,管理者可通过行使管理决断权来调整企业的债务来源异质性水平。例如,管理者更倾向于向监督动机较弱、监督风格较为弱势、较容易沟通的债权人优先发行新债,更倾向于向监督动机较强、监督风格较为强势、较难以沟通的债权人优先偿还旧债,从而使企业实际的债务来源异质性水平不断朝着自己预期的方向调整,这也使债务来源异质性对企业管理层过度投资行为的约束作用逐渐减弱。然而,债务来源异质性程度较高的事实说明管理者向多种来源的债权人举债,债务来源异质性程度越高说明企业向不同主体举借的债务规模越平均,表明各种债权人对企业管理者资金运用决策具有越同等的话语权,管理者的行为也受到了越多不同债权人的监督。由于债权人主体较多,各债权人为了保证自身按期收息收本的利益,会严格要求企业管理者从事正常的投资活动。

　　(一)管理决断权较大时债务来源异质性的调节作用

　　由前文分析可得,管理者通过行使管理决断权,可以使企业实际的债务来源异质性水平不断朝着自己预期的方向调整。当管理决断权较大时,企业管理者自主行权的空间也在增大,为管理者规避多种债权人的监督创造了更多的条件,从而使管理者与各债权人在企业财务决策的博弈过程中占据了一定的优势地位。此时,较大的管理决断权为企业管理者从事过度投资的机会主义行为提供了内部条件。实际上,企业管理者究竟是否真正会实施过度投资的机会主义行为,还取决于债务相机治理机制有效发挥的外部条件是否得到满足:如果债务相机治理机制难以有效发挥,管理者既具备了实施机会主义行为的内部条件,也具备了外部条件,便会实施过度投资的机会主义行为,使超额现金持有造成的企业过度投资行为较为严重;如果债务相机治理机制作用发挥较好,管理者便不具备实施机会主义行为的外部条件,那么超额现金持有导致的企业过度投资效应便会相应减弱。

可以看出,当企业管理决断权较大时,超额现金持有必然会导致过度投资行为,至于该行为的程度严重与否则取决于债务来源异质性的调节作用。债务来源异质性程度只能削弱、却不能完全抵销管理决断权所发挥的影响,这是由债权人相对于管理者处于弱势地位所决定的。也就是说,在管理决断权较大的情境下,与债务来源异质性程度较高的企业相比,在债务来源异质性程度较低的企业中,债务相机治理机制无法得到有效发挥,超额现金持有而导致的企业过度投资行为会更严重。可以推断,相比债务来源异质性较大且管理决断权较大时,债务来源异质性较小且管理决断权较大时,超额现金持有与企业过度投资间的正相关关系更强。

（二）管理决断权较小时债务来源异质性的调节作用

当管理决断权较小时,企业管理者自主行权的空间也较小,因而管理者缺乏足够的权限和能力去从事过度投资的机会主义行为,即管理者从事过度投资的机会主义行为缺乏必要的内部条件。而债务来源异质性的债务相机治理机制难以有效发挥仅仅是机会主义行为容易发生的外部条件。当内部条件无法满足时,即便在债务相机治理机制发挥作用较差的外部环境下,企业管理者并未受到多种债权人主体的有效监督,较小的管理决断权也使管理者根本没有权限和能力去从事可能的机会主义行为。可能的原因在于,虽然债务相机治理机制发挥的作用不强,但是企业其他利益相关者(如外部审计师、机构投资者、政府相关监管部门和社会公众等)对企业管理者经营管理行为的监督作用非常强烈,或者企业所处地区的市场化和法制化水平较高,从而削弱了管理者的管理决断权,并大大缩减了管理者寻租的空间以及约束了管理者意欲从事的过度投资行为,使管理者只能安分守己地进行正常的投资活动,实现了企业管理实践中"将权力关进制度的笼子里"的真实景象。

可以看出,企业管理者真正实施过度投资的机会主义行为,是管理决断权较大的内部条件和债务相机治理机制难以有效发挥的外部条件同时具备后的结果。而内部条件是外部条件的先决因素,前者的重要性高于后者。当管理决断权较小时,债务来源异质性程度的高低不会使企业实际投资活动结果发生根本性的改变。也就是说,在当前已经存在非常强的监督环境下,管理者的管理决断权受到了极大的削弱,此时债务来源异质性的加入(即债权人监督的加入),会形成"锦上添花"的监督效应,对于监督环境以及投资活动结果的根本性改变则无法施加影响。因而可以推断,管理决断权较小时,债务来源异质性的大小对超额现金持有与过度投资间的关系没有显著影响。

基于上述分析,本书构造出管理决断权不同时,债务来源异质性对超额现金持有与企业过度投资之间关系的影响模型(如图3-6所示),并提出假设6。

假设 6 管理决断权不同时,债务来源异质性对超额现金持有与企业过度投资之间正相关关系的负向调节作用也不同。

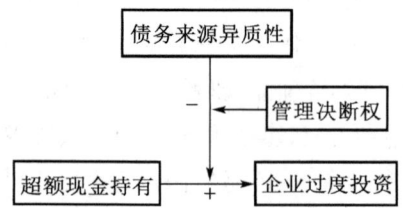

**图 3-6 管理决断权不同时,债务来源异质性对超额现
金持有与企业过度投资之间关系的影响模型**

根据以上推导,在假设6的基础之上,本书进一步提出假设6.1和假设6.2。

假设 6.1 在其他因素不变的条件下,管理决断权较大时,债务来源异质性的负向调节作用更显著。即相比债务来源异质性较大时,债务来源异质性较小时超额现金持有与企业过度投资间的正相关关系更强;

假设 6.2 在其他因素不变的条件下,管理决断权较小时,债务来源异质性的负向调节作用不显著。即债务来源异质性的大小对超额现金持有与过度投资间的关系没有显著影响。

第四章 研究设计

为了对本书第三章所提的研究假设进行实证检验,本章提出了研究设计并筛选确定研究所需的样本。首先,鉴于本书研究的主要变量都是无法直接观测的变量,没有现成的数据可以直接采用,所以本章详细阐述了如何构建相应的代理变量来测度研究所需的变量;其次,针对第三章所提的研究假设,进行了实证模型构建,给出了能具体验证这些研究假设的研究方法,列出了回归模型和变量定义表;最后,解释了本书研究样本的选择、数据来源,展示了主要变量的描述性统计分析结果,并且用聚类分析的方法证实了企业债务来源异质性的存在,这是下一章进行实证分析的基础和前提。

第一节 变量设定

超额现金持有为企业提供了现金财务柔性储备,是企业财务柔性的重要来源。本书中,我们将超额现金持有作为解释变量,将企业过度投资程度作为被解释变量,将债务异质性和管理决断权作为调节变量,而债务异质性又可以通过总体负债水平、债务期限异质性和债务来源异质性程度三个变量进行表征。这些变量都是本书研究的关键变量。然而,这些变量大多数无法被直接观测到,所以我们首先需要用相关代理变量进行间接测量,对这些变量的准确度量是我们整个研究的基础。在超额现金持有、过度投资程度、总体负债水平、债务期限异质性、债务来源异质性程度和管理决断权这六个变量中,超额现金持有和过度投资程度这两个变量通过相关指标的加减乘除也无法获得,需要根据相关计量经济学模型的残差项进行测定。残差项的涵义是指被解释变量的实际观测值与计量回归模型得出结果的拟合值之差,而这个差值是回归模型对被解释变量无法解释的部分。对总体负债水平、债务期限异质性和管理决断权这三个变量通过参考相应文献的处理方法,利用相关指标进行加减乘除的构造即可获得。然而,债务来源异质性,现有文献几乎较少涉及,需要我们根据现有理论的推导思想和已有变量的构造思路,作出开拓性的变量构建工作。

在对上述六种变量的具体测量时,我们借鉴 Opler 等(1999)、辛宇和徐莉萍(2006)、Dittmar 和 Mahrt-Smith(2007)、Harford 等(2008)及杨兴权等(2010)的研究方法,用模型残差项测度超额现金持有;借鉴 Richardson(2006)、辛清泉等(2007)、王彦超(2009)及张会丽和陆正飞(2012)对企业投资行为的度量方法,用模型残差项测度过度投资程度;借鉴 Opler 等(1999)、Richardson(2006)、辛宇和徐莉萍(2006)、Dittmar 和 Mahrt-Smith(2007)、王彦超(2009)、杨兴权等(2010)及张会丽和陆正飞(2012)的研究方法,用总负债和总资产的比值来测度企业总体负债水平的大小;借鉴孙铮等(2005)、Antoniou 等(2006)、Ju 和 Ou-Yang(2006)、涂瑞和肖作平(2010)及 Fan 等(2012)的研究方法,用长期借款占总借款的比重代表债务的期限结构,其中总借款为长期借款与短期借款的总和;未有权威文献对债务来源异质性进行定义,我们借鉴 Choi 等(2014)为了测度产品市场集中程度而构建的赫芬达尔-赫希曼指数的研究思路,参考 Colla 等(2013)的研究成果,并根据聚类分析的结果,构建了一个测量债务来源异质性程度的测量指标(胡建雄和茅宁,2015);借鉴李有根(2002)、张长征等(2006)、Dong 和 Gou(2010)及 Waldron 等(2013)的研究方法,用职位权力、报酬权力和运营权力三个代理变量来间接测度管理决断权的大小。

一、超额现金持有的度量

自从 Opler 等(1999)提出超额现金持有水平的测量模型以来,这个模型被众多学者所沿用,认可度较高,我们也继续采用此模型来测度企业超额现金持有水平的大小,具体如回归模型(15)所示。在模型(15)中,被解释变量为公司 i 在第 t 年度的实际现金持有水平($Cash_{it}$),为现金与短期投资或交易性金融资产的总和。解释变量为表示公司 i 在第 t 年度的资产规模($Asset_{it}$),用总资产测度;现金流回报率($Cfratio_{it}$),用经营活动现金流量净额测度;净营运资本水平(NWC_{it}),用营运资本扣除现金及现金等价物后的差额测度;成长性($Growth_{it}$),用 Tobin'Q 值测度,即为流通股市值、非流通股净资产账面价值、负债账面价值三者的总和与总资产的比值;资本性支出(Cap_{it}),即为购建固定资产、无形资产和其他长期资产所支付的现金总和;总体负债水平(Lev_{it}),即为总负债与总资产的比值;股利支付倾向($Payer_{it}$),为虚拟变量,如果公司当年度支付现金股利,该变量取 1,否则为 0。$Industry$ 和 $Year$ 分别代表对行业和年度因素的控制,如果该公司数据属于某行业和某年份,则相应的行业虚拟变量值和年度虚拟变量值取 1,其他为 0。同时,在变量的取值中,部分变量($Cash_{it}$、$Cfratio_{it}$、NWC_{it} 和 Cap_{it})是以其与资产规模($Asset_{it}$)的比值作为指标计算的,且部分变量($Cash_{it}$ 和 $Asset_{it}$)需将最终值取自然对数。公司实际现金持有水平与回归模型(15)得到的现金持有水平拟合值之间的差值大于 0 时,说明该公司实现了超额现金持有(Excess Cash Holdings,下文简称 ECH);若差值小于或等于 0,说明该公司并不存在超额现金持有的状况。

$$
\begin{aligned}
\ln(Cash_{it} \mid Asset_{it}) = {} & \alpha_0 + \alpha_1 \ln(Asset_{it}) + \alpha_2 (Cfratio_{it} \mid Asset_{it}) + \\
& \alpha_3 (NWC_{it} \mid Asset_{it}) + \alpha_4 Growth_{it} + \\
& \alpha_5 (Cap_{it} \mid Asset_{it}) + \alpha_6 Lev_{it} + \alpha_7 Payer_{it} + \\
& \sum Industry + \sum Year + \delta_t \qquad (4\text{-}1)
\end{aligned}
$$

二、过度投资的度量

现有关于企业过度投资问题的研究成果较为丰富,在具体度量模型上,Richardson(2006)的研究模型被采用程度最广,具体如回归模型(4-2)所示。在模型(4-2)中,被解释变量为公司 i 在第 t 年度的实际投资水平(Inv_{it}),用购建固定资产、无形资产和其他长期资产支付的现金与处置固定资产、无形资产和其他长期资产收回的现金净额之差与总资产的比值进行测度。解释变量为公司 i 在第 t−1 年度的公司年龄[$Age_{i(t-1)}$],用公司上市年限表示;股票回报率[$Return_{i(t-1)}$],用经市场调整过的、按月度计算的股票年回报率表示;成长性[$Growth_{i(t-1)}$]、总体负债水平[$Lev_{i(t-1)}$]、实际现金持有水平[$Cash_{i(t-1)}$]、资产规模[$Asset_{i(t-1)}$]、实际投资水平[$Inv_{i(t-1)}$]、行业虚拟变量($Industry$)和年度虚拟变量($Year$)的测度方法如上文所述。考虑到实际投资水平的跨期性、内生性和相关变量传导效应的滞后性,本书将所有解释变量相对于被解释变量滞后一期进行处理。在模

$$\mathrm{Inv}_{it} = \theta_0 + \theta_1 Growth_{i(t-1)} + \theta_2 Lev_{i(t-1)} + \theta_3 Cash_{i(t-1)} +$$

$$\theta_4 Age_{i(t-1)} + \theta_5 Asset_{i(t-1)} + \theta_6 Return_{i(t-1)} +$$

$$\theta_7 \mathrm{Inv}_{i(t-1)} + \sum Industry + \sum Year + \xi_t \qquad (4\text{-}2)$$

型(4-2)中,企业投资支出可以分成由企业成长机遇、行业等因素决定的预期投资和非预期投资两大部分,非预期投资实际上就是企业实际投资额和预期投资额之间的差值,而预期投资额可以看作是上市公司的一个正常的投资水平。也就是说,企业实际投资额与通过回归模型(4-2)得出的投资水平拟合值之间的差值大于 0,意味着该公司具有过度投资行为(Over Investment,下文简称 OI);差值小于 0,意味着该公司存在投资不足行为;若差值等于 0,意味着企业既不存在过度投资行为也不存在投资不足行为,企业投资效率实现了最优水平。

三、债务异质性的度量

影响企业投融资决策传导机制的债务异质性因素,可以分为债务期限异质性和债务来源异质性两类,这两种维度的债务异质性分别是由传统债务同质性变量(即总体负债水平)拓展得来。与超额现金持有、过度投资等变量的测量相比,债务异质性变量的度量不需要提取相关模型的残差,从而减少了回归提取残差项的步骤。其中,债务期限异质性,现有文献多有涉及,相关指标的测量方法较为成熟;债务来源异质性变量,现有文献几乎较少涉及,需要我们根据现有理论的推导思想和已有变量的构造思路,作出开拓性的变量构建工作。

(一)总体负债水平的度量

以 Williamson(1988)为代表的学者基于债务同质性的视角探讨了债务在企业投融资决策中所起的作用。传统基于债务同质性视角的分析并不认为不同债务在企业投融资决策中所发挥的效应有何不同,更未深入探讨不同类型债务对企业过度投资问题所起的相机治理作用之间有何关联。总体负债水平的具体测量方法如前所述,可以借鉴 Opler 等(1999)、Richardson(2006)、辛宇和徐莉萍(2006)、Dittmar 和 Mahrt-Smith(2007)、王彦超(2009)、杨兴权等(2010)及张会丽和陆正飞(2012)的研究方法,用总负债和总资产的比值来测度。可以看出,这种度量方法只反映了不同债务水平的外在影响,测度的仅仅是众多不同期限债务及不同来源债务的平均负债率水平,体现的是企业整体负债水平与整体资产水平的相对比较,无法反映不同债务所具有的异质性效应的内在本质。

(二)债务期限异质性的度量

在对债务期限异质性进行度量时,现有文献的共同思路在于,构建相关指标,体现长期债务与短期债务之间的区别。不同做法的差异仅仅在于具体指标形式的不同。黄乾富和沈红波(2009)的实证研究中,用长期借款占总资产的比重、短期借款占总资产的比重度量企业债务期限异质性。本书认为,如果能将长期借款和短期借款变量引入一个共同的指标中,研究过程则应该是比较便捷和清晰的。因此,本书借鉴孙铮等(2005)、Antoniou 等(2006)、Ju 和 Ou-Yang(2006)、涂瑞和肖作平(2010)及 Fan 等(2012)的方法,用长期借款占总借款的比重代表债务的期限结构(Debt Maturity Structure,下文简称 Maturity),其中总借款为长期借款与短期借款的总和。当然,也有权威文献用短期债务与总负债的比值度量企业债务的期限结构(如余明桂等,2006)。很显然,这与前一种度量方法本质上是相同的,而鉴于现有多数文献采用前一种构建方式,本书也采用前一种度量方法。尤其需要指出的是,前者变量的构建方式淋漓尽致地展现了短期借款和长期借款之间属性的对比,未受到其他负债类型的干扰,尤其在中外不同的资本市场中更具有现实意义。

(三)债务来源异质性的度量

未有权威文献对债务来源异质性进行定义,现有文献大多探讨单一来源债务对企业投融资决策的影响。例如,黄乾富和沈红波(2009)的研究中,用银行借款占总资产的比重、商业信用占总资产的比重来间接反映不同来源债务的异质性。继续如上的思路,我们同样构建一个指标,将所有来源的债务类型纳入同一指标,考察不同来源债务的综合效应,这才是企业债务来源异质性的真正内涵。于是,我们借鉴 Choi 等(2014)为了测度产品市场集中程度而构建的赫芬达尔-赫希曼指数的研究思路,参考 Colla 等(2013)的研究成果,并根据聚类分析的结果,构建了一个可以测量债务来源异质性程度的指标 $DSHD_{it}$(Debt Source Heterogeneity Degree),具体如下:

$$DSHD_{it} = \frac{1 - (ID_{it}^2 + CD_{it}^2 + BD_{it}^2 + OD_{it}^2)}{1 - 1/4} \tag{4-3}$$

在模型(4-3)中,与赫芬达尔-赫希曼指数的内涵相似,被解释变量债务来源异质性程度($DSHD_{it}$)实际上反映的是企业 i 在第 t 年度的债务来源多元化程度。解释变量为代表企业 i 在第 t 年度的金融机构借款率(ID_{it}),用(短期借款+长期借款)/总负债来衡量;商业信用率(CD_{it}),用(应付票据+应付账款+预收账款+长期应付款)/总负债来衡量;债券比率(BD_{it}),用应付债券/总负债来衡量;其他债务是指总负债中扣除了金融机构借款、商业信用及债券后的剩余部分,所以其他债务比率(OD_{it})采用 $1 - ID - CD - BD$ 来衡量。

模型(4-3)表明,债务来源异质性程度($DSHD_{it}$)实际上是介于 0~1 的一个数值。同时,其值与 0 越接近,债务来源异质性程度越低;与 1 越接近,债务来源异质性程度越高。当且仅当 $ID_{it} = CD_{it} = BD_{it} = OD_{it} = 1/4$ 时,$DSHD_{it}$ 取得最大值 1,这说明企业在某年度各种来源的债务水平绝对平均,分别占据 25% 的水平,不同类型的债权人因所持债权的比例相同而享有相同的话语权,各种来源债务持有量之间的差异达到了最小,企业债务多元化程度也最大;若某企业在某年度只有单一类型的债务,ID_{it}、CD_{it}、BD_{it}、OD_{it} 四个变量中只有一个变量取值为 1,其余三个变量取值均为 0,则 $DSHD_{it}$ 取值为 0,这说明企业在某年度各种来源的债务水平绝对不平均,单一的债权人类型大大增强了"一家独大"债权人的话语权,各种来源债务持有量之间的差异达到了最大,企业债务多元化程度也最低。通过如上分析可以看出,本书构建的 $DSHD_{it}$ 是衡量企业债务来源异质性程度的一种较好的指标。

四、管理决断权的度量

借鉴 Hambrick 和 Finkelstein(1987)的研究,本书引入了"管理决断权"这一概念。但影响管理决断权的因素众多,如果是考察行业间管理决断权的差异效应则需要从行业层面影响管理决断权的因素着手;如果是考察企业内部管理决断权对企业决策及产出结果影响的大小,则需要从企业内部影响管理决断权的因素着手。本书考察的是企业高层管理者的管理决断权在企业投融资决策传导机制中所发挥的作用,所以我们需要从影响管理决断权的企业内部层面因素着手来度量管理决断权的大小。参考李有根(2002)、张长征等(2006)、Dong 和 Gou(2010)及 Waldron 等(2013)的研究方法,用职位权力(Dual)、报酬权力(Wage)和运营权力(Operate)三个代理变量来间接测度管理决断权的大小。然后,取三个值的正态标准值的平均值来衡量管理决断权(Managerial Discretion,下文简称 MD)。

具体而言,职位权力指的是管理者在公司因正式职位而享有的法定权力的大小。Crossland 和 Hambrick(2007)的研究指出,当董事会进行严密而清晰的监控时,企业高层管理人员的行为空间会受到较大限制,但如果董事会的警惕性减弱后,其对企业高层管理人员的监控作用也会减弱。而当董事长和总经理两职合一时,董事会的警惕性最弱(Hayward 和 Hambrick,1997)。也就是说,在董事长兼任总经理的企业,董事会的警惕性最弱,对企业高层管理人员的监控作用也大大减弱,从而董事会的监督效果较差,此时管理者的行为空间受到较少的限制,因而职位权力较大,这已经得到了 Finkelstein 和 D'Aveni(1994)的研究支持。企业总经理本身就是企业日常经营管理活动的主要负责人,也是企业实际投资决策实施过程的直接参与者和负责人,其言行和决策需要为董事会负责,而董事长主持董事会会议,需要对总经理提交董事会的包括投资议案在内的各项议案进行审议并批准。可见,董事长对总经理的投资决策发挥了重要的监督职能,如果董事长兼任总经理的话,即大大扩展了总经理的权限,为总经理从事过度投资的机会主义行为创造了便利条件。本书在研究过程中,将董事长和总经理两职合一的企业职位权力变量赋值为 1,否则记为 0。

报酬权力指的是管理者的薪酬水平,体现了管理者在经理人市场上所具有的个人职业价值以及与利益相关者谈判时所具有的比较优势,体现的是管理者对自身薪酬设定以及企业财务决策的影响力。管理者薪酬既是管理者自身能力强弱的象征,也是其可动用的职权多少的客观反映。管理者的薪酬水平越高,说明其对于企业绩效增长的贡献越大,那么其为了获取更高绩效而可动用的职权范围也越广。李维安等(2010)和陈琪(2013)的研究中,列出公司薪酬排名前三的高管,用其薪酬平均值的对数值来表示报酬权力,此值越大则说明管理者的报酬权力越大,我们在研究过程中也采用这种测量方式。

运营权力指的是管理者支配企业资源的自由程度,企业具有更多资源时,企业管理者便有更大的行为空间(Hambrick 和 Finkelstein,1987),能更加放任地进行探索性活动(Cyert 和 March,1963)。在不同种类的资源中,营运资金是企业维持正常运转的前提,是企业短期偿债能力的重要量度,因此对于企业获取持续性的核心竞争优势非常关键。营运资金的数量越多,管理者可以动用其从事的活动的范围也越广泛(如过度投资、发放贷款、购置资产等),从而增强了管理者实际的权限。鉴于此,我们使用公司年营运资金和年营业收入的比值来测量运营权力,此值越大,说明管理者在企业日常经营管理活动中可以控制越多资源,具有越大的运营权力。

第二节　实证模型构建

一、主要模型

在开始实证分析之前,本书首先需要检验中国企业中债务来源异质性是否存在。本书根据企业债务的不同来源,将企业债务分为金融机构借款、商业信用、债券和其他债务共四大类别(其中,其他债务指的是总负债扣除金融机构借款、商业信用和债券三类债务后的剩余部分),并按以下步骤进行聚类分析。首先,将金融机构借款、商业信用、债券和其他债务占总负债之比的四项指标进行标准化。其次,以此为基础,使用强制聚类数为 4 的单一方案进行聚类,从而自动生成四组样本。总之,通过聚类分析的研究方法可以证实企业债务来源异质性是普遍存在的,具体验证过程如本章第三节所示。

当证实了中国企业债务来源存在异质性后,第三章所提出的各假设才有了成立的基础和前提。为了检验这些假设能否成立,即考察在不同情境下超额现金持有与企业过度投资行为之间的关系,包括总体负债水平、债务期限结构、债务来源异质性程度和管理决断权等因素对投融资决策传导机制的影响,还包括管理决断权对债务异质性因素调节作用的再调节效应,本书构建了如下回归模型。

为了检验假设 1,本书构建了回归模型(4-4)。

$$OI_{it} = \alpha_0 + \alpha_1 ECH1_{i(t-1)} + \alpha_2 ECH2_{i(t-1)} + \alpha_3 MFR_{i(t-1)} +$$

$$\alpha_4 OAR_{i(t-1)} + \sum Industry + \sum Year + \xi_t \qquad (4-4)$$

在模型（4-4）中，被解释变量为过度投资程度（OI），即模型（4-2）中残差大于 0 的部分。根据杨兴权（2010）的实证研究方法，解释变量为超额现金持有（ECH），可以通过 $ECH1$ 和 $ECH2$ 两个变量进行测试：$ECH1$ 为当 ECH 大于 0 时，ECH 的取值，否则为 0；$ECH2$ 为当 ECH 小于 0 时，ECH 的取值，否则为 0。

在控制变量的选取上，我们控制了行业（$Industry$）和年度（$Year$）因素的影响。此外，参考杨兴全等（2010）及张会丽和陆正飞（2012）的研究成果，我们将管理费用率（Management Fee Rate，下文简称 MFR）和其他应收款（Other Accounts Receivable，下文简称 OAR）作为控制变量。选择管理费用率和其他应收款作为控制变量，一是为了控制大股东的操纵对研究结论的影响；二是这两个指标本身就可以代表其他形式的代理行为，可以防止管理者因增加管理费用率和挪用其他应收款的代理行为对本书结论造成干扰。此外，现有文献中通常采用的其他控制变量（如资产规模、资产负债率、成长性、公司年龄等）要么已经包含在了本书对基础解释变量［ECH，模型（4-1）］和被解释变量［OI，模型（4-2）］所构建的模型中，要么被作为调节变量（Lev）检验效果，所以不需要再次将其放在主回归模型进行重复控制。

为了检验假设 2，本书构建了回归模型（4-5）。

$$OI_{it} = \alpha_0 + \alpha_1 ECH_{i(t-1)} + \alpha_2 Lev_{i(t-1)} + \alpha_3 ECH_{i(t-1)} \times Lev_{i(t-1)} +$$
$$\alpha_4 MFR_{i(t-1)} + \alpha_5 OAR_{i(t-1)} + \sum Industry + \sum Year + \xi_1$$
$$(4-5)$$

在模型（4-5）中，考察了总体负债水平（Lev）及其与超额现金持有（ECH）的交互作用（$ECH \times Lev$），其余变量的解释如前文所述。

为了检验假设 3，本书构建了回归模型（4-6）。

$$OI_{it} = \alpha_0 + \alpha_1 ECH_{i(t-1)} + \alpha_2 Maturity_{i(t-1)} +$$
$$\alpha_3 ECH_{i(t-1)} \times Maturity_{i(t-1)} + \alpha_4 MFR_{i(t-1)} +$$
$$\alpha_5 OAR_{i(t-1)} + \sum Industry + \sum Year + \xi_t \quad (4-6)$$

在模型（4-6）中，考察了债务期限结构（$Maturity$）及其与超额现金持有（ECH）的交互作用（$ECH \times Maturity$），其余变量的解释如前文所述。

为了检验假设 4，本书构建了回归模型（4-7）。

$$OI_{it} = \alpha_0 + \alpha_1 ECH_{i(t-1)} + \alpha_2 DSHD_{i(t-1)} + $$

$$\alpha_3 ECH_{i(t-1)} \times DSHD_{i(t-1)} + \alpha_4 MFR_{i(t-1)} + $$

$$\alpha_5 OAR_{i(t-1)} + \sum Industry + \sum Year + \xi_1 \quad (4-7)$$

在模型（4-7）中，考察了债务来源异质性程度（$DSHD$）及其与超额现金持有（ECH）的交互作用（$ECH \times DSHD$），其余变量的解释如前文所述。

为了检验假设 5，本书构建了回归模型（4-8）。

$$OI_{it} = \alpha_0 + \alpha_1 ECH_{i(t-1)} + \alpha_2 MD_{i(t-1)} + \alpha_3 ECH_{i(t-1)} \times MD_{i(t-1)} + $$

$$\alpha_4 MFR_{i(t-1)} + \alpha_5 OAR_{i(t-1)} + \sum Industry + \sum Year + \xi_1$$

$$(4-8)$$

在模型（4-8）中，考察了管理决断权（MD）及其与超额现金持有（ECH）的交互作用（$ECH \times MD$），其余变量的解释如前文所述。

为了检验假设 6，本书构建了回归模型（4-9）。

$$OI_{it} = \alpha_0 + \alpha_1 ECH_{i(t-1)} + \alpha_2 DSHD_{i(t-1)} + \alpha_3 ECH_{i(t-1)} \times DSHD_{i(t-1)} + $$

$$\alpha_4 ECH_{i(t-1)} \times MD_{i(t-1)} + \alpha_5 DSHD_{i(t-1)} \times MD_{i(t-1)} + $$

$$\alpha_6 ECH_{i(t-1)} \times DSHD_{i(t-1)} \times MD_{i(t-1)} + \alpha_7 MFR_{i(t-1)} + $$

$$\alpha_8 OAR_{i(t-1)} + \sum Industry + \sum Year + \xi_t \quad (4-9)$$

在模型（4-9）中，考察了超额现金持有（ECH）和债务来源异质性程度（$DSHD$）与管理决断权（MD）的三项交互作用（$ECH \times DSHD \times MD$），这也是本书着重探讨的调节的调节效应，即在不同的管理决断权下，债务来源异质性对超额现金持有造成的企业过度投资行为的约束效应究竟有何不同，其余变量的解释如前文所述。

二、变量说明

本书涉及的所有变量的具体定义以及计算方法在上文都已详细阐述过，现将其汇总列表，如表 4-1 所示。

表 4-1 变量定义表

变量属性	变量名称	变量符号	变量说明
被解释变量	过度投资程度	OI	实际新增投资额和回归模型(16)中新增投资额拟合值之间大于 0 的差值
解释变量	超额现金持有	ECH	实际现金持有水平和回归模型(15)中现金持有水平拟合值之间大于 0 的差值
调节变量	总体负债水平	Lev	总负债/总资产
	债务期限结构	Maturity	长期借款/(短期借款＋长期借款)
	债务来源异质性程度	DSHD	$DSHD_{it} = \dfrac{1-(ID_{it}^2+CD_{it}^2+BD_{it}^2+OD_{it}^2)}{1-1/4}$
	管理决断权	MD	职位权力、报酬权力和运营权力的正态标准值平均值
控制变量	管理费用率	MFR	管理费用/营业收入
	其他应收款	OAR	其他应收款/总资产
	行业虚拟变量	Industry	属于此行业,此变量取 1,否则为 0
	年度虚拟变量	Year	属于此年度,此变量取 1,否则为 0
其他变量	实际现金持有	Cash	现金＋短期投资或交易性金融资产
	资产规模	Asset	总资产
	现金流回报率	Cfratio	经营活动现金流量净额
	净营运资本	NWC	营运资本－现金及现金等价物
	成长性	Growth	Tobin'Q 值,即(流通股市值＋非流通股净资产账面价值＋负债账面价值)/总资产
	资本性支出	Cap	购建固定资产、无形资产和其他长期资产支付的现金
	股利支付倾向	Payer	虚拟变量,企业支付现金股利,该变量取 1,否则为 0
	职位权力	Dual	虚拟变量,董事长和总经理两职合一,该变量取 1,否则为 0
	报酬权力	Wage	薪酬排名前三的高管其薪酬平均值的对数
	运营权力	Operate	营运资金/营业收入

（续表）

变量属性	变量名称	变量符号	变 量 说 明
其他变量	实际投资水平	*Inv*	（固定资产、无形资产和其他长期资产购建支付的现金－处置收回的现金）/总资产
	公司年龄	*Age*	公司上市年限
	股票回报率	*Return*	经市场调整过的、以月度计算的股票年回报率
	金融机构借款率	*ID*	（短期借款＋长期借款）/总负债
	商业信用率	*CD*	（应付票据＋应付账款＋预收账款＋长期应付款）/总负债
	债券比率	*BD*	应付债券/总负债
	其他债务比率	*OD*	$1-ID-CD-BD$

第三节　样本选取及描述性统计

本书结合了国际金融危机爆发的背景，考察的是在中国经济复苏过程中，企业投融资决策关联性及动荡性情境因素对投融资决策影响效应的问题。需要排除国际金融危机对所有企业的投资决策过程及结果产生的系统性、全局性和周期性的影响。本书选取了 2009—2013 年在中国沪、深 A 股上市公司的数据作为初始研究样本。因为在实证检验过程中若干变量的测量需要用到上一年的数据，具有上一期滞后值的样本才是有意义的，所以在实际选择样本时，样本时间跨度向前延展 1 年后会舍弃部分样本，即最终所选样本的时间区间为 2010—2013 年。选取初始数据之后，我们剔除了 ST 类、*ST 类、PT 类、金融类和财务数据异常的企业样本。其中，剔除金融类上市公司样本的原因在于，金融类上市公司财务报告的编制方式和一般企业具有较大不同。对于有缺失值的样本数据，我们尽力通过查找相关年报的方式进行补齐，如果发现缺失问题较为严重且是系统原因导致的，我们则剔除该样本数据；如果发现缺失问题不严重，且并非系统原因导致的，我们则通过选取样本变量平均值的方法来替代缺失值。最终，我们得到 1 007 家样本公司的 5 035 个观测值。本书数据主要来源于 Wind 数据库和 CSMAR 数据库。

一、现金持有水平的估计

为了获得具有超额现金持有的样本,本书需要对现金持有水平模型进行回归,表 4-2 给出了现金持有水平模型主要变量的描述性统计分析结果。可以看出,企业实际现金持有水平($Cash$)的平均值(中位数)为 $-2.127(-2.059)$,实际现金持有水平为负,说明管理者运用现金的途径较为广泛,中国上市公司整体的现金流状况并不充裕。资产规模($Asset$)的平均值(中位数)为 22.260(22.058),说明上市公司整体的资产规模较大,上市公司的队伍得到了空前壮大,已成为推动国民经济发展的中坚力量和重要"助推器"。现金流回报率($Cfratio$)的平均值(中位数)为 0.042(0.042),数值为正,说明大部分企业经营活动净现金流为正,从而为企业经营活动提供了一定的"造血能力"。而净营运资本(NWC)的平均值(中位数)为 $-0.028(-0.029)$,说明营运资本扣除现金及现金等价物后的差值为负,说明企业短期偿债能力存在一定问题。成长性($Growth$)的平均值(中位数)为 1.537(1.158),说明大部分中国上市公司的 $Tobin'Q$ 值大于1,企业的市场价值是高于资产重置成本的,使购买新生产的资本产品比购买现成的资本产品更为有利,从而增加了企业的投资需求,这与当前宏观环境下企业过度投资行为较为普遍的现状也是一致的。资本性支出(Cap)的平均值(中位数)为 0.057(0.043),说明大部分企业购建固定资产、无形资产和其他长期资产支付的现金为正,这与过度投资行为较为普遍的现状也是吻合的。总体负债水平(Lev)的平均值(中位数)为 0.544(0.551),说明中国上市公司整体负债水平较为严重,结构性"去杠杆"的任务仍然迫在眉睫。最后,股利支付倾向($Payer$)的平均值(中位数)为 0.636(1),说明至少有 36.4% 的样本公司从未支付过现金股利,从而印证了中国资本市场中"铁公鸡"上市公司现金股利支付行为并不普遍的事实。整体而言,现金持有水平模型估计的各关键变量的描述性统计结果与前文分析的逻辑保持了高度一致,与当前资本市场的现实状况也较为相符,并且各变量的最大值和最小值中异常值较少,平均值和中位数也比较接近,说明各变量的取值处于较为合理的区间。

表 4-2　现金持有模型主要变量的描述性统计结果

变　量	平均值	中位数	标准差	最大值	最小值
Cash	−2.127	−2.059	0.752	−0.179	−7.090
Asset	22.260	22.058	1.310	28.464	18.951
Cfratio	0.042	0.042	0.079	0.533	−0.594
NWC	−0.028	−0.029	0.195	0.705	−0.650
Growth	1.537	1.158	1.403	21.965	0.083
Cap	0.057	0.043	0.054	0.487	0
Lev	0.544	0.551	0.174	0.992	0.047
Payer	0.636	1	0.481	1	0

注:此表部分变量的数值是根据模型(15)的形式,经与总资产相除并取对数后的结果。

表 4-3 展示了根据模型(15)进行回归后的结果。可以看出,样本公司现金持有水平与资产规模(Asset)、现金流回报率(Cfratio)、成长性(Growth)和股利支付倾向(Payer)正相关,与净营运资本(NWC)、资本性支出(Cap)、负债水平(Lev)和常数项负相关。除了成长性(Growth)和资本性支出(Cap)变量的系数不够显著之外,其他变量的系数在 1% 的水平上均高度显著。模型 R^2 值较高,整体 P 值为 0,模型的拟合优度较好。

表 4-3　现金持有模型的回归结果

变　量	系　数	标准差	t 值	p 值
Asset	0.214	0.028	7.780	0.000
Cfratio	0.735	0.102	7.180	0.000
NWC	−0.963	0.090	−10.660	0.000
Growth	0.006	0.009	0.620	0.535
Cap	−0.144	0.173	−0.830	0.407
Lev	−1.585	0.108	−14.640	0.000
Payer	0.051	0.019	2.720	0.007

（续表）

变　　量	系　　数	标准差	t 值	p 值
常数项	−6.041	0.605	−9.980	0.000
Industry	控制			
Year	控制			
观测值	5 035			
R²	0.109			
p 值	0.000			

二、投资水平的估计

为了测算企业过度投资的程度,本书需要对投资水平模型进行回归,表4-4给出了投资水平模型主要变量的描述性统计分析结果(上文已展示描述性统计结果的变量不再列出,也不再进行阐述)。可以看出,企业实际投资水平(*Inv*)的平均值(中位数)为0.053(0.040),说明企业购建固定资产、无形资产和其他长期资产所支付的现金大于处置这些资产收回的现金,即多数企业新增了资产规模,这与企业过度投资行为较为普遍的现状也保持了一致性。公司年龄(*Age*)的平均值(中位数)为11.858(12),最大值(最小值)为23(2),与本书的数据结构特征也是相符的。股票回报率(*Return*)的平均值(中位数)为0.332(0.029),说明经市场调整过的、按月度计算的股票年回报率为正。该描述性统计结果看似与现实状况不符,但仍然具有较强的合理性。这是因为,本书选择的样本期为国际金融危机爆发后,在经历国际金融危机特别是2007—2008年中国爆发的"股灾"事件后,在样本期的经济复苏过程中大部分处于历史低位的股票价格开始回升,所以股票收益率也随之增长。整体而言,投资水平模型估计的各关键变量的描述性统计结果与前文分析的逻辑保持了高度一致,与当前资本市场的现实状况也较为相符,并且最大值和最小值异常值较少,除了股票回报率(*Return*)之外,其他变量的平均值和中位数也比较接近,说明各变量的取值也处于较为合理的区间。

表 4-4 投资水平模型主要变量的描述性统计结果

变　量	平均值	中位数	标准差	最大值	最小值
Inv	0.053	0.040	0.057	0.477	−0.430
$Growth_{t-1}$	1.621	1.233	1.425	21.965	0.097
$Cash_{t-1}$	−2.106	−2.027	0.751	−0.179	−7.090
Age_{t-1}	11.858	12	4.657	23	2
$Asset_{t-1}$	22.196	22.004	1.301	28.419	18.951
$Return_{t-1}$	0.332	0.029	0.832	6.969	−0.637
Inv_{t-1}	0.055	0.042	0.059	0.477	−0.430

　　表 4-5 展示了对模型(16)进行回归的结果。可以看出,样本公司实际投资水平与上一年度成长性($Growth_{t-1}$)、上一年度现金持有水平($Cash_{t-1}$)、上一年度实际投资水平(Inv_{t-1})和常数项正相关,与上一年度负债水平(Lev_{t-1})、上一年度公司年龄(Age_{t-1})、上一年度资产规模($Asset_{t-1}$)和上一年度股票回报率($Return_{t-1}$)负相关。除了上一年度成长性($Growth_{t-1}$)变量的系数不够显著之外,其他变量的系数在 1% 的水平上均高度显著。模型 R^2 值较高,整体 P 值为 0,模型的拟合优度较好。

表 4-5 投资水平模型的回归结果

变　量	系　数	标准差	t 值	p 值
$Growth_{t-1}$	0.001	0.001	0.890	0.372
Lev_{t-1}	−0.077	0.011	−7.160	0.000
$Cash_{t-1}$	0.015	0.002	8.620	0.000
Age_{t-1}	−0.003	0.001	−3.700	0.000
$Asset_{t-1}$	−0.009	0.003	−2.890	0.004
$Return_{t-1}$	−0.004	0.001	−3.460	0.001
Inv_{t-1}	0.068	0.017	4.100	0.000
常数项	0.359	0.067	5.340	0.000
$Industry$	控制			
$Year$	控制			

（续表）

变　量	系　数	标准差	t 值	p 值
观测值	4 028			
R²	0.080			
p 值	0.000			

三、主要变量的描述性统计分析

经过前文的研究设计，我们构造了超额现金持有、过度投资程度等一系列关键变量。表 4-6 列出了本书主要研究变量超额现金持有（ECH）、过度投资程度（OI）、债务期限结构（$Maturity$）、债务来源异质性程度（$DSHD$）、管理决断权（MD）、管理费用率（MFR）和其他应收款（OAR）变量的描述性统计结果。

可以看出，超额现金持有（ECH）、过度投资程度（OI）的平均值为 0，是因为这些变量是通过提取回归模型残差的方式得到的，在普通最小二乘条件下回归模型的残差服从于平均值为 0 的正态分布。超额现金持有（ECH）的中位数为正（0.122），与表 4-2 现金持有模型主要变量的描述性统计结果中 $Cash$ 的平均值（中位数）为 -2.127（-2.059）有显著不同。这说明企业超额现金持有水平与企业实际现金持有水平这两个概念具有本质上的差异，尽管企业实际现金持有水平并不充裕，而大部分企业超额现金持有水平为正数，但还是为管理者滥用超额现金而从事过度投资的机会主义行为创造了条件。超额现金持有（ECH）的标准差（0.821）是中位数（0.122）的 6.7 倍，说明不同企业的超额现金持有水平存在较大的差异。债务期限结构（$Maturity$）的平均值和中位数分别为 0.329 和 0.230，均小于 0.5 的平均水平，说明在中国上市公司中，超过一半以上的企业以短期债务融资为主。由于短期债务的风险比长期债务的风险相对较低，所以这可以看作是债权人为了降低风险而自我保护的一种手段，与孙铮等（2005）、黄乾富和沈红波（2009）等国内学者的研究发现一致。债务来源异质性程度（$DSHD$）的平均值和中位数分别为 0.643 和 0.677，均大于 0.5 的平均水平，这说明中国上市公司保持了较高水平的债务来源异质性程度，其债务来源还是较为多元化的。管理决断权（MD）的平均值为 0，这是因为在构建这一变量时,三个指标本身就服从标准正态分布,三个指标的算术平均值依然服从平均值为 0 的正态分布。管理费用率(MFR)和其他应收款(OAR)的平均值(中位数)分别为 0.084(0.066)、0.019(0.009),均为正值,说明在中国上市公司的企业管理实践中,大股东操纵的现象确实存在,且为管理者增加管理费用率、挪用其他应收款的机会主义行为也创造了条件。

因此,从描述性统计结果可以得出,各变量最大值和最小值中异常值较少,平均值和中位数也比较接近。各变量的取值处于较为合理的区间,且与之前构建变量的操作原理完全相符,故而可以继续用作后文的实证分析。

表 4-6 主要变量的描述性统计结果

变 量	平均值	中位数	标准差	最大值	最小值
ECH	0	0.122	0.821	2.196	−5.233
OI	0	−0.009	0.058	0.382	−0.484
$Maturity$	0.329	0.230	0.327	1	0
$DSHD$	0.643	0.677	0.146	0.998	0.082
MD	0	−0.091	0.591	9.884	−10.188
MFR	0.084	0.066	0.110	2.839	0.002
OAR	0.019	0.009	0.030	0.511	0

本书探究的主效应为超额现金持有与企业过度投资行为之间的关系,而非效率投资又具有过度投资和投资不足两种形式,投资不足不在本书的研究范围之内,所以必须选择具有过度投资行为的企业样本。因此,我们选取过度投资程度(OI)也大于 0 的样本来探讨超额现金持有对企业过度投资行为的影响。其中,我们对模型(16)的残差展开细致分析,投资水平模型残差统计结果如表 4-7 所示。

表 4-7 中数值保留了小数点后三位数字,并采用四舍五入的方法进行估计。可以看出,残差等于 0(即未发生非效率投资)的观测值只有 31 个,占总样本比重的 0.770%;残差小于 0(即投资不足)的观测值有 2 276 个,占总样本比重的 56.504%;残差大于 0(即过度投资)的观测值有 1 721 个,

占总样本比重的 42.726%。可以看出,从总体上来说,中国上市公司非效率投资现象较为严重和较为普遍,未发生非效率投资行为的企业数量非常少,比重 0.770% 也非常低。而在发生非效率投资行为的企业样本中,企业投资不足行为比过度投资行为更为普遍,因为投资不足样本企业的比重 56.504% 大于过度投资样本企业的比重 42.726%。但是,过度投资行为却比投资不足行为更加严重,这是因为从平均值和中位数的绝对值来看,过度投资程度的 0.050 和 0.034 分别都大于投资不足程度的 0.037 和 0.032。这种统计结果与张功富和宋献中(2009)的研究成果也一致。

本书提取残差大于 0(即过度投资)的企业样本,这是后文开展实证分析所需的研究样本,并依次进行如下处理:首先,为了提高计算的准确性,在后文的研究中,本书突破了小数点后保留三位数字的界限,根据 stata 软件处理后的结果,将全体样本按照 ξ 值与 0 的大小,分为过度投资样本和投资不足样本,最终得到过度投资样本($\xi > 0$)的 1 733 个观测值。其次,为了防止多重共线性对本书研究结论造成的干扰,避免线性回归模型中多个解释变量之间由于具有精确相关关系或者高度相关关系而导致模型估计结果失真或难以准确估计,本书依次计算了各变量的方差膨胀因子(VIF)值,发现各变量的 VIF 值均小于 4,说明各变量间并不存在严重的多重共线性问题。最后,为了剔除数据异常值对研究结论的干扰,本书还对所有连续变量进行了 1% 和 99% 分位的缩尾处理(Winsorize),即对于小于 1% 的变量用 1% 的分位值赋值,对于大于 99% 的变量则用 99% 的分位值赋值。

表 4-7 投资水平模型残差统计结果

变 量	观测值	比 例	平均值	中位数	标准差	最大值	最小值
$\xi = 0$	31	0.770%	0.000	0.000	0.000	0.000	0.000
$\xi < 0$	2 276	56.504%	−0.037	−0.032	0.031	−0.001	−0.484
$\xi > 0$	1 721	42.726%	0.050	0.034	0.048	0.382	0.001

四、中国企业债务来源存在异质性的证明

债务来源异质性在企业投融资决策中扮演了什么样的角色,这是本书需要探讨的一个重要问题。然而,作为研究工作的一项重要前提,我们首

先需得到证实：在中国上市公司中，债务来源异质性究竟是否真正存在。如果债务来源异质性是不存在的，那么探究其对企业投融资决策所发挥的作用则是没有意义的，本书的立论自然也难以支撑。所以必须首先对中国上市公司债务来源异质性的存在进行严谨证明。

如本小节研究设计所述，在选择研究样本时，最终本书得到了 1 007 家样本公司 2009—2013 年共 5 035 个观测值，已将数据整理成平衡面板的数据形式。根据企业债务的不同来源，本书将债务分为金融机构借款、商业信用、债券和其他债务共四大类别（其中，其他债务指的是总负债扣除金融机构借款、商业信用和债券等债务后的剩余部分），开始进行聚类分析。将样本对象不同的负债比率进行聚类，试图使相同类别中的对象间的相似性比和其他类的对象的相似性更强。具体聚类过程如下：首先，将金融机构借款、商业信用、债券和其他债务占总负债之比的四项指标实施标准化处理。进而，在此基础上，使用强制聚类数为 4 的单一方案展开聚类分析，自动生成四组样本。

图 4-1 和表 4-8 展示了全体债务分为金融机构借款、商业信用、债券和其他债务之后进行聚类分析处理的结果。

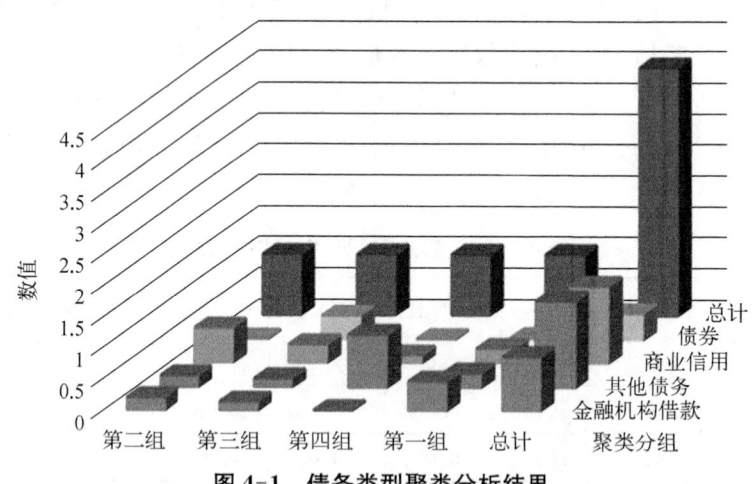

图 4-1　债务类型聚类分析结果

资料来源：根据 stata 14.0、spss19.0、excel 等软件操作结果整理而得。①

---

① 图 4-1 中，纵轴表示的是金融机构借款、其他债务、商业信用和债券占总负债之比的四项指标标准化后的数值。聚类分析所得的第一至第四组每组样本中，各种来源债务的比例之和均为 1，所以第一至第四组的"总计"一行立柱的高度均为 1，四项"总计"值之和即最长立柱的高度为 4。

表 4-8 债务类型聚类分析结果

债务类型	聚类分组	数量	平均值	中位数	标准差	最大值	最小值
金融机构借款	第一组	3 424	0.498	0.495	0.180	0.955	0.001
	第二组	1 499	0.221	0.235	0.109	0.425	0.001
	第三组	84	0.159	0.144	0.098	0.374	0.001
	第四组	28	0.018	0.009	0.027	0.107	0.000
商业信用	第一组	3 424	0.244	0.235	0.120	0.545	0.001
	第二组	1 499	0.574	0.562	0.137	0.968	0.275
	第三组	84	0.308	0.291	0.150	0.596	0.003
	第四组	28	0.133	0.158	0.069	0.219	0.004
债券	第一组	3 424	0.032	0.000	0.155	0.466	0.000
	第二组	1 499	0.012	0.000	0.041	0.325	0.000
	第三组	84	0.392	0.380	0.113	0.728	0.229
	第四组	28	0.003	0.000	0.010	0.038	0.000
其他债务	第一组	3 424	0.226	0.183	0.155	0.811	0.002
	第二组	1 499	0.193	0.189	0.096	0.418	0.000
	第三组	84	0.142	0.117	0.089	0.422	0.013
	第四组	28	0.846	0.822	0.056	0.951	0.769

第一,图 4-1 聚类分析生成的第一至第四组样本中,柱状体最高的债务类型即为这组企业样本最主要的负债来源,也反映了这组企业样本最主要的负债类型,而四组样本最主要的负债类型存在较为明显的差异:第一组中金融机构借款比率要显著高于其他三组,第二组中商业信用比率要显著高于其他三组,第三组中债券比率要显著高于其他三组,第四组中其他债务比率要显著高于其他三组。此外,在每一组中,除了最主要的负债类型较为突出外,其他三种负债类型持有水平的高低并不明显。总之,不同企业由于自身的实际状况,会具有不同的融资结构,四种债务类型的比率高低也各有差异。

如上结论还可以通过表 4-8 中每组样本的平均值、中位数和最大值信息得到进一步验证,因为从不同债务类型的组别来看,第一至第四组样本中都具有各自占绝对优势的债务类型,表现为对应的负债平均值和最大值都会出现在此组样本中。具体而言,在表 4-8 第二行金融机构借款组中,第一组的平均值(0.498)明显大于第二、第三和第四组的平均值(分别为0.221、0.159 和 0.018),中位数(0.495)明显大于第二、第三和第四组的中位数(分别为 0.235、0.144 和 0.009),最大值(0.955)也明显大于第二、第三和第四组的最大值(分别为 0.425、0.374 和 0.107),最小值(0.001)也并不小于第二、第三和第四组的最小值(分别为 0.001、0.001 和 0.000);商业信用组中,第二组的平均值(0.574)明显大于第一、第三和第四组的平均值(分别为 0.244、0.308 和 0.133),中位数(0.562)明显大于第一、第三和第四组的中位数(分别为 0.235、0.291 和 0.158),最大值(0.968)也明显大于第一、第三和第四组的最大值(分别为 0.545、0.596 和 0.219),甚至于其最小值(0.275)也明显大于第一、第三和第四组的最小值(分别为 0.001、0.003 和 0.004);债券组中,第三组的平均值(0.392)明显大于第一、第二和第四组的平均值(分别为 0.032、0.012 和 0.003),中位数(0.380)明显大于第一、第二和第四组的中位数(分别为 0.000、0.000 和 0.000),且最大值(0.728)也明显大于第一、第二和第四组的最大值(分别为 0.466、0.325 和0.038),甚至于其最小值(0.229)也明显大于第一、第二和第四组的最小值(分别为 0.000、0.000 和 0.000);其他债务组中,第四组的平均值(0.846)明显大于第一、第二和第三组的平均值(分别为 0.226、0.193 和 0.142),中位数(0.822)明显大于第一、第二和第三组的中位数(分别为 0.183、0.189 和 0.117),且最大值(0.951)也明显大于第一、第二和第三组的最大值(分别为 0.811、0.418 和 0.422),甚至于其最小值(0.769)也明显大于第一、第二和第三组的最小值(分别为 0.002、0.000 和 0.013)。

第二,表 4-8 中聚类分析生成的第一至第四组样本中,第一组的样本数量(3 424)最多,其次是第二组的样本数量(1 499),然后是第三组的样本数量(84),最少的是第四组的样本数量(28),且四组样本的数量之和正好等于 5 035,与全体样本观测值的总和相等。第一至第四组样本中,首先是以金融机构借款为主要负债类型的样本数量最多,其次是以商业信用为主要负债类型的样本数量,再次是以债券为主要负债类型的样本数量,最后是以其他债务为主要负债类型的样本数量。这表明,中国上市公司的债务来源类型中,以金融机构借款为主要类型,其次是商业信用,再次是债券,以其他债务为主要融资类型的企业样本最少。这些事实充分说明,就整体而言,中国上市公司债务融资的类型具有多样化的特征,完全依靠单一类型债务进行融资的企业极少。否则,无法根据不同类型债务占比的高低实现表 4-8 聚类分析的结果,图 4-1 也不可能呈现相对均匀的聚类分布状况[1]。

从上述聚类结果及其分析过程可以看出,中国上市公司中不同来源债务融资的异质性较为普遍,表明从债务来源异质性角度出发研究债务来源异质性对企业投融资决策的影响是合理的。既然债务来源异质性确实是存在的,那么其对企业投融资决策过程及结果必然也产生了相应的影响。所以本小节内容证明中国企业债务来源存在异质性,为下一章的实证分析提供了基础和前提。

---

[1] 中国企业债务来源异质性的具体证明推导过程可以参见胡建雄和茅宁的《债务来源异质性对企业投资扭曲行为影响的实证研究》,《管理科学》2015 年第 1 期。胡建雄和茅宁。

第五章　实证分析

根据第四章中所选择的样本,本章对收集来的数据进行处理。首先,计算出本书研究所需的关键变量;其次,分别运用层级回归、全组交互项回归、分组回归、稳健性检验等方法对变量间的关系进行检验,依据数据处理后的结果,来验证第三章中的各假设是否能够成立。

第一节　超额现金持有与企业过度投资间关系的检验

一、回归分析结果

本小节对检验假设1的实证结果进行分析。

假设1　超额现金持有水平与企业过度投资程度之间存在正相关关系,即超额现金持有水平越高,企业过度投资程度就越大。

表 5-1 是考察超额现金持有水平对企业过度投资影响作用的回归结果。其中,模型 a 是以过度投资程度(OI)为被解释变量,超额现金持有(ECH)为解释变量的回归结果。其中,根据杨兴权(2010)的实证研究方法,超额现金持有(ECH)可以通过 $ECH1$ 和 $ECH2$ 两个变量进行测试:$ECH1$ 为当 ECH 大于 0 时,取 ECH 的值,否则为 0;$ECH2$ 为当 ECH 小于 0 时,取 ECH 的值,否则为 0。为了检验该模型的研究结论对控制变量的敏感性,模型 b 是在模型 a 的基础上,添加管理费用率(MFR)和其他应收款(OAR)为控制变量的回归结果。模型 a 和模型 b 均对行业和年度因素进行了控制[①]。

模型 a 表明(见表 5-1),$ECH1$ 的系数在 10% 的水平上显著为正,

---

① 本回归结果与杨兴权等(2010)的研究结果基本吻合。

$ECH2$ 的系数在 1% 的水平上显著为负,说明与不具有超额现金持有的样本相比,具有超额现金持有的样本公司随着超额现金持有水平的上升,企业过度投资程度也在不断增大。p 值 0.000 说明模型 a 整体显著性较高,R^2 值 0.080 说明了模型 a 的拟合优度水平也较高。

模型 b 表明(见表 5-1),在添加了控制变量之后,$ECH1$ 和 $ECH2$ 的系数值及其显著性都未发生明显变化,常数项也仍然在 1% 的水平上显著为正,控制变量管理费用率(MFR)的系数为正却不显著,其他应收款(OAR)的系数在 1% 的水平上显著为负,p 值为 0.000 说明模型 b 整体显著性依然较高,R^2 值为 0.083 说明模型 b 的拟合优度水平相比模型 a 有所提高。这充分说明,超额现金持有对企业过度投资的正向影响仍然显著不变。因此,假设 1 被验证。

表 5-1 超额现金持有对企业过度投资影响作用的回归结果

变 量	模型 a	模型 b
$ECH1_{i(t-1)}$	0.006* (0.004)	0.007* (0.004)
$ECH2_{i(t-1)}$	−0.012*** (0.002)	−0.011*** (0.002)
$MFR_{i(t-1)}$		0.004 (0.018)
$OAR_{i(t-1)}$		−0.110*** (0.044)
常数项	0.031*** (0.012)	0.034*** (0.012)
Industry	控制	控制
Year	控制	控制
观测值	1 733	1 733
R^2	0.080	0.083
p 值	0.000	0.000

注:本书中*、**和***分别表示在 10%、5% 和 1% 的水平上显著,括号外的数值表示变量的系数值大小,括号里的数值表示经过了公司层面群聚调整(Clustered by Firm)后的稳健标准误,后同。

二、稳健性证明

超额现金持有水平与企业过度投资间的关系作为本书实证分析的主效应,其成立与否至关重要。因此,需要进行稳健性证明,从而为进一步的实证分析奠定基础。

(一)替换变量测量指标

本书用购建固定资产、无形资产及其他长期资产支付的现金减去处置固定资产、无形资产及其他长期资产收回的现金之差除以总资产的比值来表示企业新增投资水平。也借鉴姜付秀等(2009)、王克敏等(2017)的做法,用总投资和维持性投资的差来衡量企业的新增投资水平。具体如模型(5-1)、模型(5-2)和模型(5-3)所示。

$$Itotal_{it} = CAPEX_{it} + Acquisitions_{it} - SaleAsset_{it} \qquad (5-1)$$

$$Itotal_{it} = Imaintenance_{it} + Inew_{it} \qquad (5-2)$$

$$Inew_{i(t+1)} =$$

$$\underbrace{\beta_0 + \beta_1 Growth_{it} + \beta_j \sum_{j=1}^{j=J} Control_{jit} + \sum Industry + \sum Year + \varphi_t}_{Inew_{it}^*} \qquad (5-3)$$

模型(5-1)中,Itotal 是企业的总投资额,界定为企业全部的资本性支出,加上现金收购支出,并扣除出售资产所得收入后的余额。资本性支出、现金收购支出和出售资产所得收入分别用 $CAPEX$、$Acquisitions$ 和 $SaleAsset$ 表示。模型(5-2)中,总投资额($Itotal$)又可以分为两部分:一部分为维持企业资产正常运营(原有功效保持不变)的折旧和摊销花费,即维持性投资($Imaintenance$);另一部分为新方案的投资性支出($Inew$)。模型(5-3)中,第 t+1 期新方案的投资性支出($Inew$)可以进一步分解为新方案的预期投资性支出($Inew^*$)和非预期投资性支出(φ)两部分。其中,第 t 期企业成长性($Growth$),用销售收入增长率表示;控制变量($Control$)代表第 t 期影响投资支出的其他因素,包括资产负债率、资产规模、公司年龄、货币资金、股票收益率和投资水平等;$Industry$ 和 $Year$ 分别代表控制行业效应和年度效应。新方案的投资支出模型得出的预期投资性支出是理想的投资水平($Inew^*$),残差项的非预期投资性支出的绝对值 $|\varphi|$ 代表了非效率投

资水平($Inefficient$)。具体而言,当$\varphi>0$时,非效率投资表现为过度投资(OI),且$OI=\varphi$;$\varphi<0$时,非效率投资表现为投资不足($Under$),且$Under=-\varphi$;$\varphi=0$时,说明企业不存在非效率投资;φ越大,说明企业过度投资水平越高,即投资效率越低。

本书用$Tobin'Q$的值来衡量企业的成长机会,也可以借鉴黄珺和黄妮(2012)的做法,用企业销售收入增长率作为成长机会的替代变量,因为$Tobin'Q$的值可能与个别变量会存在多重共线性问题,而销售收入增长率代表的是企业业务量的扩张和收缩,直接决定了企业经营活动的规模大小,是企业成长能力强弱的重要反映。替换这些指标之后,替代计算的结果与以上得到的结果均未有显著的区别,这充分说明本书结论经受住了指标敏感性的测试,具有一定的稳健性。

(二)更换模型

根据霍斯曼效应的检验结果,本书采用固定效应的线性平衡面板数据模型进行了检验,有效地控制了可能遗漏的不随时间改变的公司固定特征因素对回归结果的影响。在稳健性检验中,还使用混合最小二乘法(Pooled OLS)进行了直接估计,发现模型系数的符号及显著性水平与本书结果基本一致,说明本书结论不因研究模型的更换而发生改变,从而更加证实了本书模型的稳健性。

(三)残差筛选

Richardson(2006)模型的一个重要假定是,上市公司整体投资行为是正常的,即不存在整体性的投资不足或过度投资行为。否则,在用模型残差来计量过度投资时,会产生系统性偏差。为了解决这一问题,本书在展开回归分析之前,首先对残差的取值特征进行了描述性统计分析。表4-7所示,残差等于0(即未发生非效率投资)的观测值只有31个,占总样本比重的0.770%;残差小于0(即投资不足)的观测值有2 276个,占总样本比重的56.504%;残差大于0(即过度投资)的观测值有1 721个,占总样本比重的42.726%。可以看出,残差小于0(即投资不足)的样本数目略多于残差大于0(即过度投资)的样本。这说明本书样本并不存在整体性的投资不足或过度投资的系统性偏差,否则过度投资或投资不足的企业样本的比例将呈现"一边倒"的绝对优势或绝对劣势。该结论也与张功富和宋献中(2009)的研究发现一致。为了进一步证实这种偏差的非存在性,可以继续将模型(16)所得的残差按大小不同分为三组,剔除中间一组重新进行检验,结果并未发生实质性的变化。综上所述,可以看出,本书构建的模型具有较强的稳健性。

(四) 中位数回归

为了检验研究结论对样本数据异常值的敏感性,本书还参考王化成等(2015)的研究,对异常值不敏感的中位数进行了回归。研究发现,虽然主要变量的系数值和显著性水平有所降低,但仍与上文结论保持了一致。这充分说明,本书的研究结论并非是由于数据异常值所致,具有较强的稳健性。

第二节　债务异质性对超额现金持有与企业过度投资间关系的调节作用检验

一、总体负债水平对超额现金持有与企业过度投资间关系的调节作用检验

本小节对检验假设 2 的实证结果进行分析。

假设 2　总体负债水平对超额现金持有与企业过度投资之间的关系没有显著的调节作用。

表 5-2 是利用层级回归法考察总体负债水平对超额现金持有水平与企业过度投资间关系调节作用的回归结果。其中,模型 a 是以过度投资程度(OI)为被解释变量,管理费用率(MFR)和其他应收款(OAR)为控制变量的回归模型。模型 b 在模型 a 的基础上,添加解释变量超额现金持有(ECH)和总体负债水平(Lev)之后的回归模型。模型 c 是在模型 b 的基础上,添加检测调节作用大小的总体负债水平(Lev)和超额现金持有(ECH)的交互项($ECH \times Lev$)的回归模型。模型 a、b 和模型 c 均对行业和年度因素进行了控制。

模型 b 表明(见表 5-2),在添加了解释变量超额现金持有(ECH)和调节变量总体负债水平(Lev)之后,超额现金持有(ECH)与过度投资程度(OI)之间具有显著的正相关关系(在 10% 的水平上正相关),而总体负债水平(Lev)对过度投资程度(OI)的影响效应为负,但系数却并不显著,控制变量管理费用率(MFR)的系数为正却不显著,其他应收款(OAR)的系数在 10% 的水平

上显著为负,常数项在 1% 的水平上显著为正,p 值为 0.000 说明模型 b 整体显著性依然较高,R^2 值为 0.084 说明了模型 b 的拟合优度水平较高。

模型 c 表明(见表 5-2),在添加了检测调节作用大小的总体负债水平(Lev)和超额现金持有(ECH)的交互项($ECH \times Lev$)之后,管理决断权和超额现金持有的交互项($ECH \times Lev$)系数为负,却不显著,这说明用总体负债水平衡量的债务相机治理机制虽然对超额现金持有造成的过度投资行为发挥了一定的约束效应,但这种约束效应却未能通过统计学的检验。p 值为 0.000 说明模型 c 整体显著性较高,R^2 值为 0.084 说明了模型 c 的拟合优度水平依然较高。这充分说明,当总体负债水平改变时,超额现金持有与企业过度投资之间的正相关关系并没有发生显著性的变化,假设 2 被验证。

表 5-2 总体负债水平对超额现金持有与企业
过度投资间关系调节作用的回归结果

变　　量	模型 a	模型 b	模型 c
$ECH_{i(t-1)}$		0.006* (0.004)	0.012 (0.016)
$Lev_{i(t-1)}$		−0.010 (0.008)	−0.008 (0.009)
$ECH_{i(t-1)} \times Lev_{i(t-1)}$			−0.008 (0.022)
$MFR_{i(t-1)}$	0.002 (0.018)	0.002 (0.018)	0.003 (0.018)
$OAR_{i(t-1)}$	−0.117*** (0.044)	−0.110* (0.044)	−0.111** (0.044)
常数项	0.039*** (0.012)	0.041*** (0.013)	0.040*** (0.014)
$Industry$	控制	控制	控制
$Year$	控制	控制	控制
观测值	1 733	1 733	1 733
R^2	0.062	0.084	0.084
p 值	0.000	0.000	0.000

二、债务期限异质性对超额现金持有与企业过度投资间关系的调节作用检验

本小节对检验假设 3 的实证结果进行分析。

假设 3   债务期限异质性对超额现金持有与企业过度投资之间的正相关关系存在正向调节作用,即债务期限结构越长,超额现金持有与企业过度投资之间的正相关关系越大。

表 5-3 是利用层级回归法考察债务期限异质性对超额现金持有水平与企业过度投资间关系调节作用的回归结果。其中,模型 a 是以过度投资程度(OI)为被解释变量,管理费用率(MFR)和其他应收款(OAR)为控制变量的回归模型。模型 b 在模型 a 的基础上,添加解释变量超额现金持有(ECH)和调节变量债务期限结构($Maturity$)之后的回归模型。模型 c 在模型 b 的基础上,添加检测调节作用大小的债务期限结构($Maturity$)和超额现金持有(ECH)的交互项($ECH \times Maturity$)的回归模型。模型 a、b 和模型 c 均对行业和年度因素进行了控制。

模型 b 表明(见表 5-3),在添加了解释变量超额现金持有(ECH)和调节变量债务期限结构($Maturity$)之后,超额现金持有(ECH)与过度投资程度(OI)之间具有显著的正相关关系(在 5% 的水平上正相关),而债务期限结构($Maturity$)对过度投资程度(OI)也具有显著性的正向影响(在 1% 的水平上正相关),控制变量管理费用率(MFR)的系数为正却不显著,其他应收款(OAR)的系数在 5% 的水平上显著为负,常数项在 5% 的水平上显著为正,p 值为 0.000 说明模型 b 整体显著性依然较高,R^2 值为 0.110 说明了与模型 a 相比,模型 b 的拟合优度水平大幅提升。

模型 c 表明(见表 5-3),在添加了检测调节作用大小的债务期限结构($Maturity$)和超额现金持有(ECH)的交互项($ECH \times Maturity$)之后,债务期限结构和超额现金持有的交互项($ECH \times Maturity$)系数为正,且在 1% 的水平上高度显著。其他变量的系数值和显著性水平与模型 a 和模型 b 相比则未发生明显的改变。p 值为 0.000 说明模型 c 整体显著性依然较高,R^2 值为 0.117 说明模型 c 的拟合优度水平比模型 a 和模型 b 都有所提高。这充分说明,债务期限异质性对超额现金持有与企业过度投资之间的正相关关系存在正向调节作用,即债务期限结构越长,超额现金持有与企

业过度投资之间的正相关关系越大。假设 3 被验证。

表 5-3　债务期限异质性对超额现金持有与企业
过度投资间关系调节作用的回归结果

变　　量	模型 a	模型 b	模型 c
$ECH_{i(t-1)}$		0.008** (0.004)	0.009** (0.005)
$Maturity_{i(t-1)}$		0.028*** (0.004)	0.029*** (0.003)
$ECH_{i(t-1)} * Maturity_{i(t-1)}$			0.044*** (0.012)
$MFR_{i(t-1)}$	0.002 (0.018)	0.008 (0.017)	0.002 (0.017)
$OAR_{i(t-1)}$	−0.117*** (0.044)	−0.095** (0.043)	−0.099** (0.043)
常数项	0.039** (0.012)	0.026** (0.012)	0.028** (0.012)
$Industry$	控制	控制	控制
$Year$	控制	控制	控制
观测值	1 733	1 733	1 733
R^2	0.062	0.110	0.117
p 值	0.000	0.000	0.000

三、债务来源异质性对超额现金持有与企业过度投资间关系的调节作用检验

本小节对检验假设 4(假设 4.1 和假设 4.2)的实证结果进行分析。

假设 4　债务来源异质性对超额现金持有与企业过度投资之间的正相关关系存在负向调节作用。

假设 4.1　在其他因素不变的条件下,债务来源异质性较小时,超额现金持有与企业过度投资间的正相关关系会增强。

假设 4.2　在其他因素不变的条件下,债务来源异质性较大时,超额现金持有与企业过度投资间不存在显著的相关性。

表 5-4 是利用层级回归法考察债务来源异质性对超额现金持有水平与企业过度投资间关系调节作用的回归结果。其中,模型 a 是以过度投资程度(OI)为被解释变量,管理费用率(MFR)和其他应收款(OAR)为控制变量的回归模型。模型 b 是在模型 a 的基础上,添加解释变量超额现金持有(ECH)和调节变量债务来源异质性程度($DSHD$)之后的回归模型。模型 c 是在模型 b 的基础上,添加检测调节作用大小的债务来源异质性程度($DSHD$)和超额现金持有(ECH)的交互项($ECH×DSHD$)的回归模型。模型 a、b 和模型 c 均对行业和年度因素进行了控制。

模型 b 表明(见表 5-4),在添加了解释变量超额现金持有(ECH)和调节变量债务来源异质性程度($DSHD$)之后,超额现金持有(ECH)与过度投资程度(OI)之间具有显著的正相关关系(在 10% 的水平上正相关),而债务来源异质性程度($DSHD$)的系数为负,却不显著,控制变量管理费用率(MFR)的系数为正却不显著,其他应收款(OAR)的系数在 5% 的水平上显著为负,常数项在 1% 的水平上显著为正,p 值为 0.000 说明模型 b 整体显著性依然较高,R^2 值为 0.084 说明了模型 b 的拟合优度水平较高。

模型 c 表明(见表 5-4),在添加了检测调节作用大小的债务来源异质性程度($DSHD$)和超额现金持有(ECH)的交互项($ECH×DSHD$)之后,债务来源异质性程度和超额现金持有的交互项($ECH×DSHD$)系数为负,且在 1% 的水平上高度显著。尤其值得关注的是,模型 c 中 ECH 与交互项($ECH*DSHD$)系数之和为负,这说明债务来源异质性所发挥的债务相机治理作用非常显著,几乎完全地抑制了超额现金持有导致的过度投资行为,使企业管理者的实际投资结果发生了根本性的转变。其他变量的系数值和显著性水平与模型 a 和模型 b 相比则未发生明显的改变。p 值为 0.000 说明模型 c 整体显著性依然较高,R^2 值为 0.088 说明了模型 c 的拟合优度水平比模型 a 和模型 b 都有所提高。这充分说明,债务来源异质性对超额现金持有与企业过度投资之间的正相关关系存在负向调节作用,假设 4 被验证。

表 5-4　债务来源异质性对超额现金持有与企业
过度投资间关系调节作用的回归结果

变　　量	模型 a	模型 b	模型 c
$ECH_{i(t-1)}$		0.007* (0.004)	0.042*** (0.013)
$DSHD_{i(t-1)}$		−0.005 (0.008)	0.008 (0.009)
$ECH_{i(t-1)} \times DSHD_{i(t-1)}$			−0.058*** (0.020)
$MFR_{i(t-1)}$	0.002 (0.018)	0.003 (0.018)	0.001 (0.018)
$OAR_{i(t-1)}$	−0.117*** (0.044)	−0.107** (0.044)	−0.106** (0.044)
常数项	0.039*** (0.012)	0.036*** (0.012)	0.034*** (0.012)
Industry	控制	控制	控制
Year	控制	控制	控制
观测值	1 733	1 733	1 733
R^2	0.062	0.084	0.088
P 值	0.000	0.000	0.000

　　为了深入分析债务来源异质性程度（DSHD）对超额现金持有（ECH）和过度投资程度（OI）间关系调节效应的不同作用模式，参照陈晓萍等（2012）关于检验非定类变量调节效应模式的方法，通过数据整理和计算，以调节变量债务来源异质性程度（DSHD）的中位数（DSHD＝0.602 432）为界，将 1 733 个过度投资样本分为两组：一组为 DSHD 低于中位数的样本（即 DSHD＜0.602 432），样本数量为 866 个；另一组为不低于中位数的样本（即 DSHD≥0.602 432），样本数量为 867 个。然后，我们对低于调节变量债务来源异质性程度（DSHD）中位数（即 DSHD＜0.602 432）和不低于调节变量债务来源异质性程度（DSHD）中

位数(即 $DSHD \geqslant 0.602\ 432$)的两组样本分别进行回归,来考察债务来源异质性程度($DSHD$)对超额现金持有(ECH)和过度投资程度(OI)间关系调节效应的具体模式。

表 5-5 展示了样本分组回归检验后的结果。模型 a 是超额现金持有全样本的回归结果,模型 b 是债务来源异质性程度低于中位数的一组样本回归结果,模型 c 是债务来源异质性程度不低于中位数的一组样本回归结果。三个模型均对行业和年度因素进行了控制。

表 5-5 债务来源异质性调节作用具体模式的分组回归结果

变量	模型 a	模型 b ($DSHD<0.602\ 432$)	模型 c ($DSHD \geqslant 0.602\ 432$)
$ECH1_{i(t-1)}$	0.007* (0.004)	0.016*** (0.006)	−0.002 (0.005)
$ECH2_{i(t-1)}$	−0.011*** (0.002)	−0.012*** (0.003)	−0.012*** (0.003)
$MFR_{i(t-1)}$	0.004 (0.018)	0.013 (0.023)	−0.004 (0.030)
$OAR_{i(t-1)}$	−0.110*** (0.044)	−0.037 (0.074)	−0.145*** (0.054)
常数项	0.034*** (0.012)	0.027** (0.014)	0.074** (0.032)
$Industry$	控制	控制	控制
$Year$	控制	控制	控制
观测值	1 733	866	867
R^2	0.083	0.076	0.123
p 值	0.000	0.000	0.000

债务来源异质性程度较低的样本组,即模型 b 的回归结果显示:第一,$ECH1$ 的系数在 1% 的水平上显著正,其系数值 0.016 大于模型 a 中 $ECH1$ 的系数值 0.007,说明在债务来源异质性程度较低的分组中,超额现金持有越多的企业具有更严重的过度投资行为;第二,$ECH1$ 的系数在 1%

的水平上高度显著,比模型 a 中 $ECH1$ 系数的显著性更强,说明超额现金持有(ECH)对过度投资程度(OI)的正向影响效应更为显著。

然而,债务来源异质性程度较高的样本组,即模型 c 的回归结果显示,$ECH1$ 的系数为负,而且系数不显著,模型拟合优度有了一定的提升,说明在债务来源异质性程度较高时,超额现金持有与企业过度投资间不存在显著的相关性。

通过分析发现,在债务来源异质性程度不同时,超额现金持有(ECH)和过度投资程度(OI)之间的关系具有显著的差异性。在其他因素不变的条件下,债务来源异质性较小时,超额现金持有与企业过度投资间的正相关关系会增强;在其他因素不变的条件下,债务来源异质性较大时,超额现金持有与企业过度投资间不存在显著的相关性。因此,假设4.1和假设4.2被验证。

第三节　管理决断权对超额现金持有与企业 过度投资间关系的调节作用检验

本小节对检验假设 5(假设 5.1 和假设 5.2)的实证结果进行分析。

假设 5　管理决断权对超额现金持有与企业过度投资间的正相关关系存在正向调节作用。

假设 5.1　在其他因素不变的条件下,管理决断权较大时,超额现金持有与企业过度投资间的正相关关系会增强。

假设 5.2　在其他因素不变的条件下,管理决断权较小时,超额现金持有与企业过度投资间不存在显著的相关性。

表 5-6 是利用层级回归法考察管理决断权对超额现金持有水平与企业过度投资间关系调节作用的回归结果。其中,模型 a 是以过度投资程度(OI)为被解释变量,管理费用率(MFR)和其他应收款(OAR)为控制变量的回归模型。模型 b 是在模型 a 的基础上,添加解释变量超额现金持有(ECH)和调节变量管理决断权(MD)的回归模型。模型 c 是在模型 b 的基础上,添加检测调节作用大小的管理决断权(MD)和超额现金持有(ECH)的交互项($ECH \times MD$)的回归模型。模型 a、b 和模型 c 均对行业和年度因素进行了控制。

表 5-6　管理决断权对超额现金持有与企业过度
投资间关系调节作用的回归结果

变　量	模型 a	模型 b	模型 c
$ECH_{i(t-1)}$		0.006* (0.004)	0.008** (0.004)
$MD_{i(t-1)}$		0.002 (0.002)	−0.002 (0.003)
$ECH_{i(t-1)} \times MD_{i(t-1)}$			0.022*** (0.008)
$MFR_{i(t-1)}$	0.002 (0.018)	0.004 (0.018)	0.005 (0.018)
$OAR_{i(t-1)}$	−0.117*** (0.044)	−0.110* (0.044)	−0.106*** (0.043)
常数项	0.039*** (0.012)	0.034*** (0.012)	0.034*** (0.012)
$Industry$	控制	控制	控制
$Year$	控制	控制	控制
观测值	1 733	1 733	1 733
R^2	0.062	0.084	0.088
p 值	0.000	0.000	0.000

　　模型 b 表明(见表 5-6),在添加了解释变量超额现金持有(ECH)和调节变量管理决断权(MD)之后,超额现金持有(ECH)与过度投资程度(OI)之间具有显著的正相关关系(在 10% 的水平上正相关),而管理决断权(MD)对过度投资程度(OI)无显著性的影响,控制变量管理费用率(MFR)的系数为正却不显著,其他应收款(OAR)的系数在 10% 的水平上显著为负,常数项在 1% 的水平上显著为正,p 值为 0.000 说明模型 b 整体显著性依然较高,R^2 值为 0.084 说明模型 b 的拟合优度水平较高。

　　模型 c 表明(见表 5-6),在添加了检测调节作用大小的管理决断权(MD)和超额现金持有(ECH)的交互项($ECH \times MD$)之后,管理决断权和超额现金持有的交互项($ECH \times MD$)系数为正,且在 1% 的水平上高度显著。这说明随着管理决断权的增大,超额现金持有导致的企业过度投资程度也更大。其他变量的系数值和显著性水平与模型 a 和模型 b 相比则未发生明显的改变。p 值 0.000 为说明模型 c 整体显著性依然较高,R^2 值为 0.088 说明模型 c 的拟合优度水平比模型 a 和模型 b 都有所提高。这充分说明,管理决断权对超额现金持有与企业过度投资间的正相关关系存在正向调节作用,假设 5 被验证。

为了深入分析管理决断权(MD)对超额现金持有(ECH)和过度投资程度(OI)间关系调节效应的不同作用模式,根据陈晓萍等(2012)关于检验非定类变量调节效应模式的方法,通过数据整理和计算,以调节变量管理决断权(MD)的中位数(MD=−0.093 103 4)为界,将 1 733 个过度投资样本分为两组:一组为 MD 高于中位数(即 MD>−0.093 103 4)的样本,样本数量为 866 个;另一组为 MD 不高于中位数(即 MD≤−0.093 103 4)的样本,样本数量为 867 个。然后,我们对高于调节变量管理决断权(MD)中位数(即 MD>−0.093 103 4)和不高于调节变量管理决断权(MD)中位数(即 MD≤−0.093 103 4)的两组样本分别进行回归,来考察管理决断权(MD)对超额现金持有(ECH)和过度投资程度(OI)间关系调节效应的具体模式。

表 5-7 展示了样本分组回归检验后的结果。模型 a 是超额现金持有全样本的回归结果,模型 b 是管理决断权高于中位数的一组样本回归结果,模型 c 是管理决断权不高于中位数的一组样本回归结果。三个模型均对行业和年度因素进行了控制。

表 5-7　管理决断权调节作用具体模式的分组回归结果

变　量	模型 a	模型 b (MD>−0.093 103 4)	模型 c (MD≤−0.093 103 4)
$ECH1_{i(t-1)}$	0.007* (0.004)	0.018*** (0.006)	−0.005 (0.006)
$ECH2_{i(t-1)}$	−0.011*** (0.002)	−0.018*** (0.003)	−0.006* (0.002)
$MFR_{i(t-1)}$	0.004 (0.018)	0.049 (0.034)	−0.018 (0.021)
$OAR_{i(t-1)}$	−0.110*** (0.044)	−0.059 (0.064)	−0.146** (0.060)

（续表）

变　量	模型 a	模型 b ($MD>-0.093\ 103\ 4$)	模型 c ($MD\leqslant-0.093\ 103\ 4$)
常数项	0.034*** (0.012)	0.016 (0.019)	0.047*** (0.016)
Industry	控制	控制	控制
Year	控制	控制	控制
观测值	1 733	866	867
R^2	0.083	0.112	0.107
p 值	0.000	0.000	0.000

　　管理决断权较大的样本组，即模型 b 的回归结果显示：第一，ECH1 的系数在 1% 的水平上显著正，其系数值 0.018 大于模型 a 中 ECH1 的系数值 0.007，说明在管理决断权较大的分组中，超额现金持有越多的企业具有更严重的过度投资行为；第二，ECH1 的系数在 1% 的水平上高度显著，比模型 a 中 ECH1 系数的显著性更强，说明超额现金持有（ECH）对过度投资程度（OI）的正向影响效应在这三个模型中最为显著；第三，模型 b 的拟合优度水平（$R^2=0.112$）是最高的，模型质量较高。

　　然而，管理决断权较小的样本组，即模型 c 的回归结果显示，ECH1 的系数为负，而且系数不显著，模型拟合优度也不如模型 b，说明在管理决断权较小时，超额现金持有与企业过度投资间不存在显著的相关性。

　　通过分析可以发现，在管理决断权不同时，超额现金持有（ECH）和过度投资程度（OI）之间的关系具有显著的差异性。在其他因素不变的条件下，管理决断权较大时，超额现金持有与企业过度投资间的正相关关系会增强；在其他因素不变的条件下，管理决断权较小时，超额现金持有与企业过度投资间不存在显著的相关性。因此，假设 5.1 和假设 5.2 被验证。

第四节　管理决断权对债务来源异质性调节作用的再调节作用检验

　　本小节对检验假设 6（假设 6.1 和 6.2）的实证结果进行分析，考察在具有不同管理决断权的情境下,不同的债务来源异质性对超额现金持有与企业过度投资之间关系调节作用的不同①。

假设 6　管理决断权不同时,债务来源异质性对超额现金持有与企业过度投资之间正相关关系的负向调节作用也不同。

假设 6.1　在其他因素不变的条件下,管理决断权较大时,债务来源异质性的负向调节作用更显著。即相比债务来源异质性较大时,债务来源异质性较小时超额现金持有与企业过度投资间的正相关关系更强。

假设 6.2　在其他因素不变的条件下,管理决断权较小时,债务来源异质性的负向调节作用不显著。即债务来源异质性的大小对超额现金持有与过度投资间的关系没有显著影响。

表 5-8 是管理决断权对债务来源异质性调节作用的再调节作用回归结果。首先,为了检验管理决断权是否会影响债务来源异质性对超额现金持有导致的过度投资的调节作用,需要使用层级回归法考察超额现金持有(ECH)、债务来源异质性程度($DSHD$)与管理决断权(MD)的三项交互项($ECH \times DSHD \times MD$)是否显著异于零。模型 a 是以过度投资程度($OI$)为被解释变量,管理费用率($MFR$)和其他应收款($OAR$)为控制变量的回归结果。模型 b 是在模型 a 的基础上,添加解释变量超额现金持有(ECH)和调节变量债务来源异质性程度($DSHD$)的回归模型。模型 c 是在模型 b 的基础上,添加检测调节作用大小的债务来源异质性程度($DSHD$)和超额现金持有(ECH)的交互项($ECH \times DSHD$)的回归模型。模型 d 是在模型 c 的基础上,添加债务来源异质性程度($DSHD$)、超额现金持有(ECH)与管理决断权(MD)的交互项($ECH \times DSHD \times MD$)的回归模型。模型 a、b、c 和模型 d 均对行业和年度因素进行了控制。

模型 b 表明(见表 5-8),超额现金持有(ECH)的系数在 10％的水平上显著为正,说明超额现金持有(ECH)和过度投资程度(OI)之间存在显著的正相关关系,而债务来源异质性程度($DSHD$)的系数为负,却不显著,说明债务来源异质性程度($DSHD$)对过度投资程度(OI)不具有显著的负向影响。

---

① 本书的研究结果表明,与总体负债水平、债务期限异质性相比,只有债务来源异质性才能发挥债务的相机治理作用,因此有必要继续考察管理决断权对债务来源异质性调节的调节作用。

表 5-8　管理决断权对债务来源异质性调节作用的再调节作用结果[①]

变　量	模型 a	模型 b	模型 c	模型 d
$ECH_{i(t-1)}$		0.007* (0.004)	0.042*** (0.013)	0.040*** (0.013)
$DSHD_{i(t-1)}$		−0.005 (0.008)	0.008 (0.009)	0.009 (0.009)
$ECH_{i(t-1)} * DSHD_{i(t-1)}$			−0.058*** (0.020)	−0.054*** (0.020)
$ECH_{i(t-1)} \times MD_{i(t-1)}$				0.044* (0.026)
$DSHD_{i(t-1)} \times MD_{i(t-1)}$				0.001 (0.005)
$ECH_{i(t-1)} \times DSHD_{i(t-1)} \times MD_{i(t-1)}$				0.022** (0.011)
$MFR_{i(t-1)}$	0.002 (0.018)	0.003 (0.018)	0.001 (0.018)	0.002 (0.018)
$OAR_{i(t-1)}$	−0.117*** (0.044)	−0.107** (0.044)	−0.106** (0.044)	−0.104** (0.044)
常数项	0.039*** (0.012)	0.036*** (0.012)	0.034*** (0.012)	0.029** (0.013)
Industry	控制	控制	控制	控制
Year	控制	控制	控制	控制
观测值	1 733	1 733	1 733	1 733
R^2	0.062	0.084	0.088	0.091
p 值	0.000	0.000	0.000	0.000

[①] 调节的再调节作用,可以参考《组织与管理研究的实证方法(第二版)》(陈晓萍等,2012)一书。调节的调节作用显著,要求表 5-8 中 $ECH_{i(t-1)} \times DSHD_{i(t-1)} \times MD_{i(t-1)}$ 的系数必须显著,且方程同时包括所有的交互项乘积($ECH_{i(t-1)} \times DSHD_{i(t-1)}$、$ECH_{i(t-1)} \times MD_{i(t-1)}$ 和 $DSHD_{i(t-1)} \times MD_{i(t-1)}$)。在证实了调节的再调节作用显著后,才可以进一步进行分组检验,探讨调节作用的具体模式。

模型 c 表明(见表 5-8),债务来源异质性程度与超额现金持有的交互项($ECH \times DSHD$)的系数在 1% 的水平上显著为负,这说明债务来源异质性程度对超额现金持有(ECH)与过度投资程度(OI)之间的正相关关系具有显著的负向调节作用。

模型 d 表明(见表 5-8),R^2 值为 0.091 说明模型 d 拟合优度最高,且债务来源异质性程度、超额现金持有与管理决断权的交互项($ECH \times DSHD \times MD$)的系数在 5% 的水平上显著为正,这说明管理决断权不同时,债务来源异质性对超额现金持有与企业过度投资之间正相关关系的负向调节作用也不同。其他变量的系数值和显著性水平与模型 a、模型 b 和模型 c 相比则未发生明显的改变。通过四个模型特别是模型 d 的分析结果,可以判断,管理决断权对债务来源异质性的调节作用具有调节效应,假设 6 得到了初步验证。

接下来,为了检验债务来源异质性对超额现金持有导致的企业过度投资行为的调节作用受到管理决断权影响的具体模式,我们根据管理决断权的高低对样本进行划分。如前所述,数据处理后的结果显示,管理决断权(MD)的中位数为 $-0.093\ 103\ 4$,按照高于中位数(即 $MD > -0.093\ 103\ 4$)和不高于中位数(即 $MD \leqslant -0.093\ 103\ 4$)的样本组分别进行回归,考察债务来源异质性对超额现金持有导致的企业过度投资行为的调节作用在不同管理决断权时有什么样的变化。

表 5-9 给出了管理决断权不同时债务来源异质性对超额现金持有与过度投资关系的调节作用分组回归后的结果。可以看出,表 5-9 中的三个模型均是以超额现金持有(ECH)、债务来源异质性程度($DSHD$)以及债务来源异质性与超额现金持有的交互项($ECH \times DSHD$)为解释变量,管理费用率(MFR)和其他应收款(OAR)为控制变量,过度投资程度(OI)为被解释变量的回归模型。模型 a、b 和模型 c 均对行业和年度因素进行了控制。其中,模型 a 表示超额现金持有的全样本回归结果;模型 b 和模型 c 表示根据管理决断权取值不同来划分样本的分组回归结果。模型 a、b 和模型 c 均对行业和年度因素进行了控制。

模型 b(见表 5-9)中的样本管理决断权(MD)的取值都高于 $-0.093\ 103\ 4$,代表了管理决断权较高的样本,而债务来源异质性与超额现金持有的交互项($ECH \times DSHD$)为系数为负且在 1% 的水平上显著,说

表 5-9 管理决断权不同时债务来源异质性对超额
现金持有与过度投资关系的调节作用

变　　量	模型 a	模型 b ($MD>-0.093\,103\,4$)	模型 c ($MD\leqslant-0.093\,103\,4$)
$ECH_{i(t-1)}$	0.042*** (0.013)	0.083*** (0.017)	−0.003 (0.019)
$DSHD_{i(t-1)}$	0.008 (0.009)	0.029** (0.012)	−0.004 (0.013)
$ECH_{i(t-1)}\times$ $DSHD_{i(t-1)}$	−0.058*** (0.020)	−0.110*** (0.026)	−0.003 (0.029)
$MFR_{i(t-1)}$	0.001 (0.018)	0.048 (0.035)	−0.018 (0.021)
$OAR_{i(t-1)}$	−0.106** (0.044)	−0.062 (0.064)	−0.144** (0.060)
常数项	0.034*** (0.012)	0.001 (0.020)	0.049*** (0.017)
Industry	控制	控制	控制
Year	控制	控制	控制
观测值	1 733	866	867
R^2	0.088	0.130	0.107
p 值	0.000	0.000	0.000

　　明当管理决断权较高时,债务来源异质性对于超额现金持有(ECH)和过度投资之间的正相关关系具有显著的调节作用。其他变量的系数值和显著性水平与模型 a 相比则未发生明显的改变。R^2 值为 0.130 较高说明模型拟合优度良好,p 值为 0.000 说明模型整体显著性较高。

　　模型 c(见表 5-9)中的样本管理决断权(MD)的取值都不高于−0.093 103 4,代表管理决断权较低的样本,而债务来源异质性与超额现金持有的交互项($ECH\times DSHD$)为系数为负,却不显著,说明当管理决断权较低时,债务来源异质性对于超额现金持有(ECH)和过度投资之间的关系不具有显著的负向调节作用,虽然 R^2 值为 0.107 和 p 值为 0.000,但模型主要变量的系数均不显著。无论从个别变量的显著性还是从整体模型的显著性、拟合优度看,模型 c 都不及模型 a 和模型 b。

从以上回归模型可以看出,当管理决断权不同时,债务来源异质性对超额现金持有导致的企业过度投资行为的影响作用也是不同的。当管理决断权较大时,债务来源异质性对超额现金持有导致的企业过度投资行为具有显著的负向调节作用;当管理决断权较小时,债务来源异质性对超额现金持有导致的企业过度投资行为不具有显著的负向调节作用。因此,假设 6 得到了进一步的验证。

为了进一步判断当管理决断权不同时,债务来源异质性程度($DSHD$)对超额现金持有(ECH)和过度投资程度(OI)之间关系的影响作用的具体模式,根据陈晓萍等(2012)关于检验非定类变量调节效应模式的方法,通过数据整理和计算,将管理决断权较高的样本($MD>-0.093\ 103\ 4$)根据债务来源异质性程度($DSHD$)的中位数($DSHD=0.602\ 432$)划分为两组:一组 $DSHD$ 低于中位数(即 $DSHD<0.602\ 432$),另一组 $DSHD$ 不低于中位数(即 $DSHD\geqslant0.602\ 432$)。然后对两组样本分别进行回归,来考察超额现金持有(ECH)和过度投资程度(OI)之间关系的不同作用模式。接下来,将管理决断权较低的样本($MD\leqslant-0.093\ 103\ 4$)根据债务来源异质性程度($DSHD$)的中位数($DSHD=0.602\ 432$)划分为两组:一组 $DSHD$ 低于中位数(即 $DSHD<0.602\ 432$),另一组 $DSHD$ 不低于中位数(即 $DSHD\geqslant0.602\ 432$)。然后对两组样本分别进行回归,来考察超额现金持有(ECH)和过度投资程度(OI)之间关系的不同作用模式。

表 5-10 给出了分组回归后的结果。可以看出,表 5-10 中的四个模型均是以超额现金持有(ECH)为解释变量,管理费用率(MFR)和其他应收款(OAR)为控制变量,过度投资程度(OI)为被解释变量的回归模型。其中,模型 a 是管理决断权较大时债务来源异质性程度低于中位数($MD>-0.093\ 103\ 4$ 且 $DSHD<0.602\ 432$)的一组,模型 b 是管理决断权较大时债务来源异质性程度不低于中位数($MD>-0.093\ 103\ 4$ 且 $DSHD\geqslant0.602\ 432$)的一组,模型 c 是管理决断权较小时债务来源异质性程度低于中位数($MD\leqslant-0.093\ 103\ 4$ 且 $DSHD<0.602\ 432$)的一组,模型 d 是管理决断权较小时债务来源异质性程度不低于中位数($MD\leqslant-0.093\ 103\ 4$ 且 $DSHD\geqslant0.602\ 432$)的一组。模型 a、b、c 和模型 d 均对行业和年度因素进行了控制。

表 5-10 管理决断权不同时债务来源异质性调节作用分组回归结果

变量	模型 a (MD>−0.093 103 4 且 DSHD<0.602 432)	模型 b (MD>−0.093 103 4 且 DSHD≥0.602 432)	模型 c (MD≤−0.093 103 4 且 DSHD<0.602 432)	模型 d (MD≤−0.093 103 4 且 DSHD≥0.602 432)
$ECH_{i(t-1)}$	0.034*** (0.008)	0.001 (0.008)	−0.005 (0.010)	−0.003 (0.007)
$MFR_{i(t-1)}$	0.081* (0.049)	0.047 (0.049)	0.013 (0.028)	−0.075* (0.039)
$OAR_{i(t-1)}$	0.029 (0.096)	−0.153* (0.087)	−0.099 (0.116)	−0.147** (0.069)
常数项	0.007 (0.020)	0.039** (0.017)	0.043** (0.019)	0.080** (0.032)
Industry	控制	控制	控制	控制
Year	控制	控制	控制	控制
观测值	485	381	381	486
R^2	0.123	0.163	0.103	0.163
p 值	0.000	0.000	0.002	0.000

从表 5-10 的回归结果可以看出,四个模型 R^2 均大于 0.1,说明模型拟合优度均良好,p 值较低说明模型整体显著性都较强。

管理决断权较大时债务来源异质性程度较低($MD>−0.093\ 103\ 4$ 且 $DSHD<0.602\ 432$)的一组(对应模型 a)的回归结果显示,超额现金持有(ECH)的系数为正且在 1% 的水平上高度显著,说明在管理决断权较大且债务来源异质性程度较低的情境中,超额现金持有会引发较为严重的企业过度投资行为。控制变量管理费用率(MFR)的系数在 10% 的水平上显著为正,其他应收款(OAR)的系数为正,常数项也为正。

而管理决断权较大时债务来源异质性程度较高($MD>−0.093\ 103\ 4$ 且 $DSHD≥0.602\ 432$)的一组(对应模型 b)的回归结果显示,超额现金持有(ECH)的系数为正而且不显著,说明在管理决断权较大且债务来源异质性程度较高的情境中,超额现金持有对企业过度投资行为的正向促进作用不明显。控制变量管理费用率(MFR)的系数为正,其他应收款(OAR)的系数在10%的水平上显著为负,常数项在5%的水平上显著为正。

通过模型 a 和模型 b 的比较可以看出,在其他因素不变的条件下,管理决断权较大时,相比债务来源异质性较大时,债务来源异质性较小时超额现金持有与企业过度投资间的正相关关系更强。

同时,管理决断权较小时债务来源异质性程度较低($MD \leqslant -0.093\ 103\ 4$ 且 $DSHD < 0.602\ 432$)的一组(对应模型 c)的回归结果显示,超额现金持有(ECH)的系数为负而且不显著,说明在管理决断权较小且债务来源异质性程度较低的情境中,超额现金持有并不会引发企业过度投资行为。控制变量管理费用率(MFR)的系数为正,其他应收款(OAR)的系数为负,常数项在5%的水平上显著为正。

而管理决断权较小时债务来源异质性程度较高($MD \leqslant -0.093\ 103\ 4$ 且 $DSHD \geqslant 0.602\ 432$)的一组(对应模型 d)的回归结果显示,超额现金持有(ECH)的系数也为负而且不显著,说明在管理决断权较小且债务来源异质性程度较高的情境中,超额现金持有并不会引发企业过度投资行为。控制变量管理费用率(MFR)的系数在10%的水平上显著为负,其他应收款(OAR)的系数在5%的水平上显著为负,常数项在5%的水平上显著为正。

通过模型 c 和模型 d 的比较可以看出,在其他因素不变的条件下,管理决断权较小时,无论债务来源异质性程度高低,债务来源异质性的大小对超额现金持有与过度投资间的关系均没有显著影响。

如上所述,表 5-10 的回归结果显示,在管理决断权较大的公司,债务来源异质性程度较低时,超额现金持有导致的企业过度投资程度更大;债务来源异质性程度较高时,超额现金持有不能明显造成企业的过度投资行为。在管理决断权较小的公司,无论债务来源异质性程度高低,超额现金持有都不能明显引发企业的过度投资行为。也就是说,在其他因素不变的条件下,管理决断权较大时,相比债务来源异质性较大时,债务来源异质性较小时超额现金持有与企业过度投资间的正相关关系更强;在其他因素不变的条件下,管理决断权较小时,债务来源异质性的大小对超额现金持有与过度投资间的关系没有显著影响。

这充分表明,当企业管理决断权较大时,超额现金持有必然会导致过度投资行为,至于该行为的程度严重与否则取决于债务来源异质性的调节作用(模型 a 和模型 b)。债务来源异质性程度只能削弱,不能完全抵销管理决断权所发挥的影响,这是由第三章理论分析中述及的债权人相对于管理者处于弱势地位的理论分析所决定的。也就是说,在管理决断权较大的情境下,与债务来源异质性程度较高的企业相比,在债务来源异质性程度较低的企业中,债务相机治理机制无法得到有效发挥,超额现金持有导致的企业过度投资行为会更加严重。而企业管理者的过度投资的机会主义行为,是管理决断权较大的内部条件和债务相机治理机制难以有效发挥的外部条件同时具备后的结果,而内部条件又是外部条件的先决因素,前者的重要性高于后者。当管理决断权较小时,债务来源异质性程度的高低不会使企业实际投资活动结果发生根本性的改变(模型 c 和模型 d)。也就是说,在目前已经存在的非常强的监督环境下(如外部审计师、机构投资者、政府相关监管部门和社会公众等),管理者的管理决断权受到了极大的削弱,此时债务来源异质性的加入(即债权人监督的加入),只会形成"锦上添花"的监督效应,对于监督环境以及投资活动结果的根本性改变则无法施加影响。因此,假设 6.1 和假设 6.2 被验证。

第六章　研究结论、启示及展望

本章详细总结了本书的研究结论,引出了研究启示,并指出了本书存在的缺陷和不足,为未来进行深入研究指明了方向。

第一节　研　究　结　论

在现实不完美的资本市场中,存在着众多摩擦因素,使 Modigliani 和 Miller(1958)提出的 MM 定理成立的前提不复存在。也就是说,企业投融资决策是主要的财务决策,两者之间存在重要关联(童盼和陆正飞,2005)。实际上,企业融资决策为企业投资活动提供了充裕的资金保证,确保企业投资活动能够平稳顺利地开展。传统代理理论从管理者机会主义动机出发,认为企业管理者具有滥用企业自由现金流从事过度投资等损害广大股东利益的行为动机(Jensen 和 Meckling,1976)。而债务的存在可以很好地约束管理者的这种机会主义动机,这就是债务的相机治理作用(Jensen,1986)。

但是,代理理论流派形成得较早,其分析是建立在债务同质性假设的前提之上的,认为治理企业过度投资行为的债务因素不具有内在差异性。然而,根据规模、期限、来源等属性的不同可以将债务划分为不同类别,每种债务在企业投融资决策传导机制中所发挥的作用均存在差异。如果笼统地采用单一的资产负债率来研究企业债务的相机治理作用则未免有失偏颇。这说明,我们需要在债务异质性条件下来探讨债务相机治理机制发挥的有效性问题。

当前大量公司金融领域的实证研究都证实了,即便在外部市场环境、公司特征以及公司治理结构都非常相似的企业,企业在作出并购、投资、资本结构调整等财务决策时也会产生较大的行为差异,因此需要关注管理者异质性在企业财务研究中的意义(潘敏和朱迪星,2012)。管理者在企业财务决策中发挥的作用得到了越来越多学者的重视,他们不仅直接影响了企业投融资决策的传导机制,还有可能对在企业投融资决策传导机制中发挥债务相机治理作用的债务异质性因素也产生影响。在债务异质性条件下探讨债务相机治理机制发挥有效性的问题时,需要引入管理者这一关键因素来探讨债务相机治理作用。

财务柔性已成为当前众多高层管理者作出财务决策时首先需要考虑的重要因素。众多学者的研究均表明,超额现金持有为企业储备财务柔性提供了重要来源。财务柔性是刻画企业融资决策较为全面的一个变量,因而本书从这一概念出发,对非效率投资、财务柔性、债务异质性和管理决断权等相关学术研究成果进行梳理总结之后,根据本书主要的研究问题,通过理论分析,区分不同的情境,推导出六条一级假设和六条二级假设。在利用上市公司的数据进行实证检验之后,这些假设均获得了验证(见表6-1)。这说明,引入财务柔性这一概念后的代理理论,对企业实际投资行为具有较强的解释力度。本书将这些内容综合起来,得到了关于企业投融资决策之间关系的如下结论。

表6-1　本书所提假设及对应的检验结果

假　　设	结果
假设1　超额现金持有水平与企业过度投资程度之间存在正相关关系,即超额现金持有水平越高,企业过度投资程度就越大	支持
假设2　总体负债水平对超额现金持有与企业过度投资之间的关系没有显著的调节作用	支持
假设3　债务期限异质性对超额现金持有与企业过度投资之间的正相关关系存在正向调节作用,即债务期限结构越长,超额现金持有与企业过度投资之间的正相关关系越大	支持
假设4　债务来源异质性对超额现金持有与企业过度投资之间的正相关关系存在负向调节作用	支持
假设4.1　在其他因素不变的条件下,债务来源异质性较小时,超额现金持有与企业过度投资间的正相关关系会增强	支持
假设4.2　在其他因素不变的条件下,债务来源异质性较大时,超额现金持有与企业过度投资间不存在显著的相关性	支持

（续表）

假　　　　设	结果
假设 5　管理决断权对超额现金持有与企业过度投资间的正相关关系存在正向调节作用	支持
假设 5.1　在其他因素不变的条件下,管理决断权较大时,超额现金持有与企业过度投资间的正相关关系会增强	支持
假设 5.2　在其他因素不变的条件下,管理决断权较小时,超额现金持有与企业过度投资间不存在显著的相关性	支持
假设 6　管理决断权不同时,债务来源异质性对超额现金持有与企业过度投资之间正相关关系的负向调节作用也不同	支持
假设 6.1　在其他因素不变的条件下,管理决断权较大时,债务来源异质性的负向调节作用更显著。即相比债务来源异质性较大时,债务来源异质性较小时超额现金持有与企业过度投资间的正相关关系更强	支持
假设 6.2　在其他因素不变的条件下,管理决断权较小时,债务来源异质性的负向调节作用不显著。即债务来源异质性的大小对超额现金持有与过度投资间的关系没有显著影响	支持

第一,从超额现金持有与企业过度投资行为之间的总体关系上来看,两者具有显著的正相关关系。也就是说,超额现金持有为企业提供了大量的现金财务柔性来源,但也为企业管理者从事过度投资行为提供了便利。在拥有成本较低、数量众多且容易被使用的财务资源的条件下,企业会出现更多的非预期内的非正常投资行为。

具体而言,超额现金持有为企业提供了大量的现金财务柔性,使企业在满足正常的交易性和预防性现金需求之外,还有可以动用的富余资金,从而使企业具有较大的财务柔性储备。这样,当公司未来面临较好的投资机遇时,能具有较强及较灵活的融资能力,从资金来源上保证了企业对投资机遇的把握。但是,超额现金持有也同时为管理者将这些超额现金不断投资于非维持性也非预期内的投资活动提供了便利。当超额现金持有增多时,管理者滥用企业自由现金从事过度投资行为的机会主义动机也越强烈,企业管理者也越容易滋生过度投资的行为倾向,从而严重损害了广大股东利益和公司价值。

第二,基于债务异质性视角,在治理企业过度投资行为的债务因素发生变化时,超额现金持有与企业过度投资之间的关系也发生了变化。本书的研究结论表明,总体负债水平对超额现金持有与企业过度投资之间的关系没有显著的调节作用;债务期限异质性对超额现金持有与企业过度投资之间的正相关关系存在正向调节作用;而债务来源异质性对超额现金持有与企业过度投资之间的正相关关系存在负向调节作用。特别需要指出的是,在当前市场环境下,传统企业财务理论中债务相机治理作用的有效发挥是有条件的,即必须是来源存在异质性的债务才有可能真正发挥债务相机治理作用。

具体而言,在当前市场环境下,传统企业财务理论中债务相机治理作用的有效发挥是有条件的,来源异质性程度较高的债务才有可能真正发挥债务相机治理效应。当总体负债水平提高后,股东与管理者的冲突、股东与债权人的冲突等不同类型的代理冲突会对企业投资行为产生不同影响,在超额现金持有导致企业过度投资行为的影响机制中,总体负债水平究竟是发挥增强还是减弱的调节作用,取决于在企业中,上述两种代理冲突中哪种冲突居主要地位,因而无法得出明确结论。在中国情境下,短期债务到期日短,能创造较为严重的再融资困境而约束超额现金持有导致的企业过度投资行为。而长期债务占总负债的比例不高,且期限长,大多属于银行借款,在中国银行破产机制不够健全的背景下,其对超额现金持有导致的企业过度投资行为的约束效应较弱。在债务来源异质性程度越高的企业,债务来源多元化程度越高,企业受到不同债权人的监督就越多,不得不向外界市场传递越多有关企业生产经营的信息,透明程度也越高。由于受到各方面的监督,为了维护企业享有的这种好声誉,在债务来源异质性程度较高的企业中,管理者滥用企业持有的超额现金从事过度投资行为的动机会降低,过度投资行为也自然会减少。

第三,考虑到管理决断权不仅对企业投融资决策传导机制具有直接的影响效应,还有可能通过对企业投融资决策的债务异质性因素的影响机制发挥再调节作用而间接影响企业的投融资决策传导机制。本书的研究结论表明,就管理决断权的直接影响效应而言,管理决断权对超额现金持有与企业过度投资间的正相关关系存在正向调节作用。具体而言,在其他因素不变的条件下,管理决断权较大时,超额现金持有与企业过度投资间的正相关关系会增强;在其他因素不变的条件下,管理决断权较小时,超额现金持有与企业过度投资间不存在显著的相关性。就管理决断权的间接影响效应而言,当管理决断权不同时,债务来源异质性对超额现金持有与企业过度投资之间正相关关系的负向调节作用也不同。具体而言,在其他因素不变的条件下,管理决断权较大时,债务来源异质性的负向调节作用更显著。相比债务来源异质性较大时,债务来源异质性较小时超额现金持有与企业过度投资间的正相关关系更强。在其他因素不变的条件下,管理决断权较小时,债务来源异质性的负向调节作用不显著。即债务来源异质性的大小对超额现金持有与过度投资间的关系没有显著影响。也就是说,管理决断权不仅对企业投融资决策的传导机制发挥了直接的调节作用,同时还对债务来源异质性的调节影响机制发挥了再调节作用。

就管理决断权对企业投融资决策传导机制的直接影响效应而言,较高的管理决断权为企业管理者将超额现金运用到企业实际投资活动提供了资金上的便利。在管理决断权高的企业,管理者实施过度投资的机会主义行为具备更强的动机和更好的条件,由此导致的代理问题也更加严重。

管理决断权通过对企业投融资决策的债务异质性因素的影响机制发挥再调节作用而间接影响企业的投融资决策传导机制。首先,高管出于融资动机,通过管理决断权操控自由现金流,为企业筹集更多的资金,实现更多的超额现金持有进而拥有更多的现金财务柔性,管理者的过度投资行为倾向也会加剧。其次,管理决断权越大,企业管理者越倾向于举借短期债务的事实说明,在中国情境下,不仅债务融资不能约束管理者对股东利益的侵占行为,反而因较高的管理决断权增加了公司可以控制的资源,进而激发管理者对股东利益的侵占行为(吕长江等,2007)。由此可以看出,在代理理论的框架下,管理决断权越大时,债务相机治理作用越弱,此时很难有效地抑制超额现金持有而导致的企业过度投资行为。最后,从代理理论看,管理决断权会助长企业管理者过度投资的机会主义行为,这与债务来源异质性对企业管理者过度投资行为发挥的相机治理作用背道而驰。债务来源多元化说明了企业管理者向多种债权人举债,由于债权人主体较多,各债权人为了保证自身按期收息收本,会严格要求企业管理者从事正常的投资活动。而管理决断权增加时,企业管理者自主行权的空间也在增大,为管理者规避债权人监督创造了更多的条件,从而与各债权人在企业财务决策的博弈过程中占据了一定的优势地位,所以管理决断权的提升在一定程度上是可以减弱债务来源异质性所发挥的债务相机治理效应的。

总之,本书的研究结论表明,在债务异质性视角下,超额现金持有与企业过度投资行为之间的关系具有较高的复杂性。因此,需要从企业为维持财务柔性而持有超额现金的角度出发,将传统代理理论在债务异质性的情境下进一步拓展,探讨企业债务相机治理作用如何有效发挥。同时,管理决断权的重要性,说明高层管理者在企业投融资决策的传导机制中发挥了关键性的作用,也影响了企业债务相机治理作用有效性的发挥。

第二节 研究启示

本书以债务异质性和管理决断权为关键的调节变量考察超额现金持有与企业过度投资行为之间的关系,并验证了一系列假设,得出了重要的研究结论。基于这些结论,本书得出如下研究启示。

一、理论启示

本书得到的理论启示包括如下三点。

第一,以财务柔性这一概念为起点,深入探讨了企业投融资决策间的内在关联,有助于深入分析超额现金持有对企业过度投资行为的影响机制。

将财务柔性因素融入代理理论的分析中,拓展了传统代理理论的内涵。传统代理理论更多地强调企业管理者会滥用企业自由现金流从事过度投资的机会主义行为,即背离股东利益最大化的目标,追求自身利益最大化。传统代理理论的分析回答了企业过度投资行为的成因,却未对企业持有自由现金的动机进行深入解释。既然自由现金流会被企业管理者滥用以从事过度投资的机会主义行为,那么尽可能地减少自由现金流便可以很好地避免企业的委托代理问题,然而在企业管理实践中并非如此。究其原因,持有自由现金流,可能是企业以承受代理成本为代价,为实现其他财务决策目标而作出的决策。这种研究的忽视,是因为受到传统代理理论研究范围限制的缘故:未与其他财务理论,特别是与财务柔性理论结合起来进行分析。在企业管理实践中,管理者需要储备一定的现金,这是出于维持财务柔性的考虑。因为在高度不确定的市场环境中,获取并维持一定的财务柔性对企业的生存及可持续发展而言具有重要意义,财务柔性在公司财务战略决策中所扮演的角色也越来越重要。引入财务柔性的代理理论的分析框架,能很好地解释企业投融资决策之间的关联。在实际现金持有达到正常现金持有水平之前,企业现金持有水平较低,所具有的财务柔性能较为有效地运用于企业投资活动。此时管理者从事过度投资的机会主义行为缺乏必要的资金支持,因而代理问题不严重。而在实际现金持有超过正常现金持有水平之后,企业现金持有水平较高,实现了超额现金持有。一方面,超额现金持有为企业提供了较大的财务柔性,满足了投资项目的融资需求。但另一方面,管理者滥用超额现金从事过度投资行为的动机也越强烈,从而使代理问题越来越严重。当区别了超额现金持有和自由现金流两个概念之后,从财务柔性这一概念出发进行分析,传统代理理论中自由现金流导致企业过度投资行为的机理也更为清晰和透彻。

第二,从债务异质性视角深入探究企业债务相机治理机制发挥的有效性,才能全面理解债务的治理作用。

传统企业财务理论基于债务同质性的视角,认为治理企业过度投资行为的债务因素不具有内在差异性。然而实际上,债务异质性是实践中的普遍事实。债务具有不同的维度,根据期限和来源等不同属性可以分成不同类别,每一种债务对企业投融资决策的影响可能都具有差异性,所以债务异质性因素又可分为债务期限异质性和债务来源异质性。债务异质性因素的引入,特别是债务来源异质性程度这一指标的构造,填补了当前关于异质性领域研究中债务作用的空白。传统关于债务相机治理机制的研究中大多用总体的资产负债率水平反映企业的资产负债状况,更细致的研究也仅仅考察了商业信用、金融机构借款及债券等不同来源的债务对企业过度投资行为的单一影响,并未将这些债务类型综合起来考虑。本书构建的债务来源异质性程度指标,体现了不同债务类型间的相互作用,从整体上考察了其对企业投融资决策的影响效应。关于债务异质性问题的研究对传统债务相机治理作用的理论是一种较大的拓展。有关债务异质性研究的理论启示在于,意识到传统企业财务理论中债务相机治理作用的有效发挥是有条件的,债务来源异质性程度较高的企业才有可能真正发挥债务的相机治理效应。

第三,将管理决断权作为关键变量引入超额现金持有与企业过度投资行为间关系的研究,有助于深刻了解管理者在利用超额现金持有进行过度投资决策时所发挥的关键作用。

管理决断权代表了管理者对企业资源的控制程度、在企业决策中的实际行为空间和对企业实际行为的影响程度。较大的管理决断权赋予管理者对财务柔性较大的支配及控制权,管理者实现投资目标的可能性较高;较小的管理决断权则限制了管理者独立决策的行为空间,管理者对财务柔性的支配及控制权较低,管理者实现投资目标的可能性也较小。所以,我们大胆引入管理决断权这一关键变量作为超额现金持有与企业过度投资行为之间关系的调节变量,结论表明,在管理决断权不同时,超额现金持有与企业过度投资行为之间的关系会发生变化。同时,管理决断权不仅对企业投融资决策传导机制具有直接的影响效应,还有可能通过对企业投融资决策的债务异质性因素的影响机制发挥再调节作用而间接影响企业的投融资传导机制。也就是说,管理决断权不同时,债务来源异质性程度对超额现金持有与企业过度投资行为之间关系的调节影响效应,也存在一定的差异。这充分说明了管理者这一角色所发挥的关键作用,既会直接影响企业投融资决策,又会通过影响债务异质性的调节机制而间接影响企业投融资决策。因此,将管理者主观因素引入企业投融资决策的分析框架,有助于我们深入探究超额现金持有与企业过度投资行为之间的内在关系,加深我们对管理者因素在企业财务决策中发挥的重要作用的理解,为研究企业投融资决策提供了新的思路,也是对代理理论的深入拓展。

综上所述,在现实不完美的资本市场中,存在着众多财务摩擦因素,这些摩擦因素使企业无法在需要资金的任意时刻都能及时无成本地获取资金支持。为了保证能够及时对较好投资机遇的把握,满足资金使用上的需要,企业必须维持一定的财务柔性,而这种财务柔性的储备也为管理者从事委托代理的机会主义行为提供了便利。因此,从财务柔性的角度思考企业的融资决策,理解企业实际的财务行为,能使代理理论更加贴近于现实。然而,现有关于超额现金持有与企业过度投资行为之间关联性的研究,是基于债务同质性视角而展开的,并未深入探讨债务异质性对企业投融资决策传导机制的影响,更未探讨在债务异质性条件下债务相机治理机制可能受到管理者主观因素的影响。从债务异质性视角切入,拓展了传统代理理论的广度和深度,丰富了其理论内涵,对于完善企业投融资研究体系具有一定的启示。

二、实践启示

本书得到的实践启示包括如下三点。

第一,正确选择适度的超额现金持有水平。

财务柔性较强的企业具有较强的融资能力,超额现金持有提供的现金财务柔性满足了企业当前和未来的融资需求,是企业内源融资的重要渠道。当市场环境动荡或外部融资成本较高时,企业所持有的内部现金就为企业正常开展的投资活动提供了资金上的便利,确保企业投资活动能够平稳顺利开展,保证企业不会因为资金短缺而陷入融资困境。从这一点来说,储备较多的超额现金持有对企业的发展大有裨益。然而,凡事过犹不及,过多的超额现金持有会提供过高的财务柔性水平,也会为企业带来严重的代理问题。企业管理者是资金运用的主体,支配了资金筹集、运用及回收的整个过程。根据代理理论的分析结果,在超额现金持有水平较高时,管理者滥用企业超额现金的动机也会更加强烈,会从事过度投资的机会主义行为。此时,通过超额现金持有保证投资活动顺利开展的美好初衷可能不复存在,转而代之的是愈加严重的过度投资问题。因此,正确选择适度的财务柔性水平,是保证投资活动平稳顺利开展的重要环节。具体而言,如果企业的财务柔性水平不足,可以通过适当提高超额现金持有,增强财务柔性来满足企业正常投资活动的开展;如果企业财务柔性水平过高,超额现金持有能足够满足企业正常投资活动的顺利开展,那么可以通过减少超额现金持有的方式来适度降低财务柔性,从而规避管理者的机会主义行为。也就是说,超额现金持有水平的高低,实际上反映了企业在规避融资困境和规避管理者机会主义行为之间的一种权衡,这与企业当前现金持有水平、债务异质性状况和管理者管理决断权的强弱等因素密切相关。企业需要正确维持一种合理适度的财务柔性水平,最大限度地促使投资活动健康、持续、稳步地开展,只有这样,企业才能满足当前及未来投资活动所需要的融资需求,既能确保投资活动顺利开展,又不会导致企业管理者实施过度投资的机会主义行为。

第二,注重债务异质性因素的影响。

在管理者进行日常的企业财务决策活动时,广大股东、债权人和公司监管层很关心企业管理者是否按照公司价值最大化的原则开展了投资活动。为了防范管理者过度投资的机会主义行为,传统代理理论开出了提高资产负债率的良药秘方。然而,本书的研究结论显示,简单地提高整体负债水平并不能有效地发挥债务的相机治理作用。更何况在当前的中国资本市场,企业负债问题普遍较为严重,债务危机已对企业正常的经营活动形成了重大威胁,结构性"去杠杆"的任务迫在眉睫,所以一味地通过提高资产负债率来约束企业管理者从事的过度投资行为未免有"饮鸩止渴"之嫌。我们需要意识到,债务具有多种类型,每种债务的相机治理作用都存在差异性,只注重单一的整体负债水平忽略了不同相机治理效应的本质。在总体负债水平、债务期限结构和债务来源异质性程度三个债务异质性变量里,只有债务来源异质性很好地发挥了债务相机治理效应。这就启示我们,在中国情境下,单一类型的债务很难发挥其对过度投资行为的相机治理作用,但通过提高债务来源异质性程度而获得的多元化债务组合能够很好地防范企业管理者的过度投资行为。所以在当前的中国资本市场环境下,拓宽企业融资渠道、增加债权人主体数量和种类已成为优化企业债务异质性状况的当务之急。在债务来源异质性程度较高的上市公司中,投资水平更加合理,过度投资行为的程度也比较小,公司行为更符合企业价值最大化的目标。

第三,妥善控制好管理者的管理决断权。

作为管理者主观因素的重要量度,管理决断权对企业投融资决策发挥了关键性的作用。管理决断权较大的企业,超额现金持有所导致的企业过度投资程度会显著提高。同时,即便是债务来源异质性能发挥较好的债务相机治理效应,但随着管理决断权越来越大,这种相机治理效应也在大打折扣。本书基于引入财务柔性因素后的代理理论分析框架,所证实的管理决断权负面效应与现有代理理论关于管理决断权的其他负面效应的文献分析结论是一致的。这启示我们,作为企业利益相关者,为了最有效地防范管理者过度投资的机会主义行为,仅仅靠维持较高水平的债务来源异质性程度是不够的。特别是对于管理决断权较大的企业,利益相关者需要恰当地安排管理者的行为空间,促使管理者的决策行为能更符合企业价值最大化的要求。利益相关者需要清楚的是,管理决断权是管理者实际拥有的权力范围及行为空间,它的大小对于企业产出活动及各方面的绩效都有着重大的影响,而管理决断权并不完全等于契约上规定的管理者所具有的权力,它还包括管理者实际上拥有而契约制度未予以明确的权力。管理决断权的一部分正是来自于契约的模糊性,而过度投资的机会主义行为也常常是行使这部分边界外权力的缘故。我们要想更好地监控管理者,就必须通过明确具体的监控规则、恰当安排管理者的行权空间来减少这种模糊性,促使管理者所作出的决策能够从企业价值最大化角度出发,提升企业绩效。

综上所述,本书对企业管理者和利益相关者们的实践启示在于,需要维持一定的超额现金持有水平,权衡好规避融资困境和规避管理者机会主义行为之间的关系,不能为了追求企业较高的财务柔性而为管理者利用超额现金持有从事企业过度投资行为提供便利,也不能为了规避管理者机会主义行为而减少超额现金持有储备从而影响企业正常投资活动的顺利开展。为了更好地发挥债务的相机治理作用,最有效的办法是提高债务来源异质性程度,即提高债务来源的多元化程度。然而,过高的管理决断权仍会将债务的这一约束机制的有效性打破。所以,为了减弱管理决断权对企业价值的负面效应,应该通过明确具体的监控规则、恰当安排管理者的行权空间来减少契约的模糊性,促使管理者所作出的决策能够从企业价值最大化角度出发,提升企业绩效。

第三节 研究局限和未来研究展望

财务柔性这一概念的兴起给学者们搭建了一条从融资决策出发来理解和把握企业融资状况与投资实践行为之间联系的桥梁。然而,财务柔性这一概念兴起的时间不长,属于企业财务领域相对较新的前沿理论,还存在众多的未解之处,需要学者们进一步研究和完善。同时,传统代理理论是基于债务同质性的视角考虑问题的,而当前市场环境的多变性引领我们从债务异质性视角来突破传统债务同质性研究的既定框架,这也需要做若干拓荒和尝试工作。在有关债务异质性研究的基础之上,本书进一步对管理者所起的作用进行了深入思考。本书在企业投融资决策整体框架下开展的研究得到了一些有益的研究结论,丰富了传统代理理论的理论内涵。但限于研究条件、研究时间和研究水平,本书的研究还存在着众多不足之处。

一、本书局限

企业非效率投资行为包含过度投资和投资不足两种形式。也就是说，企业实际投资水平高于投资水平预测值的部分为过度投资，而实际投资水平低于投资水平预测值的部分则为投资不足。本书对企业投资水平测量模型残差提取的结果表明，企业过度投资程度比投资不足程度更加严重，然而过度投资行为却没有投资不足行为普遍。这就启示我们，对企业投资不足问题展开研究具有重要的实践意义。然而，企业过度投资行为由代理问题导致，而企业投资不足行为主要由融资约束造成。在本书引入财务柔性因素后的代理理论分析框架下，投资不足产生的逻辑显然与本书主体部分分析的逻辑有所出入，难以将其汇入委托代理问题的整体框架进行研究。从本书对财务柔性理论和代理理论相结合的理论分析看，企业超额现金持有所提供的现金财务柔性为管理者滥用超额现金从事过度投资的机会主义提供了便利，似乎也为企业提供了充足的内部资金来源进而缓解了企业因融资约束导致的投资不足问题。但是，剩余负债能力所提供的债务财务柔性与融资约束导致的投资不足问题之间的关联性如何，本书并没有涉及。所以，在未来进一步研究时，可开辟新的视角，可以将过度投资问题和投资不足问题整合到一个框架内，继续将财务柔性理论和代理理论结合起来，从深层次综合考察企业的非效率投资行为。

关于企业财务柔性的来源，本书是以超额现金持有为变量进行考察的。然而，财务柔性还具有其他来源，如剩余负债能力，以及从剩余负债能力延伸出的企业所能获得的信贷额度等。在当前的宏观经济环境下，除了现金持有问题，企业负债问题和信贷额度问题对于企业正常发展而言也至关重要，不可忽视。较强的剩余负债能力使企业在未来面临投资机遇时，能及时通过外部资本市场进行融资，从而提升投资效率。然而，鉴于企业剩余负债能力的测量方法与债务异质性的测量方法有所关联，为了避免多重共线性以及概念混同的问题，本书对此未给予过多讨论。同时，作为一种低成本的短期负债来源，企业未使用的信贷额度也是当前研究中被认为是企业财务柔性来源的一个途径（Sufi，2009；Lins 等，2010）。企业信贷额度是银行的一种信贷承诺，未使用的信贷额度相对现金持有而言具备一定优势(Acharya 等,2013)。然而,信贷额度的具体使用受制于银行,并不可以被现金完全替代(Sufi,2009;Lins 等,2010)。罗党论等(2012)以中国2000—2008 年获得银行授信的公司为研究样本,证实了获得银行授信是企业过度投资行为的一个主要成因,对于国有企业而言这一效应尤为显著。因此,在今后的研究中,可以对剩余负债能力、企业所能获得的信贷额度等变量与企业过度投资行为之间的关系进行深入探讨,以及对债务异质性、管理决断权等众多变量的调节作用实施进一步考察,使从财务柔性这一概念出发的企业投融资决策的研究体系和框架更加完整。

本书的研究中,管理决断权是一种关键的调节变量,对于企业投融资决策的传导机制发挥了关键的作用。鉴于此,需要提高对这一概念的认识。本书只选取了主流的研究方法,通过构建职位权、报酬权和运营权的综合指数(Dong 和 Gou,2010)来度量企业管理者管理决断权的大小。但是这种做法本身也存在一定的问题:职位权、报酬权和运营权均具有较强的客观属性,按照此逻辑,职位权、报酬权和运营权相同的不同管理者,其管理决断权是相同的,这与实际情况似乎不是特别相符。因为职位权、报酬权和运营权未考虑到管理者的主观特征,忽视了管理者不同的个性特征差异,尤其是管理者对管理决断权主观上的切身心理感知。例如,面对同样的职权和职位,某些管理者可能不以为意,觉得该权力不足,并不能很好地施展自身抱负,但对于其他管理者而言可能觉得自己被授予此权力的责任重大。今后的研究中,可以用其他代理变量进行测量。例如,可以用单一代理指标(如行业差异),组织及个体中某一维度的变量(组织维度的变量有组织年龄、规模、冗余资源等,个体维度的变量有个体年龄、教育水平、任职长短等),结构方程模型构造的多重指标(可从外部任务环境和企业内部特征方面)来测量,甚至可以采用问卷和访谈形式来获得管理决断权的一手数据进行佐证。

本书的研究尽管具有一定的创新之处和实践指导意义,但毕竟还是建立在融资决策对投资决策影响效应的基础之上展开的分析。影响企业投融资决策的各主客观因素之间可能还存在更加复杂的相互关系,如中介的中介、中介的调节、调节的中介等。尤其对于中介效应的探讨,本书基本未涉及,但其对于深入分析企业投融资决策在内的企业各项财务决策之间的传导机制和内涵,仍然是相当必要的。需要我们在今后的研究中,将总体负债水平、债务期限结构、债务来源异质性程度和管理决断权等因素关联起来，探讨如何在不同时期内各因素的合理搭配，最大限度地发挥债务的相机治理作用来抑制管理者过度投资的机会主义行为，从而更有效地解决企业非效率投资问题。

综上所述，如果我们能把财务柔性的各单项来源及水平大小、非效率投资的两种形式及程度大小结合起来进行考察，并深入而全面地探讨不同主客观因素对企业投融资决策传导机制的影响，将有助于我们对企业投融资决策问题产生更加系统和深刻的认识。

二、未来研究拓展

基于财务柔性这一概念的企业融资决策对投资决策的影响效应，在代理理论的分析框架下，债务异质性结合管理决断权，对企业财务决策行为具有较强的解释能力，近年来备受财务学者们的关注，也取得了一定的研究成果。然而，由于财务柔性、债务异质性等重要概念均是近年来兴起的，对企业投融资决策的影响仍然具有众多尚未解决的问题，亟须更多的研究来完善整个理论体系。

可以预见在未来，关于财务柔性的研究可以从如下五个方面来展开。

（一）如何确定最为恰当的财务柔性水平和搭配

企业财务柔性涉及企业在面临较好的投资机遇时，能否及时获取资源来满足企业投资活动所需的资金要求，从而保障企业长远发展的重要问题。

首先，确定最为恰当的财务柔性水平实际上是企业财务柔性决策中一项非常重要的工作。超额现金持有作为企业财务柔性的重要来源，超额现金持有水平过低会使管理者的机会主义动机减弱，但企业正常的投资活动难以顺利开展；超额现金持有水平过高，企业正常投资活动可获得充裕的资金支持，但管理者机会主义动机的增强会导致过度投资等损害企业价值的行为。所以超额现金持有水平的高低，实际上反映了企业在规避融资困境和规避管理者机会主义行为之间的一种权衡。

其次，除了超额现金持有，剩余负债能力、未使用的信贷额度也会为企业提供一定程度的财务柔性。与超额现金持有相比，剩余负债能力、未使用的信贷额度更多地是从外部融资来源渠道使企业储备财务柔性。确定好各种财务柔性来源的最佳配比,对于最大限度地保障企业融资能力,具有关键性的作用。而财务柔性整体最优水平、各种财务柔性的最优搭配和配比,也许只有企业的管理者才能切身感知到。但是,管理者具有机会主义行为倾向,会背离广大股东利益而作出符合自身利益最大化的行动,因此可能不会选择最优的财务柔性整体水平及各种财务柔性搭配。所以,如何使管理者切实以公司价值最大化为目标作出最优财务柔性水平和搭配的决策,是今后研究的一个重要方向。

进而,就不同种类财务柔性的搭配而言,目前对财务柔性的测量以单项指标为主,即针对财务柔性不同来源的度量,缺乏在对各财务柔性来源特征分析的基础之上综合度量的方法。由于财务柔性是企业相关战略的综合结果,它应该是超额现金持有、剩余负债能力及未使用的信贷额度等变量组合的体现(Arslan 等,2008;Byoun,2008;Gamba 和 Triantis,2008;Bates 等,2009)。这几种类型的财务柔性如果可以完全互相替代,那么可以简单叠加并组合;如果不能完全互相替代,则需要企业对不同形式的财务柔性来源进行选择,并确定总体组合的水平,判断在各具体情境下何种来源的财务柔性具有最佳适用性、适用的数值是多少,以及不同来源的财务柔性究竟有何深层次的替代关系。因此,今后的研究中,需要加强对企业财务柔性大小的综合测量,充分考虑不同财务柔性类型间的内在关联,继而将超额现金持有、剩余负债能力、未使用的信贷额度等不同来源的财务柔性结合在一起考虑,从而对企业财务柔性大小进行整体判断。除了对财务柔性的测量外,鉴于财务柔性价值的不可直接被观测性(Killi 等,2011),还需要在全面分析各类影响财务柔性的因素的基础之上再展开估计。也就是说,若想准确测度企业财务柔性价值,需要深入研究当前已被发现的影响财务柔性的因素,继而探讨其他可能存在的影响因素,并对各类影响因素选取合适的测度指标从而改进间接测量方法。

再次,未来研究应当从对财务冲击的"事后"分析转向"事先"预测。鉴于本书探讨的超额现金持有会造成企业过度投资行为的负面影响这一事实,在未来不确定性的财务冲击发生前,准确预估财务冲击事后所需的财务柔性需求是关乎着企业未来能否及时获取资金并取得长远发展的重要问题,不准确的预估要么带来融资困境,要么引起过度投资,均会对企业价值造成损害。"事后"分析再怎么准确和富有见地,对于企业已造成的损失也于事无补,企业需要在下一次财务冲击到来之前提前做好防范,实现准确的"事先"预测。这个问题可以分解为两个方面:一是为了满足未来融资需求,应当维持什么水平的财务柔性;二是考虑到财务柔性不同的来源属性,应当分别持有多少不同来源的财务柔性。对这个问题的研究需要从财务柔性价值和财务柔性大小的关联机制着手,也就是根据财务柔性价值来匹配相应的财务柔性水平。

最后,在对企业财务柔性研究层次的拓展上,需要从各方利益相关者的角度来研究财务柔性。这个问题也包含了两个方面:一是怎样构建度量企业财务柔性大小的一系列相关指标;二是怎样根据企业财务柔性价值来确定各项指标的评判标准。如此,包括股东、债权人、企业员工和政府相关监管机构等各方利益相关者便可以凭借财务柔性指标和财务柔性标准对企业实际财务状况进行判断,并作出相应的决策。同时,各方利益相关者的决策反过来也会对企业财务决策发挥深远影响。可以看出,财务柔性将成为企业和各方利益相关者之间信息传递的重要信号,倒逼企业实现一种透明且良性的财务状况。所以,企业财务柔性指标和标准的设定也是未来从各方利益相关者角度研究财务柔性的重要问题。

(二) 如何充实财务柔性与企业投资决策之间关系的研究

财务柔性在企业财务管理决策中的重要作用体现为其与企业各项财务决策之间的紧密关联性,它既是企业制定各项财务决策的出发点,也可以检验各项财务决策实施效果的好坏(董理和茅宁,2013)。系统分析财务柔性和其他财务决策之间的关联性是当前学术研究的热点。其中,就投融资决策而言,从财务柔性这一概念出发的融资决策会较大程度地影响企业投资决策,而投资决策的好坏反过来也会引起融资决策的变更。也就是说,企业财务决策具有"同伴效应"(Manski,2000;张天宇和钟田丽,2018)。

具体而言,考虑到企业内部各项财务决策彼此之间相互依赖的本质,企业最优财务决策应当是企业自身若干特征的函数。此外,在实际决策过程中,由于受到各种关联关系的制约(如处于同一产业链的上下游或位于同一产品竞争市场),企业在制定自身财务决策的同时也会学习、反馈、抗击其他企业所实施的财务决策行为,即在同一参照组内,所有企业的财务决策可被视为统一的有机整体。决策之间彼此相互作用,最终达成了均衡的状态。从理论层面看,"同伴效应"有效地深化和拓展了当前有关财务决策分析的单一框架,对原有既定的财务决策研究范式进行了补充;从实践层面看,对"同伴效应"的研究有助于帮助我们从微观角度剖析企业应当如何制定相应的财务决策,"同伴效应"所特有的乘数属性还会对国家宏观层面的政策制定产生重要影响。在现实中,包括投融资决策在内的企业各项财务决策,以及不同企业间各项财务决策之间均存在非常复杂的关联性及因果关系(即横向"同伴效应"),企业当前财务决策也会影响未来财务决策的实施(即纵向"同伴效应")。因此,对投融资决策之间深层次关联的系统分析是未来重要的研究方向。

　　如上所述,超额现金持有、剩余负债能力和未使用的信贷额度为企业财务柔性提供了不同的来源,而非效率投资具有过度投资和投资不足两种形式。可以看出,不同来源的财务柔性对不同形式的非效率投资行为所发挥的作用具有显著的差异性,会使企业投融资决策过程及结果发生深刻的变化。尤其是,本书着重探讨的是过度投资这种非效率投资行为,但是投资不足这种非效率投资行为仍然需要被高度重视,特别是其与超额现金持有、剩余负债能力等不同来源的财务柔性类别之间究竟有何深层次关联,当前文献基本未涉及。今后的研究中,需要进一步梳理企业财务柔性和非效率投资行为之间的深层关联,找出"财务柔性来源——非效率投资行为——具体情境条件"三者之间的最佳匹配和对应模式。其中,具体情境条件包括了宏观环境(制度和文化传统、经济发展状况、自然资源禀赋和政府相关监管机构颁布的政策法令等)、中观行业(行业集中度、上下游企业的话语权、产品市场竞争程度、生产者和消费者的供给和需求态度等)、微观企业(企业自身的盈利能力、营运能力、偿债能力和增长能力)等诸多因素。也就是说,在今后的研究中,应在具体情境条件下,探寻财务柔性来源和非效率投资行为的具体匹配和对应模式,使一定程度的某种来源的财务柔性(种类、数值)让某企业尽可能地减少非效率投资行为(包括过度投资行为和投资不足行为),实现企业价值的最大化水平。可想而知,这种投融资决策理想愿景的达成当然较为困难和漫长,需要财务学者不断加深研讨和增强探索。

　　(三)如何展开债务异质性问题的纵深研究

　　本书对债务异质性作用的研究是对企业投融资决策中不同债权人之

间的博弈作用进行探讨的初始尝试,在今后的研究中,需要对影响企业投融资决策传导机制的债务异质性因素予以充分把握,深入理解债务相机治理机制作用的内涵。投融资决策之间的关系并非是单一的线性关系,会受到债务等情境因素的影响。中国企业中债务来源异质性是普遍存在的,也就是说,当债务来源因素发生改变时,财务柔性与企业投资决策之间的关系也会随之改变。本书从财务柔性这一概念出发,探讨了债务异质性在企业投融资决策中所发挥的关键性作用。尽管本书的研究结论具有一定的创新之处和对企业管理实践的指导意义,但毕竟还是在企业融资决策对投资决策作用的基础之上开展的分析。在实务里,企业有可能同时作出投融资决策,这和本书中静态模型所估计的结果可能会不一致(Gatchev 等,2010)。今后的研究还可以尝试构建多元动态方程模型,用来深入考察企业债务异质性和非效率投资行为之间的跨期相互关联。其中,本书的结论证实了只有债务来源异质性因素的相机治理作用较为显著,那么为了更好地发挥债务的相机治理效应来治理企业的非效率投资问题,需要怎样的情境?特别是如何搭配不同债务期限结构的债务才能更好地促进债务来源异质性程度对非效率投资的约束作用?这些都是在本书现有研究的基础上需要作出进一步拓展的研究方向。

尤其需要指出的是,本书考察的债务异质性这一指标更多体现的是不同债权人之间的"制衡"博弈关系。事实上,单一的债权人类型大大增强了"一家独大"债权人的话语权,便于债权人和管理层"合谋"而共同侵蚀投资者的利益,或者在通过显性或隐性契约满足既定利益情况下而对管理层的机会主义行为放任不管,进而恶化管理层的机会主义行为。虽然债务来源异质性程度的增强未必能有效提升企业经营业绩,但不同债权人的利益诉求和行为目标不尽相同,很难与企业达成"共谋"或对管理层的机会主义行为"集体沉默",从而在一定程度上能对企业投资决策发挥更好的监督效应。从本质上看,本书探讨的这种监督效应体现的是不同债权人之间的"制衡"博弈关系,但却缺乏对不同债权人之间"合作"博弈关系的探讨。在企业债权实际的持有方面,大部分债权人各自所持有的债权比例与公司所有的债权相比,均微不足道,所以债权人会意识到自身"人微言轻",无法对企业财务决策,特别是对损害广大债权人利益的过度投资行为发挥有效的制约作用。为了保障自身的合法权益,防止话语权较强的债权人、大股东以及公司管理层对自身利益的侵害，"人微言轻"的债权人可能会通过联合其他债权人的方式进行"合作"而共同捍卫彼此的权益从而形成了债权人之间"一致行动人"的关系。"人微言轻"的债权人之间既有共同利益又有相互矛盾，在相互"合作"的同时可能会有勾心斗角的"制衡"，在相互"制衡"的同时也可能会实施一定程度的"合作"，从而导致了"制衡"博弈关系和"合作"博弈关系两者间相互交织。然而，对这种债权人"合作"博弈关系、"制衡"和"合作"博弈交织关系的探讨在当前研究中更加少见，需要今后在有关债务异质性的研究中进行多加探讨。

　　同时，在未来的研究中，需要进一步拓展研究视野，在本书所选的债务异质性变量的基础之上，考虑更多可能影响企业投融资决策的客观异质性因素。例如，不同企业财务决策的最终落脚点在于维持企业的健康成长，而维持企业健康成长的核心在于确保企业产品的市场竞争力。那么，如果把视角切入产品市场，考虑产品市场的异质性，企业投融资决策之间的关系又会有何变化？这些因素都是未来研究需要探讨的重要方向。只有充分考察影响企业投融资决策的各项因素，并深入探究这些因素间的内在关联，才能对企业投融资决策的传导机制有比较全面而系统的把握。

　　（四）如何剖析管理决断权负面效应产生的深层原因

　　本书的结论证实了管理决断权具有的负面效应：不仅加剧了企业过度投资行为，还抑制了债务相机治理机制的有效发挥。在重重的内外部监控机制下，以及在较高的薪酬激励环境中，管理者为什么还会动用自由裁量权去从事有损企业价值最大化的过度投资等机会主义行为呢？本书认为，从管理者心理特征，特别是"心理所有权"视角的剖析，也许能找到管理决断权产生负面效应的深层原因。

　　Pierce 及其同事首先提出了"心理所有权"这一概念。"心理所有权"是指个人感觉目标物体（或者目标的一部分）好像属于自己的一种心理状态，是一种对特定目标的责任感（Pierce 等，1991）。但 Pierce 等（1991）的研究表明，心理所有权与体验到的责任是明显不同的两个概念，对目标状况的关注以及体验到的责任是心理所有权产生的结果，却并非心理所有权本身。与其他心理状态不同的是，心理所有权强调自我与目标之间的关联。Furby（1978）提出的占有心理学是心理所有权的理论基础。占有感无处不在,既包括对有形之物的占有感,又包括对无形之物的占有感。占有感表明某种有形之物或无形之物是属于"我的"或者"我们的",这是心理所有权的概念核心。Dittmar(1992)认为,心理所有权产生的根源既包括遗传因素,又包含环境和经验因素,两者都很重要。

Pierce 等(1991)认为有三种发展途径直接导致了心理所有权的出现,即对目标物进行控制、亲密了解和个人投入。在对目标物进行控制时,管理者通过控制产生拥有的感觉,并将目标物视为是自我的一部分。亲密了解体现在管理者通过与目标物的亲密联系,及时了解并获得更多信息,进而感觉目标物是自己的,所有权感就会更加强烈。个人投入是指管理者向目标物投入了大量的时间、精力、努力和注意力,使自我变成了该目标物的一部分,从而对目标物产生了所有权感。这三种发展途径并非单独作用,彼此间存在着重要的关联,共同导致了心理所有权的产生和发展。此外,Pierce 等(1991)还指出,心理所有权的出现是因为它能满足人们一定的动机。这些动机一部分是遗传的,一部分是社会的。具体而言,企业管理者产生心理所有权的根源,在于三个基本动机:追求自我效能感,自我识别和拥有一个空间。追求自我效能感是指管理者行使权力时通过控制或者行动,实现了期望结果,便会由于控制占有物或促进事情发生而产生胜任感,进而催生了心理所有权的出现。自我识别是指管理者通过与财产的互动,具有一种向他人表示自我身份、定义自我以及保证自我可持续性的一种动机,是一种典型的自我需要感。拥有一个空间是"灵魂的需要",是归属感和安全感的基本要求,是指管理者具有占有一定的领土或空间、拥有一个可居住的"家"的动机,能使管理者自身获得舒适、愉悦和安全的感觉。这三种动机都分别有助于企业管理者心理所有权的产生和发展,但不直接导致心理所有权的出现。相关实证结果也表明,当追求自我效能感、自我识别及拥有一个空间的动机在组织中得到满足之后,个体对他们的组织、工作及职务等都会表现出所有权的感觉。

企业管理者保持适度的心理所有权水平,既有利于企业绩效的提升,又有助于预防机会主义行为。适度的心理所有权有助于管理者获取期望的权力和履行预期的责任,并产生如信息搜寻、服务利益相关者等众多与这些权力和责任相联系的特定行为。因为心理所有权与许多积极效果密切相关,所以企业组织应该鼓励个体心理所有权的生成。在公司层面,适度的心理所有权还会使员工产生有责任从公司长远利益来作出决策的感觉。同理,适度的心理所有权能使管理者基于企业、部门的长远利益作出决策,减少以牺牲长远利益而换取提升近期绩效的短视行为。从本书验证的管理决断权具有负面效应的结论来看,心理所有权具有双重效应。一方面,心理所有权太低,说明各级管理者缺乏敬业精神,难以积极主动地投入日常管理工作。管理者对手中的权力、所在的职位和承担的责任难以从内心产生认同感和归属感,抱着"干多干少一个样"的消极心态而敷衍工作,管理者碌碌无为,严重妨碍了工作效率的提高和企业绩效的提升。但另一方面,心理所有权太高,也会带来一些负面影响,会使企业管理者产生"权力独占"的愿望,不利于企业高层管理团队精神的凝聚和成员之间的合作。管理者太过关注对心理所有权的投入,会以牺牲其他物质作为代价。同时,心理所有权太高,一旦目标物失去或改变,会使管理者产生挫败感,甚至会引发过度投资等机会主义行为。

可以看出,太高的心理所有权会导致管理者滋生过度投资等机会主义行为倾向。当前的公司治理,需要通过完善内部控制制度、增强监督和检举措施、降低管理者声誉等途径大大提高管理者的机会主义成本。另一方面,可通过改造业务流程、提升业务效率、提高企业管理决策过程的透明度等举措降低管理者能获取的机会主义收益。上述举措会对管理者形成强大的心理震慑,使管理者心理所有权降低,从而减少期望收益,消除机会主义行为倾向。最终,这部分管理者不会"铤而走险"地实施机会主义行为,而是及时"悬崖勒马"地正常行使职权,继续履行管理者正常的工作职责。从这点看,心理所有权也许是管理决断权有效发挥作用的基础,能很好地解释管理决断权负面效应的深层原因。但是,这方面的理论探讨仍需加强,尤其是本书提出的如上理论推导是否能真正成立,还有待进一步的实证检验。

(五)如何充分发挥企业管理者的积极作用

现代企业都是由管理者经营管理的,企业所有财务决策及其行为结果都是管理者"识别、判断及执行"的结果,因而管理者在企业财务决策中所起的关键作用需要学者们更多的重视。管理者是企业财务柔性获取、维持及使用的行为主体,也是企业投资决策的主要制定者和实施者,有了管理者的决策,才能利用企业的财务柔性来确保企业投资活动的顺利开展。财务柔性为企业管理者提供了筹集资金的重要来源,如果运用得当,对企业投资活动的开展将大有裨益。然而,在存在委托代理问题的情况下,管理者可能会背离股东利益最大化的目标而从事有利于自身利益最大化的机会主义行为。过多的财务柔性非但不是好事,反而有可能被管理者滥用于从事过度投资行为。本书将管理决断权作为管理者作用的量度,深入探讨了管理决断权不同时,企业投融资决策的传导机制,以及企业投融资决策传导机制中债务异质性因素发挥的作用有何不同,从而对全面探讨管理者在财务柔性与企业投资决策之间关系中所发挥的重要影响效应进行了有益的探索和尝试。本书的研究结论证明了,管理决断权的存在,既加剧了超额现金持有导致的企业过度投资效应,又会削弱债务来源异质性发挥的债务相机治理作用。本书立足于引入财务柔性因素后的代理理论分析,证实了管理决断权的负面效应,然而若没有管理决断权,企业管理者便不具有独立行权的空间,这样企业日常经营管理活动也不可能顺利开展。所以,究竟需赋予管理者多少管理决断权也是企业管理需要权衡的一大难题。如何正确发挥管理者的作用,最有效率地运用管理决断权,使之按照股东利益最大化的原则平稳顺利地开展企业投融资活动,是未来研究需要探讨的一个重要命题。

首先,基于新模式和动态视角的探讨。在后续实证研究中,可以将管理决断权作为中介变量或继续作为调节变量,考察被中介的中介效应、被调节的中介效应或被中介的调节效应等多种新模式,并将其引入对最优财务柔性水平和不同财务柔性的搭配的确定上,以及财务柔性与投资决策之间关系进行考察的各项研究之中。从整体来看,当前关于管理决断权这些模式的研究均以静态结果作为导向,而静态研究所具有的片面性和滞后性缺陷无法对企业整体经营状况进行准确反映,使静态环境下得出的结论能否适用于动态环境的新情境值得怀疑。未来的研究需要进一步基于动态视角考察管理决断权所发挥的跨期影响效应,实现由静态研究向动态研究的转型。同时,还可以深入考察在宏观制度环境的大背景下,管理者的管理决断权究竟如何通过影响动态的企业微观层面行为(如现金持有调整、债权增减、信贷放缩和债权人监督等),来对企业投资行为发挥作用,从而构建起系统完整的管理决断权效应的动态传导机制。

其次,基于管理者自身因素的探讨。什么样的管理者能更好地积极履职？这是困扰企业管理实践的重要难题。作为企业财务决策的重要实施主体——管理者当前已呈现出愈加显著的差异性，不同管理者行使管理决断权的责任感、能力和方式均不同，所以对包括投资决策在内的企业各项财务决策结果的影响也不同。近年来，探讨管理者自身因素对企业财务决策的影响已成为企业财务领域被关注的热点问题（Graham 等，2013）。即使在外部环境、公司治理模式和企业特征均比较类似的不同企业，不同管理者所作出的投融资决策也千差万别，这其实体现了前文所述的"同伴效应"的另一面。大量研究结果均表明，部分企业的管理者由于自身性格缺陷等原因，在行使管理决断权时不会完全遵守传统的财务决策原则，从而导致企业投融资决策发生严重失误，最终损害企业价值（吕兆德和徐晓薇，2016）。但是，在国内外众多的成功企业中，管理者勇于拼搏和锐意进取的工作精神对企业成功产生了至关重要的作用，而管理决断权正是这些管理者将自身意图和能力以及对企业前景的美好期待付诸实践的重要利器。例如，中国著名的华为公司，其主要创始人兼总裁任正非先生的行权风格，令人印象深刻。现有涉及管理者自身因素对企业财务决策的影响研究主要从管理者特征差别和非理性两个视角展开。具体而言，管理者特征差别包括了管理者性别、年龄、出生环境、学历、经历和个人能力等多种因素。管理者非理性因素主要是指管理者的信念偏差和不稳定的偏好，而现有文献已对管理者过度自信和乐观主义这两类非理性因素进行了较多探讨。但是，管理者自身因素究竟怎样对管理决断权的行使发挥作用？由于测量方式存在的主观性偏误等原因，现有的研究结论并不准确。学者们需要对管理者自身因素进行深入研究，完善相关量表的开发工作，构建包括各项管理者特征在内的综合指标来探讨如何让管理者更好地积极履职的问题。

最后，外在异质性情境的关联性探讨。虽然在 20 世纪 90 年代以来管理决断权的作用被持续关注，但仍需进一步增强对管理决断权情境化因素的考察（胡建雄和殷钱茜，2018）。影响管理决断权的外在情境因素不断发生变化，要求我们突破以往的同质性视角，增加异质性情境下对管理决断权问题的探讨。今后有关管理决断权的实证研究，需要通过一种更好的理论进行概念化解读，学者们应在不同情境下评估和测试管理决断权的有效性。但是，不同情境下的各种因素之间可能具有较强的关联性，会产生内生性问题，使现有研究结论的可靠性遭到质疑。所以，在设计关于如何激励企业管理者为平衡企业各方利益相关者的需求而认真努力工作的公司治理机制时,我们需要充分认知企业内外部异质性情境的复杂关联性,这直接决定了在不同情境下应当如何有效地调节企业的管理决断权水平。总之,只有充分重视并积极发挥管理者在企业财务决策的研究范畴中所起的积极作用,才能深入挖掘出企业投融资决策传导机制的内在动因,也就能为治理企业非效率投资问题提供重要的理论支撑,进而有助于完善企业投融资理论体系。

参 考 文 献

[1] 陈琪. 2013. 产权性质、经理自主权与研发投资——来自中国中小板上市公司
        的经验证据[J]. 中南财经政法大学学报，(5)：123-129.

[2] 陈晓萍，徐淑英，樊景立. 2012. 组织与管理研究的实证方法[M]. 2版. 北京：
        北京大学出版社.

[3] 董理，茅宁. 2013. 财务弹性问题前沿研究述评与未来展望[J]. 外国经济与管
        理，35(4)：71-80.

[4] 方芳. 2012. 短期负债结构与企业非效率投资行为的实证研究[D]. 合肥：合
        肥工业大学，1-38.

[5] 傅利福，王素素，岳增光. 2014. 利率市场化与中小企业融资约束——基于中
        小银行战略布局的视角[J]. 贵州财经大学学报，(6)：34-41.

[6] 高遐，井润田，万媛媛. 2012. 管理决断权、高管薪酬与企业绩效的实证研究
        [J]. 管理评论，(4)：107-114.

[7] 顾乃康，万小勇，陈辉. 2011. 财务弹性与企业投资的关系研究[J]. 管理评
        论，23(6)：115-121.

[8] 胡建雄，茅宁. 2014. 国外资本结构调整研究述评及展望[J]. 外国经济与管
        理，36(8)：62-72.

[9] 胡建雄，茅宁. 2015. 债务来源异质性对企业投资扭曲行为影响的实证研究
        [J]. 管理科学，28(1)：47-57.

[10] 胡建雄，邵志翔，易志高. 2015. 企业债务异质性对过度投资行为的影响研
        究——基于中国上市公司样本的分析[J]. 山西财经大学学报，(5)：100-112.

[11] 胡建雄，殷钱茜. 2018. "羁束"还是"自由裁量"？——管理决断权调整研究述
        评与展望[J]. 经济管理，40(5)：195-210.

[12] 胡建雄，殷钱茜. 2019. 从合法到合德:独立董事履职动机的演进研究[J]. 外
        国经济与管理，41(10)：31-44.

[13] 胡珺，宋献中，王红建. 2017. 非正式制度、家乡认同与企业环境治理[J]. 管
        理世界，(3)：76-94.

[14] 黄珺，黄妮. 2012. 过度投资、债务结构与治理效应——来自中国房地产上市
        公司的经验证据[J]. 会计研究，(9)：67-72.

［15］ 黄乾富，沈红波. 2009. 债务来源，债务期限结构与现金流的过度投资——基
于中国制造业上市公司的实证证据[J]. 金融研究，(9)：143-155.

［16］ 江伟，沈艺峰. 2005. 大股东控制，资产替代与债权人保护[J]. 财经研究，31
(12)：95-106.

［17］ 李常青，魏志华，吴世农. 2010. 半强制分红政策的市场反应研究[J]. 经济研
究，(3)：144-155.

［18］ 李辰，张翼. 2005. 股权结构，现金流与资本投资[J]. 经济学（季刊），5(1)：
229-246.

［19］ 李定安，周健波. 2007. 中国房地产上市公司债务融资影响因素新探[J]. 经济
与管理研究，(10)：63-69.

［20］ 李树根. 2014. 政府干预、公司资源和股利政策——基于沪深 A 股上市公司的
实证研究[J]. 财经论丛，(6)：60-67.

［21］ 李维安，刘绪光，陈靖涵. 2010. 经理才能、公司治理与契约参照点：中国上市
公司高管薪酬决定因素的理论与实证分析[J]. 南开管理评论，(2)：4-15.

［22］ 李心合，王亚星，叶玲. 2014. 债务异质性假说与资本结构选择理论的新解释
[J]. 会计研究，(12)：3-10.

［23］ 李有根. 2002. 公司治理中的经理自主权研究[D]. 西安：西安交通大学.

［24］ 连玉君，程建. 2007. 投资——现金流敏感性：融资约束还是代理成本？[J].
财经研究，33(2)：37-46.

［25］ 连玉君，彭方平，苏治. 2010. 融资约束与流动性管理行为[J]. 金融研究，
(10)：158-171.

［26］ 罗党论，应千伟，常亮. 2012. 银行授信，产权与企业过度投资：中国上市公
司的经验证据[J]. 世界经济，(3)：48-67.

［27］ 吕兆德，徐晓薇. 2016. 董事背景多元化抑制董事长过度自信吗？——基于企
业过度投资的角度[J]. 经济管理，(4)：60-71.

［28］ 马春爱. 2011. 中国上市公司的非效率投资研究：一个财务弹性的视角[J]. 财
贸研究，(2)：144-148.

［29］ 潘立生，方芳. 2012. 短期负债与企业非效率投资行为——基于中国制造业上
市公司的实证研究[J]. 中小企业管理与科技，21(15)：70-72.

［30］ 潘敏，朱迪星. 2012. 经理人异质性假设下公司金融前沿理论评述[J]. 金融评
论，(3)：94-104.

［31］ 饶育蕾，汪玉英. 2006. 中国上市公司大股东对投资影响的实证研究[J]. 南开
管理评论，(5)：67-73.

［32］ 孙铮，刘凤委，李增泉. 2005. 市场化程度，政府干预与企业债务期限结构
［J］. 经济研究，5(5)：52-63.

［33］ 童盼，陆正飞. 2005. 负债融资对企业投资行为影响研究：述评与展望［J］. 会
计研究，(12)：71-76.

［34］ 童盼，陆正飞. 2005. 负债融资，负债来源与企业投资行为——来自中国上市
公司的经验证据［J］. 经济研究，40(5)：75-84.

［35］ 涂瑞，肖作平. 2010. 终极所有权结构和债务期限结构选择［J］. 管理科学，
(6)：72-80.

［36］ 王化成，曹丰，叶康涛. 2015. 监督还是掏空：大股东持股比例与股价崩盘风
险［J］. 管理世界，(2)：45-57.

［37］ 王建新. 2009. 基于债务约束的自由现金流过度投资问题研究［J］. 上海立信
会计学院学报，23(2)：73-80.

［38］ 王菁，程博. 2014. 外部盈利压力会导致企业投资不足吗？［J］. 会计研究，
(3)：33-40.

［39］ 王克敏，刘静，李晓溪. 2017. 产业政策、政府支持与公司投资效率研究［J］.
管理世界，(3)：113-124.

［40］ 王鲁平，毛伟平. 2009. 银行借款，商业信用与公司投资行为［J］. 西安交通大
学学报：社会科学版，29(1)：6-11.

［41］ 王霞，张敏，于富生. 2008. 管理者过度自信与企业投资行为异化——来自中
国证券市场的经验证据［J］. 南开管理评论，(2)：77-83.

［42］ 王彦超. 2009. 融资约束，现金持有与过度投资［J］. 金融研究，(7)：121-133.

［43］ 汪猛. 2013. 货币政策，债务融资与会计稳健性研究：中国 A 股上市公司的经
验证据［J］. 贵州财经大学学报，(2)：55-62.

［44］ 魏志华，李常青，吴育辉，黄佳佳. 2017. 半强制分红政策、再融资动机与经典
股利理论——基于股利代理理论与信号理论视角的实证研究［J］. 会计研究，
(7)：55-61.

［45］ 巫景飞，何大军，林暐，王云. 2008. 高层管理者政治网络与企业多元化战略：
社会资本视角——基于中国上市公司面板数据的实证分析［J］. 管理世界，
(8)：107-118.

［46］ 肖珉. 2010. 现金股利、内部现金流与投资效率［J］. 金融研究，(10)：117-134.

［47］ 肖作平，廖理. 2007. 大股东，债权人保护和公司债务期限结构选择［J］. 管理
世界，(10)：99-113.

［48］ 辛清泉，郑国坚，杨德明. 2007. 企业集团，政府控制与投资效率［J］. 金融研

究，(10)：123-142.

［49］辛宇，徐莉萍. 2006. 公司治理机制与超额现金持有水平[J]. 管理世界，(5)：
136-141.

［50］徐晓东，张天西. 2009. 公司治理，自由现金流与非效率投资[J]. 财经研究，
(10)：47-58.

［51］杨华军，胡奕明. 2007. 制度环境与自由现金流的过度投资[J]. 管理世界，
(9)：99-106.

［52］杨金坤，宋婕，张俊民. 2019. 强制社会责任披露与企业投资不足：投资挤出
抑或拉动[J]. 山西财经大学学报，41(10)：100-112.

［53］杨丽芳. 2014. 公司治理与企业成长性的经济后果研究——来自创业板上市公
司的经验数据[J]. 暨南学报(哲学社会科学版)，(7)：120-128.

［54］杨兴全，张照南，吴昊曼. 2010. 治理环境，超额持有现金与过度投资——基
于中国上市公司面板数据的分析[J]. 南开管理评论，(5)：61-69.

［55］叶蓓，袁建国. 2007. 企业投资的行为公司财务研究综述[J]. 会计研究，
(12)：76-81.

［56］俞红海，徐龙炳，陈百助. 2010. 终极控股股东控制权与自由现金流过度投资
[J]. 经济研究，(8)：103-114.

［57］余明桂，夏新平，邹振松. 2006. 管理者过度自信与企业激进负债行为[J]. 管
理世界，(8)：104-112.

［58］袁春生. 2009. 公司治理中经理自主权的壁垒效应解析[J]. 管理评论，(12)：
48-56.

［59］曾爱民，傅元略，魏志华. 2011. 金融危机冲击，财务柔性储备和企业融资行
为——来自中国上市公司的经验证据[J]. 金融研究，(10)：155-169.

［60］曾爱民，张纯，魏志华. 2013. 金融危机冲击，财务柔性储备与企业投资行
为——来自中国上市公司的经验证据[J]. 管理世界，(4)：107-120.

［61］张长征，李怀祖，赵西萍. 2006. 企业规模，经理自主权与 R&D 投入关系研
究——来自中国上市公司的经验证据[J]. 科学学研究，24(3)：432-438.

［62］张凤，黄登仕. 2008. 上市公司现金持有量对投资行为及动机的影响[J]. 系统
工程，(6)：45-51.

［63］张功富，宋献中. 2009. 中国上市公司投资：过度还是不足？——基于沪深工
业类上市公司非效率投资的实证度量[J]. 会计研究，(5)：69-77.

［64］张会丽，陆正飞. 2012. 现金分布，公司治理与过度投资——基于中国上市公
司及其子公司的现金持有状况的考察[J]. 管理世界，(3)：141-150.

［65］ 张三保，张志学. 2012. 区域制度差异，CEO 管理自主权与企业风险承担——中国 30 省高技术产业的证据[J]. 管理世界，(4)：101-114.

［66］ 张三保，张志学. 2014. 管理自主权：融会中国与西方，连接宏观与微观[J]. 管理世界，(3)：102-118.

［67］ 张天宇，钟田丽. 2018. 企业财务决策同伴效应研究述评与展望[J]. 外国经济与管理，40(11)：3-16.

［68］ 赵蒲，孙爱英. 2004. 财务保守行为：基于中国上市公司的实证研究[J]. 管理世界，(11)：109-118.

［69］ 郑江淮，何旭强，王华. 2001. 上市公司投资的融资约束：从股权结构角度的实证分析[J]. 金融研究，(11)：92-99.

［70］ 周红霞，欧阳凌. 2004. 企业非效率投资行为研究综述——基于股东与经理利益冲突的视角[J]. 管理科学，17(6)：23-29.

［71］ 周伟贤. 2010. 投资过度还是投资不足——基于 A 股上市公司的经验证据[J]. 中国工业经济，(9)：151-160.

［72］ 朱磊，潘爱玲. 2009. 负债对企业非效率投资行为影响的实证研究——来自中国制造业上市公司的面板数据[J]. 经济与管理研究，(2)：52-59.

［73］ ACHARYA V V, ALMEIDA H, CAMPELLO M. 2007. Is cash negative debt? A hedging perspective on corporate financial policies[J]. Journal of Financial Intermediation, 16(4)：515-554.

［74］ ACHARYA V V, ALMEIDA H, CAMPELLO M. 2013. Aggregate risk and the choice between cash and lines of credit[J]. Journal of Finance, 68(5)：2059-2116.

［75］ ADMATI A R, DEMARZO P M, HELLWIG M F, PFLEIDERER P. 2018. The leverage ratchet effect[J]. Journal of Finance, 73(1)：145-198.

［76］ ALCOCK J, STEINER E. 2017. The interrelationships between REIT capital structure and investment[J]. Abacus, 53(3)：371-394.

［77］ ALMEIDA H, CAMPELLO M. 2010. Financing frictions and the substitution between internal and external funds[R]. Working paper, University of Illinois.

［78］ ALMEIDA H, CAMPELLO M, WEISBACH M S. 2011. Corporate financial and investment policies when future financing is not frictionless[J]. Journal of Corporate Finance, 17(3)：675-693.

［79］ ALZAIDI F. 2016. Newly adopted corporate governance mechanism impact on the performance of public Japanese overseas acquirers[J]. International Journal of Business and Finance Research, 10(4): 19-28.

[80] ANDERSEN J A. 2017. The concept of managerial discretion in corporate governance-better off without it? [J]. Corporate Governance, 17(3): 574-587.

[81] ANTONIOU A, GUNEY Y, PAUDYAL K. 2006. The determinants of debt maturity structure: evidence from France, Germany and the UK[J]. European Financial Management, 12(2): 161-194.

[82] ARAGON-CORREA J A, MATIAS -RECHE F, SENISE-BARRIO M E. 2004. Managerial discretion and corporate commitment to the natural environment[J]. Journal of Business Research, 57(9): 964-975.

[83] ARSLAN O, FLORACKIS C, OZKAN A. 2008. How and why do firms establish financial flexibility[J]. Unpublished working paper.

[84] ARSLAN O, FLORACKIS C, OZKAN A. 2014. Financial flexibility, corporate investment and performance: Evidence from financial crises [J]. Review of Quantitative Finance and Accounting, 42: 211-250.

[85] BAKER H KENT, MARTIN G S. 2011. Capital structure: an overview[M]// BAKER KENT H, MARTIN GERALD S: Capital Structure and Corporate Financing Decisions: Theory, Evidence, and Practice. New Jersey: John Wiley & Sons: 1-14.

[86] BAKER M, WURGLER J. 2002. Market timing and capital structure[J]. Journal of Finance, 57(1): 1-32.

[87] BANCEL F, MITTOO U R. 2004. The determinants of capital structure choice: a survey of European firms[J]. Financial Management, 33: 103-132.

[88] BASKIN J. 1987. Corporate liquidity in games of monopoly power[J]. Review of Economics and Statistics, 312-319.

[89] BATES W T, KAHLE M K, STULZ M R. 2009. Why do U. S. firms hold so much more cash than they used to? [J]. Journal of Finance, 64(5): 1985-2021.

[90] BAUM C F, CAGLAYAN M, TALAVERA O. 2010. On the investment sensitivity of debt under uncertainty[J]. Economics Letters, 106(1): 25-27.

[91] BAUM C F, CAGLAYAN M, TALAVERA O. 2013. The effects of future capital investment and R&D expenditures on firms' liquidity[J]. Review of International Economics, 21(3): 459-474.

[92] BAUMOL W J. 1952. The transactions demand for cash: An inventory

theoretic approach[J]. Quarterly Journal of Economics, 66(4): 545 - 556.

[93] BECHT M, BOLTON P, RÖELL A. 2003. Corporate governance and control
[J]. Handbook of the Economics of Finance, (1): 1-109.

[94] BERK J B, STANTON R, ZECHNER J. 2010. Human capital, bankruptcy,
and capital structure[J]. Journal of Finance, 65(3): 891-926.

[95] BESSLER W, DROBETZ W, KAZEMIEH R. 2011. Factors affecting capital
structure decisions[M]//BAKER H KENT, MARTIN GERALD S: Capital
Structure and Corporate Financing Decisions: Theory, Evidence, and Practice.
New Jersey: John Wiley & Sons: 17-41.

[96] BLACK F, SCHOLES M S. 1973. The pricing of options and corporate
liabilities[J]. Journal of Political Economy, 81(3): 637-654.

[97] BOLTON P, FREIXAS X. 2006. Corporate finance and the monetary
transmission mechanism[J]. Review of Financial Studies, 19(3): 829-870.

[98] BONAIMÉ A A, HANKINS K W, HARFORD J. 2013. Financial flexibility,
risk management, and payout choice[J]. Review of Financial Studies, 1-28.

[99] BOOT A W A. 2000. Relationship banking: What do we know? [J]. Journal
of Financial Intermediation, 9(1): 7-25.

[100] BROUNEN D, DE JONG A, KOEDIJK K. 2006. Capital structure policies in
Europe: Survey evidence[J]. Journal of Banking and Finance, 30(5): 1409-1442.

[101] BURKART, GROMB, PANUNZI. 1982. Debt design, liquidation value and
managerial incentives, economics of information and uncertainty[M]. Chicago:
University of Chicago Press, 107-146.

[102] BYOUN S. 2008. How and when do firms adjust their capital structures toward
targets? [J]. Journal of Finance, 63(6): 3069-3096.

[103] BYOUN S. 2011. Financial flexibility and capital structure decision[R]. SSRN
working paper.

[104] CARPENTER M A, GOLDEN B R. 1997. Perceived managerial discretion: A
study of cause and effect[J]. Strategic Management Journal, 18(3): 187-206.

[105] CAYZAC R. 2010. Sources of financial flexibility: Evidence from cash flow
shortfalls[J]. Proceedings of the National Academy of Sciences of the United
States of America, 100(4): 1937-1942.

[106] CHILDS P D, MAUER D C, OTT S H. 2005. Interactions of corporate
financing and investment decisions: The effects of agency conflicts[J]. Journal

of Financial Economics，76(3)：667-690.

[107] CHOI J，HACKBARTH D，ZECHNER J. 2014. Granularity of corporate debt [R]. Urbana：CFS Working Paper，1-51.

[108] CLARK B J. 2010. The impact of financial flexibility on capital structure decisions：Some empirical evidence[J]. SSRN working paper.

[109] COLLA P，IPPOLITO F，LI K. 2013. Debt specialization[J]. Journal of Finance，68(5)：2117-2141.

[110] CROSSLAND C，HAMBRICK D C. 2007. How national systems differ in their constraints on corporate executives：A study of CEO effects in three countries [J]. Strategic Management Journal，28(8)：767-789.

[111] CROSSLAND C，HAMBRICK D C. 2011. Differences in managerial discretion across countries：how nation-level institutions affect the degree to which CEOs matter[J]. Strategic Management Journal，32(8)：797-819.

[112] CYERT R M，MARCH J G. 1963. A behavioral theory of the firm[M]. Englewood Cliffs：Prentice Hall：60-76.

[113] DE JONG A，VERBEEK M，VERWIJMEREN P. 2012. Does financial flexibility reduce investment distortions? [J]. Journal of Financial Research，XXXV(2)：243-259.

[114] DANIEL N D，DENIS D J，NAVEEN L. 2008. Dividends，investment，and financial flexibility [R]. Working paper，Drexel University and Purdue University.

[115] DAVID P，O'BRIEN J P，YOSHIKAWA T. 2008. The implications of debt heterogeneity for R&D investment and firm performance[J]. Academy of Management Journal，51(1)：165-181.

[116] DEANGELO H，DEANGELO L. 2007. Capital structure，payout policy，and financial flexibility[R]. Working paper，University of Southern California.

[117] DEANGELO H，DEANGELO L，WHITED T M. 2011. Capital structure dynamics and transitory debt[J]. Journal of Financial Economics，99(2)：235-261.

[118] DEGRYSE H，DE JONG A. 2006. Investment and internal finance：Asymmetric information or managerial discretion? [J]. International Journal of Industrial Organization，24：125-147.

[119] DEMIRGÜÇ-KUNT A，MAKSIMOVIC V. 1999. Institutions，financial

markets, and firm debt maturity[J]. Journal of Financial Economics, 54(3): 295-336.

[120] DENIS D J, SIBILKOV V. 2010. Financial constraints, investment, and the value of cash holdings[J]. Review of Financial Studies, 23(1): 247-269.

[121] DESARBO W S, ANTHONY DI, BENEDETTO C, SINHA I. 2005. Revisiting the miles and snow strategic framework: Uncovering interrelationships between strategic types, capabilities, environmental uncertainty, and firm performance[J]. Strategic Management Journal, 26(1): 47-74.

[122] DIAMOND D W, HE Z. 2014. A theory of debt maturity: the long and short of debt overhang[J]. Journal of Finance, 69(2): 719-762.

[123] DITTMAR A, MAHRT-SMITH J. 2007. Corporate governance and the value of cash holdings[J]. Journal of Financial Economics, 83: 599-634.

[124] DITTMAR H. 1992. The social psychology of material possessions: To have is to be[M]. Hemel Hempstead: Harvester Wheatsheaf.

[125] DONG J, GOU Y. 2010. Corporate governance structure, managerial discretion, and the R&D investment in China[J]. International Review of Economics and Finance, 19: 180-188.

[126] DROBETZ W, WANZENRIED G. 2006. What determines the speed of adjustment to the target capital structure[J]. Applied Financial Economics, 16(13): 941-958.

[127] DYCZKOWSKA J. 2017. Drivers of strategy and R&D disclosures[R]. Working Paper, 1-21.

[128] FAMA E F, MILLER M H. 1972. The theory of finance[M]. Hinsdale, IL: Dryden Press.

[129] FAN J P H, TITMAN S, TWITE G. 2012. An international comparison of capital structure and debt maturity choices[J]. Journal of Financial and Quantitative Analysis, 47(1): 23-56.

[130] FAULKENDER M, FLANNERY M J, HANKINS K W, SMITH J M. 2012. Cash flows and leverage adjustments[J]. Journal of Financial Economics, 103(3): 632-646.

[131] FAULKENDER M, WANG R. 2006. Corporate financial policy and the value of cash[J]. Journal of Finance, 61(4): 1957-1990.

[132] FAZZARI S, HUBBARD R G, PETERSEN B C. 1988. Financing constraints and corporate investment[J]. 141-206.

[133] FINKELSTEIN S, D'AVENI R A. 1994. CEO duality as a double -edged sword: How boards of directors balance entrenchment avoidance and unity of command[J]. Academy of Management Journal, 37(5): 1079-1108.

[134] FINKELSTEIN S, HAMBRICK D C. 1990. Top-management-team tenure and organizational outcomes: The moderating role of managerial discretion[J]. Administrative Science Quarterly, 35(3): 484-503.

[135] FINKELSTEIN S, PETERAF M A. 2007. Managerial activities: A missing link in managerial discretion theory[J]. Strategic Organization, 5(3): 237.

[136] FRANK M Z, GOYAL V K. 2007. Trade -off and pecking order theories of debt[J]. SSRN: 670543.

[137] FRÉSARD L, SALVA C. 2010. The value of excess cash and corporate governance: Evidence from US cross-listings [J]. Journal of Financial Economics, 98(2): 359-384.

[138] FRYDENBERG S. 2011. Capital structure theories and empirical tests: an overview[J]. Capital Structure and Corporate Financing Decisions: Theory, Evidence, and Practice, 15: 129-150.

[139] FRYDMAN C, JENTER D. 2010. CEO Compensation[J]. Annual Review of Financial Economics, 2(1): 75-102.

[140] FURBY L. 1978. Possession in humans: An exploratory study of its meaning and motivation[J]. Social Behavior and Personality: An International Journal, 6(1): 49-65.

[141] GAMBA A, TRIANTIS A. 2008. The value of financial flexibility[J]. Journal of Finance, 63(5): 2263-2296.

[142] GATCHEV V A, PULVINO T, TARHAN V. 2010. The interdependent and intertemporal nature of financial decisions: An application to cash flow sensitivities[J]. Journal of Finance, 65(2): 725-763.

[143] GERAKOS J. 2007. CEO pensions: Disclosure, managerial power, and optimal contracting[R]. Working Paper.

[144] GOLDSTEIN R, JU N, LELAND H. 2001. An EBIT-based model of dynamic capital structure[J]. Journal of Business, 74(4): 483-512.

[145] GRAHAM J R. 2000. How big are the tax benefits of debt? [J]. Journal of

Finance，55：1901-1942.

[146] GRAHAM J R，HARVEY C R. 2001. The theory and practice of corporate finance：evidence from the field[J]. Journal of Financial Economics，60(2)：187-243.

[147] GRAHAM J R，HARVEY C R，PURI M. 2013. Managerial attitudes and corporate actions[J]. Journal of Financial Economics，109(1)：103-121.

[148] GROSSMAN S J，HART O D. 1982. Corporate financial structure and managerial incentives[M]. Chicago：University of Chicago Press，107-140.

[149] HACKBARTH D. 2008. Managerial traits and capital structure decisions[J]. Journal of Financial and Quantitative Analysis，43(4)：843-881.

[150] HACKBARTH D，MAUER D C. 2012. Optimal priority structure，capital structure，and investment[J]. Review of Financial Studies，25(3)：747-796.

[151] HAMBRICK D C，FINKELSTEIN S. 1987. Managerial discretion：A bridge between polar views of organizational outcomes[J]. Research in Organizational Behavior，(9)：369-406.

[152] HAMBRICK D C，FINKELSTEIN S，CHO T S，JACKSON E M. 2004. Isomorphism in reverse：Institutional theory as an explanation for recent increases in intraindustry heterogeneity and managerial discretion[J]. Research in Organizational Behavior，(26)：307-350.

[153] HAMBRICK D C，MASON P A . 1984. Upper echelons：The organization as a reflection of its top managers[J]. Academy of Management Review，9(2)：193-206.

[154] HAMBRICK D C，QUIGLEY T J. 2014. Toward more accurate contextualization of the CEO effect on firm performance [J]. Strategic Management Journal，35(4)：473-491.

[155] HARFORD J，KLASA S，MAXWELL W F. 2014. Refinancing risk and cash holdings[J]. Journal of Finance，69(3)：975-1012.

[156] HARFORD J，MANSI S A，MAXWELL W F. 2008. Corporate governance and firm cash holdings in the US[J]. Journal of Financial Economics，87(3)：535-555.

[157] HARRIS M，RAVIV A. 1990. Capital structure and the informational role of debt[J]. Journal of Finance，45(2)：321-349.

[158] HAYWARD M L A，HAMBRICK D C. 1997. Explaining the premiums paid

for large acquisitions: Evidence of CEO hubris [J]. Administrative Science Quarterly, 103-127.

[159] HE Z, MILBRADT K. 2012. Endogenous liquidity and defaultable bonds[R]. Chicago: NBER Working Paper, 1-58.

[160] HE Z, XIONG W. 2012. Rollover risk and credit risk[J]. Journal of Finance, 67(2): 391-430.

[161] HEIDER F, LJUNGQVIST A. 2015. As certain as debt and taxes: Estimating the tax sensitivity of leverage from state tax changes[J]. Journal of Financial Economics, 118(3): 684-712.

[162] HESS D, IMMENKÖTTER P. 2014. How much is too much? Debt capacity and financial flexibility[R]. CFR Working Paper.

[163] HOBERG G, PHILLIPS G, PRABHALA N. 2014. Product market threats, payouts, and financial flexibility[J]. Journal of Finance, 69(1): 293-324.

[164] HUNG M, SHI J, WANG Y. 2015. Mandatory CSR disclosure and information asymmetry: Evidence from a quasi-natural experiment in China[R]. Hong Kong: Working Paper.

[165] IQBAL-HUSSAIN H, SHAMSUDIN M, ALI A, et al.. 2015. Agency problems and its impact and relevance on firms borrowings [J]. Review of Integrative Business and Economics Research, 4(3): 272-282.

[166] JENSEN M C. 1986. Agencycosts of free cash flow, corporate finance, and takeovers[J]. American Economic Review, 76(2): 323-329.

[167] JENSEN M C, MECKLING W H. 1976. Theory of the firm: Managerial behavior, agency costs and ownership structure [J]. Journal of Financial Economics, 3(4): 305-360.

[168] JU N, OU-YANG H. 2006. Capital structure, debt maturity, and stochastic interest rates[J]. Journal of Business, 79(5): 2469-2502.

[169] KAYHAN A, TITMAN S. 2007. Firms' histories and their capital structures [J]. Journal of Financial Economics, 83(1): 1-32.

[170] KHURANA R. 2004. Searching for a corporate savior: The irrational quest for charismatic CEOs[M]. Princeton University Press.

[171] KILLI A M, RAPP M S, SCHMID T. 2011. Can financial flexibility explain the debt conservatism puzzle? Cross-country evidence from listed firms[J]. Ssrn Electronic Journal.

[172] KOVENOCK D, PHILLIPS G M. 1997. Capital structure and product market behavior: An examination of plant exit and investment decisions[J]. Review of Financial Studies, 10(3): 767-803.

[173] KRAUS A, LITZENBERGER R H. 1973. A state-preference model of optimal financial leverage[J]. Journal of Finance, 28(4): 911-922.

[174] KUANG X, LIU C. 2010. The effects of managerial power on debt financing choice[C]. Advanced Management Science (ICAMS), IEEE International Conference on IEEE, 1: 526-530.

[175] LANG L, OFEK E, STULZ R M. 1996. Leverage, investment, and firm growth[J]. Journal of Financial Economics, 40(1): 3-29.

[176] LELAND H E. 1994. Corporate debt value, bond covenants, and optimal capital structure[J]. Journal of Finance, 49(4): 1213-1252.

[177] LI J, TANG Y I. 2010. CEO hubris and firm risk taking in China: The moderating role of managerial discretion[J]. Academy of Management Journal, 53(1): 45-68.

[178] LINS K V, SERAES H, TUFANO P. 2010. What drives corporate liquidity? An international survey of cash holdings and lines of credit[J]. Journal of Financial Economics, 98: 160-176.

[179] LJUNGQVIST A, RAFF K. 2017. Board monitoring, strategic interaction, and the value of the firm[R]. Working Paper.

[180] LÖÖF H. 2004. Dynamic optimal capital structure and technical change[J]. Structural Change and Economic Dynamics, 15(4): 449-468.

[181] MANSKI C F. 2000. Economic analysis of social interactions[J]. Journal of Economic Perspectives, 14(3): 115-136.

[182] MAO L, TSERLUKEVICH Y. 2015. Repurchasing debt[J]. Management Science, 61(7): 1648-1662.

[183] MARCHICA M-T, MURA R. 2010. Financialflexibility, investment ability and firm value: Evidence from firms with spare debt capacity[J]. Financial Management, Winter: 1339-1365.

[184] MARES R. 2010. Global corporate social responsibility, human rights and law: An interactive regulatory perspective on the voluntary-mandatory dichotomy[J]. Transnational Legal Theory, 1(2): 221-285.

[185] MARTÍNEZ-FERRERO J. 2017. Can investors identify managerial discretion

in corporate social responsibility practices? The moderate role of investor protection[J]. Australian Accounting Review, 27(1): 4-16.

[186] MINTON B A, WRUCK K H. 2001. Financial conservatism: evidence on capital structure from low leverage firms[R]. SSRN.

[187] MODIGLIANI F, MILLER M H. 1958. The cost of capital, corporation finance and the theory of investment[J]. American Economic Review, 48(3): 261-297.

[188] MODIGLIANI F, MILLER M H. 1963. Corporate income taxes and the cost of capital: a correction[J]. American Economic Review, 53(3): 433-443.

[189] MONTANARI J R. 1978. Managerial discretion: An expanded model of organization choice[J]. Academy of Management Review, 3(2): 231-241.

[190] MORELLEC E. 2004. Canmanagerial discretion explain observed leverage ratios? [J]. Review of Financial Studies, 17: 257-294.

[191] MURPHY K J. 1985. Corporate performance and managerial remuneration: An empirical analysis[J]. Journal of Accounting and Economics, 7(1): 11-42.

[192] MYERS S C. 1977. Determinants of corporate borrowing[J]. Journal of Financial Economics, 5(2): 147-175.

[193] MYERS S C. 1984. The capital structure puzzle[J]. Journal of Finance, 39(3): 574-592.

[194] MYERS S C, MAJLUF N S. 1984. Corporate financing and investment decisions when firms have information that investors do not have[J]. Journal of Financial Economics, 13(2): 187-221.

[195] OPLER T, PINKOWITZ L, STULZ R, WILLIAMSON R. 1999. The determinants and implications of corporate cash holdings[J]. Journal of Financial Economics, 52(1): 3-46.

[196] OZKAN A. 2001. Determinants of capital structure and adjustment to long run target: Evidence from UK company panel data[J]. Journal of Business Finance & Accounting, 28(1-2): 175-198.

[197] PIERCE J L, RUBENFELD S A, MORGAN S. 1991. Employee ownership: A conceptual model of process and effects[J]. Academy of Management Review, 16(1): 121-144.

[198] QUIGLEY T J, HAMBRICK D C. 2012. When the former CEO stays on as board chair: Effects on successor discretion, strategic change, and performance

[J]. Strategic Management Journal, 33(7): 834-859.

[199] QUIGLEY T J, HAMBRICK D C. 2015. Has the "CEO effect" increased in recent decades? A new explanation for the great rise in America's attention to corporate leaders[J]. Strategic Management Journal, 36(6): 821-830.

[200] RAPP M S, SCHMID T, URBAN D . 2012. The value of financial flexibility and payout policy[R]. Working Paper, Philipps-Universitat Marburg.

[201] RAUH J D, SUFI A. 2010. Capital structure and debt structure[J]. Review of Financial Studies, 23(12): 4242-4280.

[202] RICHARDSON S. 2006. Over-investment of free cash flow[J]. Review of Accounting Studies, 11(2-3): 159-189.

[203] ROBINSON W T, FORNELL C, SULLIVAN M. 2010. Are market pioneers intrinsically stronger than later entrants? [J]. Strategic Management Journal, 13(8): 609-624.

[204] ROCCA M L. 2011. Capital structure and corporate strategy[M]//Capital Structure and Corporate Financing Decisions: Theory, Evidence, and Practice [M]. New Jersey: John Wiley & Sons.

[205] ROSS S A. 1977. The determination of financial structure: the incentive-signalling approach[J]. Bell Journal of Economics, 8(1): 23-40.

[206] SAPPINGTON D E M. 1991. Incentives in principal-agent relationships[J]. Journal of Economic Perspectives, 45-66.

[207] SHAHZAD A M, RUTHERFORD M A, SHARFMAN M P. 2016. In good times but not in bad: The role of managerial discretion in moderating the stakeholder management and financial performance relationship[J]. Business and Society Review, 121(4): 497-528.

[208] SHIN H H, KIM Y H. 2002. Agencycosts and efficiency of business capital investment: Evidence from quarterly capital expenditures [J]. Journal of Corporate Finance, 8(2): 139-158.

[209] SHLEIFER A, VISHNY R W. 1994. Politicians and firms[J]. Quarterly Journal of Economics, 109(4): 995-1025.

[210] STREBULAEV I A, WHITED T M. 2012. Dynamic models and structural estimation in corporate finance [J]. Foundations and Trends in Finance, 6 (1-2): 1-163.

[211] STULZ R M. 1990. Managerial discretion and optimal financing policies[J].

Journal of Financial Economics，26(1)：3-27.

[212] SUFI A. 2009. Bank lines of credit in corporate finance：An empirical analysis [J]. Review of Financial Studies，22(3)：1057-1088.

[213] SUNDARESAN S, WANG N. 2006. Dynamic investment, capital structure and debt overhang[R]. Working Paper, Columbia University.

[214] TONG Z. 2011. Firm diversification and the value of corporate cash holdings [J]. Journal of Corporate Finance，17(3)：741-758.

[215] WALDRON T L, GRAFFIN S D, PORAC J F, WADE J B. 2013. Third-party endorsements of CEO quality, managerial discretion, and stakeholder reactions [J]. Journal of Business Research，66(12)：2592-2599.

[216] WEISER A K. 2017. Managerial discretion and strategic change[C]. Academy of Management Proceedings. Academy of Management.

[217] WIERSEMA M F, ZHANG Y. 2011. CEO dismissal：The role of investment analysts[J]. Strategic Management Journal，32(11)：1161-1182.

[218] WILLIAMSON O E. 1988. Corporate finance and corporate governance[J]. Journal of Finance，43(3)：567-591.

[219] XIE F. 2009. Managerial flexibility, uncertainty, and corporate investment：The real options effect[J]. International Review of Economics and Finance，18(4)：643-655.

[220] YOUSSEF M S H, CHRISTODOULOU I. 2017. Assessing miles and snow typology through the lens of managerial discretion：How national-level discretion impact firms strategic orientation[J]. Management and Organizational Studies，4(1)：67-73.

[221] ZHANG Y U, GIMENO J. 2010. Earnings pressure and competitive behavior：Evidence from the US electricity industry [J]. Academy of Management Journal，53(4)：743-768.

后　记

　　时光荏苒,转眼间我自南京大学博士毕业到南京财经大学工作已满3年,回首走过的岁月,心中备感充实。6年前我考进南京大学商学院攻读博士学位,幸运地从事了企业财务与金融方向的研究。3年前我进入南京财经大学会计学院工作,有幸继续从事该领域的学术研究。读博士前,我是学经济学的,跨专业的背景使我对企业财务领域的诸多问题都感到困惑。然而在南京大学商学院认真学习的这3年,我受益匪浅,渐渐地领会了一整套企业财务领域的知识。入学以后,商学院的老师们一直坚持定期举办学术研讨会,把最新知识以及前沿的财务热点概念传授给我们,并推荐大量的学术文献和书籍让我们阅读。

　　在我撰写本书的过程之中,从选择选题、结构的搭建、参考资料的阅读、理论的分析、数据的处理直到最终的定稿,处处都倾注着我的授业恩师——茅宁教授的心血。茅老师一边承担着繁重的科研与教学任务,一边还时刻关心着我学术专著的进展状况,多次帮我审阅和修改本书,指出书中存在的疏漏和不足之处,帮我重新树立正确的写作思路。每次收到的茅老师修改过的稿件上面都有红色的密密麻麻的批注,这些批注饱含着老师付出的辛劳,让我深深感动。每次根据他的意见仔细修改过后,都感觉专著的质量又提升不少。最终,也正是在他的谆谆教导和严格的要求之下,我才得以顺利完成本书。

　　茅老师不仅在学业方面传授给我很多财务专业领域的前沿知识及研究方法,还在生活上关心我,在精神上鼓励我。在茅老师身上,我学到了严谨的治学之道,积极乐观的生活态度,坚持创新的科研理念,宽厚仁慈的胸怀,以及高尚无私的师德风范。茅老师的言传身教让我终生受益,为我树立了一辈子学习的典范。可以说,如果没有茅老师对我的谆谆教导和周到细致的关怀,我是不可能如期顺利地完成我在南京大学博士研究生期间的学业的,更不可能完成这部学术专著。师恩浩荡,我将这份恩情永远铭记在心中,在学术专著完成之际,我想对茅老师表达心中由衷的谢意! 并且立志将茅老师优秀的师德师风发扬光大!

感谢南京财经大学!入职以来,我深切感受到南京财经大学有益于青年教师成长的美好氛围。学校强有力的硬件和软件支撑,超一流的师资团队,聪颖勤奋的莘莘学子,都是我在科研道路上不断求索的重要助推力。在学校严谨的学术氛围的熏陶下,我的科研能力也在不断增强,在此向南京财经大学表示由衷的谢意和感恩!

同时感谢在南京大学商学院求学和在会计学院从教过程中遇到的各位领导和老师们。各位领导对青年教师和年轻博士非常关怀。各位老师学识渊博,尽职尽责。在我求学和从教期间,他们教会了我很多专业知识、研究方法和学术道德规范,这些都使我的专著得以不断完善。在此,谨向各位领导和老师致以诚挚的敬意!

感谢国家自然科学基金委对本书的资助,国家自然科学基金青年项目为我从事感兴趣的学术研究提供了充足的资金支持。感谢立信会计出版社孙勇编辑在本书出版过程中的辛勤劳动,让我的研究成果能展现在各位专家和读者面前,接受大家的建议和批评。

感谢本书参考文献的所有作者,是这些作者的研究成果,带给我启迪,使我在此基础上作出进一步的研究,站在巨人的肩膀上完成我的这部学术专著。

最后,要感谢我的家人多年来对我的全力支持和无私关怀,感谢父母对我的养育之恩。父母含辛茹苦地把我养大,一步步鼓励我完成如此厚重的学术专著,给了我最无私的关怀、体谅和支持,使我不用在撰写过程中分心。他们对我的殷切希望、两鬓的白发和额头的皱纹,是我20年求学生涯最大的动力。他们的付出是我顺利完成这部著作的坚强后盾,更是一份无法用言语表达的爱。

感谢所有帮助过我的人,在这里无法一一列举,在此一并表达我诚挚的谢意!祝各位身体健康、工作顺利!

胡建雄

2019 年 11 月